AF525775

Martin Schläpfer

Bettina Trouwborst

MARTIN SCHLÄPFER
Mein Tanz, mein Leben

Henschel

Inhalt

Annäherung 7

Eins — Vom Biobauern zum Meisterchoreografen: Martin Schläpfers Weg zu sich selbst 17

Zwei — Tanzen und Choreografieren: Der Körper als Heimat und der Körper als Feind 39

Drei — Publikum, Presse, Privatleben: Der öffentliche Künstler 61

Vier — Was die Menschen bewegt: Wie viel Politik steckt im Tanz? 75

Fünf — Musik, Sprache, Bilder: Von der Idee über die Methodik zum Tanzstück 87

Sechs — Künstliche Intelligenz und Menschsein: Chancen, Risiken, Widersprüche 109

Sieben — Bildende und darstellende Kunst: Was ist eigentlich Kunst? 119

Acht — »Gute« Länder, »schlechte« Länder: Kulturaustausch als Politikum 129

Neun — Blick zurück und Blick nach vorn: Von Düsseldorf-Duisburg nach Wien 139

Lebenslauf 151
Rollenverzeichnis 152
Werkverzeichnis 154
Auszeichnungen 156
Personenregister 157

Annäherung

Als ich im Frühjahr 2019 nach einem Gespräch das Aufzeichnungsgerät abstelle, zeigt das Display siebzehn Minuten an. In siebzehn Minuten hat Martin Schläpfer mir in einem Interview für eine Tageszeitung genug Material über sein neues Ballett »Ulenspiegeltänze« geliefert, um beinahe eine ganze Seite zu füllen. »Damit sind Sie schon zufrieden?«, kommentiert er etwas ungehalten meinen rüden Akt des Abschaltens. »Ich weiß ja, wie viel Platz ich habe«, entgegne ich. Und denke laut: »Von mir aus können wir noch eine Woche hier sitzen.« Er lacht.

Gespräche mit Martin Schläpfer haben etwas Bereicherndes. Seine Reaktionen und Antworten sind meist überraschend, inspirierend und von großer Substanz. Nie kommt das Naheliegende, Erwartbare, Stereotype. Dieser Choreograf hat weit über seine Kunst hinaus den Menschen im Blick, die globalen Zusammenhänge von Gesellschaft, Politik und Wirtschaft – und ihre Auswirkungen auf unser Leben. Genauso treiben ihn die philosophischen Fragen des Seins um. Schläpfer ist auch ein Unbequemer, Unberechenbarer, der gerne streitet, der anders und weiter denkt. Informiert und belesen, ist er ein Philanthrop und Philosoph der Tanzkunst. Mit ihm sitzt man gerne.

Beim Verlassen des Balletthauses beschleicht mich ein melancholisches Gefühl. Soeben haben wir vermutlich das letzte Interview vor seinem Abschied nach Wien geführt. Mein Gehirn arbeitet … Am nächsten Tag, als ich Schläpfer am Telefon meine Buchidee zu einem biografischen Gesprächsband vorstelle, reagiert er spontan: »Das machen wir!«

Es wird ein Abenteuer, bei dem ich den Schweizer Schrittmacher neu entdecke. Denn es kommt – natürlich – anders als erwartet. Kein makelloser, geradliniger Lebenslauf offenbart sich in den Gesprächen, sondern eine Karriere voller Brüche und Krisen. Ich begegne einem unbedarften Dorfjungen aus den Bergen, der aus schierer Bewegungslust vom Eiskunstläufer zum international gefeierten Ballettstar wird. Beim Griff nach den Sternen erlebt er erst große Glücksmomente, dann stürzt er jäh ab, fällt tief und holt sich Verletzungen, die auch bei dem nunmehr sechzigjährigen Mann noch spürbar sind. Viel zu früh hört er auf zu tanzen. Und irrt durch die Welt: »I was completely lost.«

Nach der schweren Identitätskrise arbeitet sich Schläpfer mit Anfang dreißig wieder hoch. Er ist einer der ganz wenigen Ausnahmetänzer, denen auch eine Karriere als Ausnahmechoreograf gelingt. Am Anfang steht schlichter Pragmatismus: Als Ballettdirektor in Bern, der ersten Station als Company-Chef, beginnt er aus Mangel an einem Gäste-Budget für sein Ensemble selbst Stücke zu kreieren.

Mittlerweile sitzt Martin Schläpfer auf dem Olymp der Choreografen in der Loge der Balletterneuerer, bei George Balanchine und Hans van Manen. Längst zählt er zu den bedeutendsten Tanzschöpfern mit einer unverwechselbaren Ästhetik – weltweit. Und der Visionär in ihm drängt weiter, auf der Suche nach Sinnhaftigkeit, Wahrheit und Schönheit.

Erst schuf Schläpfer das Mainzer Ballettwunder und empfahl sich so für das Ensemble der Deutschen Oper am Rhein. Dort formulierte er den Anspruch, eine »Ballettkunst für das 21. Jahrhundert« zu schaffen. Keine Vermessenheit, sondern Bedürfnis, Berufung. Und der Schweizer schuf seinen Star, das Ballett am Rhein. Er gab ihm die neoklassischen Giganten wie George Balanchine, Frederick Ashton, Hans van Manen oder Jerome Robbins zu tanzen, aber genauso die amerikanische (Post-)Moderne oder den zeitgenössischen Nachwuchs unterschiedlichster Stilrichtungen. Vor allem aber choreografierte er ihm eigene Werke auf die Luxusleiber. Meisterwerk um Meisterwerk. Wenig missglückte. Die Häuser in Düsseldorf und Duisburg waren ›the place to be‹.

Schläpfers Arbeiten bestimmen die Richtung des zeitgenössischen Balletts, sind ›state of the art‹. Für die Wiener Staatsoper denkt er wieder groß: Sein Traum ist es, die österreichische Kunstmetropole zu einem kreativen Hotspot des Tanzes zu machen.

Ein Ballett von Martin Schläpfer lässt sich leicht identifizieren. Aus dem Steinbruch der Neoklassik holt er sich sein Material, um es auseinanderzubrechen und zu verfremden. Anders als ein William Forsythe geht er dabei nicht systematisch, sondern intuitiv vor. Mit spielerischer Lust am Experiment ersinnt er neue Idiome voller Bewegungsintelligenz. Daran feilt und poliert er, bis sie leuchten.

Der Spitzenschuh, Symbol und Fetisch des akademisch-klassischen Balletts, ist bei ihm nicht im Dauereinsatz. Er setzt ihn gezielt ein: zur physischen Erhöhung der nach Erlösung strebenden Ballerinen, aggressiv aufgesetzt als Ausrufezeichen und Drohmittel oder als überraschenden Akzent, etwa auf einen Fuß des Tanzpartners gestellt oder mit nur einem Schuh getanzt wie in »Ein Deutsches Requiem«.

Schläpfers Schaffen ist ausgesprochen vielseitig. Die Tänzer wachsen himmelwärts über sich hinaus – als wollten sie die irdischen Sphären verlassen mit ihren überdehnten Armen und hohen Beinen. Oder aber sie kauern erdverbunden am Boden. Hochvirtuose Eleganz steht bisweilen neben zirzensischer Athletik. Hüpfen auf dem Po, Krabbeln, verdrehte oder verschobene Posen, asymmetrische Sprünge und nie gesehene Drehungen verbindet der Tanzschöpfer mit koboldhaftem Esprit – wie in seinen schalkhaften »Ulenspiegeltänzen«. Oder er flicht tanzhistorische Zitate ein, so eine Nijinski-Figur in »Cellokonzert«. Beglückend sind »Pezzi und Tänze«, aus Rossinis »Petite Messe solennelle« macht er ein bissig-blasphemisches Ballett. Und in »Appenzellertänze« setzt er seiner Heimat ein so humorvolles wie hinreißendes Denkmal. Immer aber, bei aller Leichtigkeit, schwingt eine nachdenkliche Ebene mit, die in der Musik begründet liegt. Allen Arbeiten wohnt ein Geheimnis inne. Manches Ballett rührt an den Urgrund der Seele.

Denn Martin Schläpfers Werk ist tief empfunden und erzählt vom Menschsein. Jede seiner Arbeiten atmet eine Dringlichkeit, entzündet an der Musik. Außergewöhnliche Musikalität ist ein weiteres Merkmal des Œuvres. Von Joseph Haydn bis Toshio Hosokawa reicht das Spektrum. Kompositionen, die als untanzbar gelten, reizen den Ballettmacher besonders. Er hört sich tief in eine Klangwelt hinein, um sie ganz zu erfassen. Dann tritt er in den Dialog, unterläuft sie, bietet ihr rhythmisch die Stirn oder sucht den Einklang. Oft fließen die Biografie des Komponisten und seine Zeitgeschichte ein.

Ballette zu schwieriger Musik verstören und faszinieren gleichermaßen: so Witold Lutosławskis »3. Sinfonie« oder Morton Feldmans Ballettoper »Neither« zu einem Text von Samuel Beckett. Große Kunst, die viele nicht ertragen können. Denn Schläpfer schickt sein Ensemble in einen Klang-Dschungel zum Existenzkampf, Religionskritik inklusive. Für ihn sind diese akustischen Kosmen der Widerhall seiner Daseinszweifel und seiner schwermütigen Menschheitsvisionen. Er transponiert sie in eine kryptische, akademisch-kriegerische Architektur. Auch hierfür steht Schläpfer. Diese Ästhetik war schon angelegt in »3« in Mainz.

Mit dem opulenten Tanzspektakel »DEEP FIELD« geht er ebenfalls ein Risiko ein, erntet Ovationen wie Ablehnung. Adriana Hölszkys Auftragswerk »Zehn KLANGbelichtungen einer METAmorphose« mit großem Schlagwerk und Blech, Tonzuspielungen sowie 48-stimmigem Chor schafft vibrierende Klangflächen wie Signale aus dem Universum. Dazu Texte von Hölderlin, Nietzsche, Hesse – alles andere als Ballettmusik. Drei Jahre später tun sich beide Künstler wieder zusammen für die atonale »Klangchoreografie« mit dem Titel »Roses of Shadow«: Schläpfer beschwört den Untergang des Planeten als Folge der Umweltzerstörung. Todesnähe und Melancholie, Lebensfreude und Liebesglück prägen gleichermaßen das Werk.

Das Handlungsballett ließ der Choreograf gut zwanzig Jahre außer Acht. 2018 stellte er dann in Düsseldorf seinen großartigen »Schwanensee« vor – Marlúcia do Amaral erhielt für ihre Rolle als Odette den Theaterpreis *Der Faust*.

In der Zukunft will Schläpfer das erzählende Genre weiter für sich erobern. Wien ist zu beneiden.

Bettina Trouwborst

Eins

Vom Biobauern zum Meister-choreografen: Martin Schläpfers Weg zu sich selbst

»Ich war eine sonderbare, sonnige Person«

Als Persönlichkeit und Künstler ist Martin Schläpfer enorm vielseitig: gelassen, schweizerisch-ruhig, dabei »sonnig« – wie er sich selbst gern ausdrückt –, burschikos, bisweilen folkloristisch, aber genauso politisch, intellektuell, auch schon mal aufbrausend und provokant. Um den Menschen, den Tänzer, den Choreografen und seine Kunst zu durchdringen, nähere ich mich ihm über seine Herkunft und seinen Lebensweg – eine Biografie voller Irrwege.

Wir treffen uns in seinem Büro im Balletthaus in Düsseldorf-Bilk. Die Spielzeit 2019 neigt sich dem Ende entgegen. Martin Schläpfer ist sehr eingebunden, pendelt zwischen Düsseldorf und Wien, hat auch Verpflichtungen in Stuttgart. Er wirkt unerwartet entspannt, ja gelöst, und trägt ein Shirt und eine bequeme, gestreifte Hose. Sein Büro ist gemütlich, die Wände sind voll mit Fotografien, hastig aufgeschriebenen Notizen, ausgedruckten E-Mails. Neben seinem Schreibtisch hängt ein Bild von seinem Lieblingstier – einem Afrikanischen Büffel.

Eine echte Herzensangelegenheit aber findet sich über dem kleinen Besprechungstisch in Form von Computerausdrucken: eine Stein-Holz-Hütte im Gebirge, offensichtlich noch eine Baustelle. Ein ehemaliger Stall, den Schläpfer umbauen lässt. Es ist sein Sehnsuchtsort im Tessin, den er sich als Alterswohnsitz ausgesucht hat. Hier wollte er im Herbst eigentlich einziehen. Doch das Tessin muss warten – noch ein Jahr Düsseldorf/Duisburg und dann das Wiener Staatsballett mit seiner Ballettakademie: weitere fünf, vielleicht auch zehn Jahre Arbeit an der Kunst. So sieht die aktuelle Lebensplanung des Schweizers aus.

Sie sind in der Mini-Metropole St. Gallen in der Ostschweiz in einer gutbürgerlichen Familie mit zwei Brüdern aufgewachsen, der Vater Stahlhändler, die Mutter Hausfrau. Wie würden Sie Ihr Elternhaus und die Umgebung, in der Sie groß geworden sind, beschreiben? —— Mein Vater war ein Bauernsohn. Da hieß es: Bauer bleiben oder Schreiner werden. Also hat er sich zum Schreiner ausbilden lassen, konnte die Arbeit wegen einer Hautallergie aber nicht langfristig ausüben. Dann wurde er Magaziner [schweizerisch für Lagerverwalter] in einem Geschäft und hat sich in der Stahlhandelsfirma Hauser & Locher AG zum Generaldirektor hochgearbeitet. Die ersten fünf Lebensjahre haben wir noch in Altstätten im Rheintal gelebt, umgeben von der Natur. Es war schön und unbeschwert, abgesehen von den geschwisterlichen Querelen mit meinen Brüdern. Sie sind zehn und sechs Jahre älter und wollten verständlicherweise ihre Freizeit nicht mit mir verbringen. Es gibt schon ein paar wehmütige Erinnerungen. Im Sommer zum Beispiel, wenn die beiden ins Schwimmbad durften, wurde für mich die Blechgelte unter einen Baum in den Schatten gestellt.

Die was? —— ... die Blechgelte, das ist so ein Blechding, eine Wanne, die man mit Wasser füllte zum Baden im Sommer. Ich habe auch darunter gelitten, wenn ich früh ins Bett musste und meine Brüder und die älteren Nachbarskinder unter meinem Fenster ein Fest feierten. Und weil ich so klein war, schaffte ich es auch nicht auf den Zwetschgenbaum rauf. Solche Dinge habe ich noch in Erinnerung. Aber sonst hatte ich eine angenehme Kindheit dort.

Sie waren also ein glückliches Kind ... —— Ein unbeschwertes Kind, ja. Ich habe meine Nachbarin geliebt, die Frau Kaufmann, bei ihr war ich sehr oft ...

Was war das Geheimnis von Frau Kaufmann? —— Bei ihr war es einfach anders als bei uns. Es war ruhig, das Haus war nobel. Sie war so schön, ich mochte ihre Frisur aus so eng anliegenden Wasserwellen, manchmal im Nacken mit etwas Netz zusammengehalten. Und sie hatte einen Closomat [schweizerisches Dusch-WC], was mich sehr beeindruckte. Manchmal durfte ich im dunklen Büro von Herrn Kaufmann sitzen und an seinem Schreibtisch zeichnen. Oft bin ich auch nur ums Haus gestreift, war im Garten – sie hatte viele Rosen. Er war gepflegt, hier hatte alles seine Ordnung. Unser Garten war wilder, freier. Meine Mutter mochte es, wenn ich bei Frau Kaufmann Zeit verbrachte. So fühlte ich mich frei – wie eine Katze, die an zwei Orten zuhause ist.

Lebt Frau Kaufmann noch? —— Ja, sie ist weit über neunzig. Vor kurzem stand ein Artikel über mich im »Rheintaler«. Darin habe ich auch von ihr erzählt. Kurz danach kam Post von ihr in Düsseldorf an mit einem Foto von ihr und dem Bären aus Ton, den ich einmal für sie modelliert habe.

Eine wunderschöne Erinnerung. Was hat Ihre Kindheit weiter geprägt? —— Mein Vater war schon sehr prägend für mich. Er hat Kette geraucht, war sehr nett und generös. Ich erinnere mich noch, dass er sich geweigert hat, sich im Auto anzuschnallen. Er war der Meinung, es gehe den Staat nichts an, wie er sterben würde. Heute bin ich in vielem seiner Meinung, da man bald nichts mehr so tun darf, wie man es will. —— Ich weiß noch, dass ich in den Kindergarten in Altstätten ging, der nach Konfessionen getrennt war. Für mich war das damals noch kein Thema, aber es wurde oft über die Unterschiede zwischen katholischer und evangelischer Religion gesprochen. Eine katholische Heirat wäre für meinen Vater damals schlimm gewesen. Wenn ich heute darüber nachdenke, erschreckt mich das ein wenig, denn so lange ist es auch nicht her. Dann sind wir umgezogen nach St. Gallen-Winkeln. Mein Vater hatte da neu gebaut. Dort hatte ich auch eine gute Zeit. —— Das Elternhaus war politisch, auch sehr naturverbunden. Meine Mutter hat alles für uns gemacht, dreimal am Tag hat sie für uns gekocht. Wir waren verwöhnt. —— Ich war ein Träumer, ein sehr scheues, aber gleichzeitig auch sehr wildes, motorisches Kind. Ich war schnell, aber nicht kräftig. Wenn ich mit meinen Brüdern und älteren Kindern beim Wettrennen gewinnen wollte, musste ich schnell anrennen, dem Gegner einen Lähmer [schweizerisch: empfindlicher Schlag] in den Oberschenkel setzen und loslaufen – einholen konnte mich kaum jemand. Diese nicht wirklich lobenswerten Triumphe habe ich genossen. —— In die Primarschule ging ich gerne. Das Komplexe kam eigentlich erst mit der Pubertät und der Sekundarschule.

Ihr Vater war Atheist, die Mutter eine streng gläubige Protestantin. Das könnte zu langen Diskussionen innerhalb der Familie geführt haben ... —— Beide sind protestantisch aufgewachsen, aber mein Vater war ein atheistisch denkender Mann. Meine Mutter war sehr gläubig. Sonntags lag immer Spannung in der Luft. Wir wohnten zwei Häuser entfernt von der Kirche. Und die meisten Leute gingen sonntags in den Gottesdienst – außer Schläpfers. Vor allem meine beiden Brüder und mein Vater wollten es einfach nicht. Und Mama, ja, es war schon ein Zwiespalt für sie. Alleine als Frau will man auch nicht unbedingt zur Kirche. Das hätte von außen ausgesehen, als gebe es Schwierigkeiten zuhause. Geschlossen war das Bild sicherlich nicht. —— Aber Mama war keine schwache Frau. So war es nicht. Je älter sie wurde, desto gläubiger wurde sie und eingebetteter im Glauben – was mich und uns alle staunen machte. Vater ist sehr früh als sogenannter Atheist gestorben. Das ist natürlich auch eine Haltung, die zu hinterfragen ist. Wenn man so sicher ist, dass es nichts gibt, ist das einfach ein harter Standpunkt. Aber wenn ich ehrlich bin, bewundere ich ihn dafür.

Religion spielt ja auch in Ihrem Werk eine nicht unwesentliche Rolle. Das Ballett »Petite Messe solennelle« zu Gioacchino Rossinis gleichnamigem sakralen Hauptwerk, das Sie 2018 mit dem Ballett am Rhein in Düsseldorf herausbrachten, ist eine einzige lustvolle Blasphemie [Schläpfer lacht laut] mit Schinkenkeulen, Würsten, Phallussymbolen, zahllosen Rosenkränzen und einem Pfarrer, der zwischen Askese und sehr menschlichen Sünden hin- und hergerissen ist. Oder die »Reformationssymphonie« von 2008 für das ballettmainz. Darin fällt gegen Ende ein Tänzer an der Rampe auf die Knie und ringt mit seinem Glauben. Hat der Vater bei Ihnen in Religionsdingen stärkere Spuren hinterlassen? —— Ja, mit dem Erwachsenwerden konnte ich an keinen personifizierten Gott mehr glauben. Aber natürlich an das Höhere grundsätzlich. An etwas Spirituelles, etwas Vertikales. Es ist natürlich schon eine Hoffnung in mir, dass es so etwas gibt. —— Es ist richtig, dass es immer auch um diese Debatte in meinem Werk geht. Es ist noch immer ein Gezerre in mir. Leo Tolstoi und Fjodor Dostojewski berühren mich auch deshalb so sehr, weil genau das bei den Figuren in ihren Büchern immer ein Thema ist. Gibt es Ihn oder Es oder nicht? Ich finde Kunst machen, hat immer auch damit zu tun, herauszufinden, ob es etwas Höheres gibt. Entweder innerhalb des Menschen oder außerhalb. Ob man diese Fragestellung mit ja oder nein beantwortet, ist nicht wichtig.

Siehe Ihr Ballett »DEEP FIELD«, jener hochambitionierte Klang-Tanz-Kosmos von 2014, der die Abgründe der menschlichen Existenz schonungslos beleuchtet ... —— Ja. Ich bin nicht jemand, der große Hoffnung in die Menschheit grundsätzlich hat – obwohl ich einzelne Menschen als Individuen durchaus lieben kann. Damit meine ich nicht, ich sei ein besserer Mensch. Auch »Roses of Shadow« ist das Resultat eines Warum, eines ›why bother‹? Trotzdem mag ich in der Regel keine Stücke, die nach gar nichts Höherem oder Anderem suchen. Ein Ballett darf für mich hadern, unbequem sein, aber es sollte immer auch aus der Realität hinausweisen, das Poetische suchen. Ich mag nicht so gerne Ballette, die uns nur als moderne, coole Menschen zeigen, also den Tänzer als Menschen seiner Generation – sie verlassen mich schnell.

In der privaten E-Mail-Adresse haben Sie ein J. hinter dem Vornamen Martin eingefügt. Josef? Johannes? —— Jeremias! Johannes hieß mal eine Katze von mir. Es ist ein sehr schöner Name. Martin mochte ich nie. Ich habe immer gesagt, Mama, das ist kein schöner Name. Also, Schläpfer ist auch nicht besonders. Es ist halt Appenzeller Außerhoden. Ich mochte immer Jakob. Dann gab es eine Phase, da dachte ich, ich gebe mir mal selber einen schönen Namen: Jeremias. Aber das ist jetzt auch vorbei. Ich kann inzwischen gut mit Martin Schläpfer leben. —— Ich habe früher wahnsinnig gerne Kinderbibel gelesen, vor allem wegen der schönen Zeichnungen. »Samuel in der Löwengrube« war eine meiner Lieblingsgeschichten. Die Erwachsenenbibel geht mir heute eher auf die Nerven, schon wegen des katastrophalen Frauenbildes. Und da gab es ja all diese wohlklingenden Namen wie Jakob, Samuel und Daniel. Daraus ist vielleicht mein »zweiter Vorname« entstanden. Jeremias – ja, so hieß auch mal eine meiner Katzen.

Welche Bedeutung haben Katzen, überhaupt Haustiere, für Sie? Seit Jahrzehnten leben Sie überwiegend in der Großstadt, halten sich aber immer noch den einen oder anderen Mitbewohner. —— Da ich das Glück hatte, mit Tieren aufwachsen zu dürfen, waren Haustiere für mich später selbstverständlich. Vater und wir Söhne liebten sie, Mama vielleicht weniger, weil sie ihr natürlich zusätzliche Arbeit machten. Mein älterer Bruder Rudolf hielt sich Schlangen in einem Terrarium und hatte auch immer ein Holländisches Becken, ein Aquarium mit sehr wenig Fischbestand. Es kommt ohne Filtersystem aus und bleibt durch einen reichen Pflanzenbestand im biologischen Gleichgewicht. Wir hatten auch über Dekaden die Mittelschnauzer-Hündinnen Dolly und Vera. Es gab Kaninchen und Wasserschildkröten, die den Sommer durch in den Biotopen im Garten lebten und nie ausrissen. Ich habe es manchmal geschafft, Jungvögel, die aus dem Nest fielen, mit meinem Bruder zusammen aufzuziehen. Vor allem eine junge Amsel und ein Haussperling sind mir gut in Erinnerung geblieben. Als der Spatz aus dem Gröbsten raus war, blieb er immer in der Nähe und kam, wenn man ihn rief, sogar angeflogen, um auf der Hand zu landen. Im Frühling habe ich alle Kröten und Frösche aus den Schächten der Nachbarschaft gerettet. Hinter dem Haus war eine große Wiese mit Kühen, meine Lieblingskuh hieß Flora und sie hatte nur ein Horn. Sie blieb immer lange bei mir, als der Rest der Herde längst weitergezogen war. Allerdings auch nur, weil ich ihr Salz gab – so es Mama rausrückte – und im Akkord Frischgras rupfte. Die ganze Familie mochte Katzen nie wirklich, weil sie Killer waren und von der Libelle bis zur Blindschleiche einfach alles töteten. —— Tiere zeigen einem, dass es andere Realitäten gibt als die menschlichen. Sie machen dich still und bescheiden, weil sie dir in vielem doch überlegen sind. —— Katzen habe ich erst als Tänzer gehalten, weil ein Hund einfach nicht gegangen wäre. In Basel hatte ich bis zu drei Aquarien, zwei Katzen und zwei Kaninchen gleichzeitig. —— Später hielt ich einmal acht Katzen – jetzt sind noch zwei davon übrig. Beide sind siebzehnjährig. Keine war je krank und alle lebten lange dank einer großartigen Züchterin aus Gossau – Imelda Angehrn. —— Mein großer Wunsch wäre es, eine Appenzeller Sennenhündin zu haben. Aber es wird wohl nur ein Traum bleiben. Apropos Traum – noch heute habe ich ab und an den unguten Traum, dass ich die Kaninchenställe zu selten ausmiste. Es ist wahr, darin war ich kein Hirsch damals, Mutter musste mich zu oft daran erinnern. Ich hatte ein riesiges Kaninchen, Julia. Sie war häufig frei im Garten unterwegs und hat sogar dem Hund getrotzt, wenn er ihr nachlief. —— Für mich gibt es heute kaum Schöneres, als in freier Sommernatur sich sonnende Schlangen zu finden.

Was macht das Alleinsein in der Natur mit Ihnen? —— Allein in der Natur fühle ich mich den Sinnfragen nicht mehr ausgeliefert. Du nimmst dich selbst und deine Sterblichkeit weniger wichtig. Du nimmst dich plötzlich als Teil eines Ganzen wahr. Wir in der urbanen Gesellschaft kreieren ja eine Welt, die unermüdlich um den Menschen kreist. Wenn ich nur in der Stadt bin und im Theater, umgeben von Menschen, entleert mich das nach einer gewissen Zeit völlig.

Zurück zu Ihrer Familie: Alle drei Schläpfer-Geschwister haben letztlich Berufe gewählt, die sich mit dem Leib befassen. Ihre beiden Brüder sind Ärzte geworden, Sie ein Tanzkünstler. Welche Fachrichtung haben ihre Brüder gewählt? —— Der mittlere Bruder Reinhard war zuerst Maurer auf dem Bau und wurde dann Polier. Er hat es geliebt, die Schule hat er gehasst. Dann hatte er ein Rückenleiden und musste lange liegen. Über die Akademikergemeinschaft Schweiz hat er das Gymnasium und die Matura nachgeholt, dann, was uns alle verblüffte, brillant Medizin studiert und ist Chefarzt der Herzchirurgie in Luzern geworden. Rudolf, mein älterer Bruder, wurde Psychiater. Er ist gescheit wie ein Buch – mit einer großen Affinität zur bildenden Kunst und zur Literatur. Ich bewundere ihn in vielem sehr – bis heute.

Was für Karrieren! Haben Sie eine Erklärung für diese starke Affinität der drei Brüder zum menschlichen Körper? —— Ich kann es nicht sagen. Aber es ist natürlich verblüffend, jetzt wo Sie das sagen. Ich weiß nur, dass mein Vater gerne Arzt geworden wäre. Ob das bei der Berufswahl auf meine Brüder abgefärbt hat, weiß ich nicht. Ich sollte eigentlich Primarlehrer werden, obwohl auch ich kein Licht in der Sekundarschule war, aber immer noch gut genug. Das Lehrerseminar hätte ich vielleicht noch geschafft. Aber ich bin dann mehr oder weniger durch Zufall ins Ballett gekommen. Ich war ein sehr körperliches Kind. Auch Reinhard, der Mittlere, war sehr physisch. Er war Kunstturner, später einer der besten Ringer der Schweiz. Rudolf war eher ein Läufer, mehr ein Intellektueller.

Was war das für ein Zufall, durch den Sie zur Tanzkunst gekommen sind? —— Zwischen meinem dreizehnten und fünfzehnten Lebensjahr war ich Eiskunstläufer. Bei einem Schaulaufen auf der Eisbahn in St. Gallen, wo ich zu Beethovens 5. Sinfonie eine Kür lief, die ich aus dem Stand mit einem Axel begonnen hatte, sprach mich Marianne Fuchs an, meine erste Ballettlehrerin. Sie fragte, ob ich nicht ins Ballett zu ihr kommen wolle. Da war ich fünfzehneinhalb Jahre alt.

Waren Sie auf dem Eis auch so ehrgeizig? —— Ja, ich habe es fast ohne Privatlektionen bis zum Bronze-Test in der Kür geschafft. Damals gab es Vorprüfungen, die man bestehen musste, um an nationalen oder internationalen Wettbewerben teilnehmen zu dürfen. Eine Lehrerin, die den Schweizer Kader trainierte, wollte mich damals unbedingt aufnehmen. Aber meine Eltern waren nicht einverstanden.

Der Großvater hat einen Hof im Appenzell bewirtschaftet. Er selbst und Ihre Erlebnisse dort müssen Sie stark geprägt haben. Ihre Urlaube verbringen Sie am liebsten in der Abgeschiedenheit der Berge wie Annette von Wangenheim es in ihrem Film »Feuer bewahren – nicht Asche anbeten« dokumentiert hat. Und in dem Frühwerk »Appenzellertänze« aus dem Jahr 2000 haben Sie dem Landstrich Ihrer Jugend ein liebevolles, aber auch hintergründiges Denkmal gesetzt mit einer Liebesszene hinter Heuballen, mit Kuhglocken und einer Toncollage aus Original-Geräuschen des Appenzellerlands [Schläpfer schmunzelt]. —— Ja, mein Großvater hat für mich einen sehr großen Stellenwert. Ich bin ihm als Typus sehr nahe. Ich sehe ihn noch da sitzen mit seiner Adlernase, jeden Abend trank er eine Kanne Kaffee. Er war still. Diesen Bauernhof umgab eine große Magie. Großvater war andererseits auch wild und unberechenbar. Seine Frau starb sehr früh. Jeden Winter vermietete er Teile des Hauses an eine Mitbewohnerin, weil er offensichtlich nicht allein sein konnte – da sind wir uns nicht ähnlich. Er ist dann in ein kleines Zimmer umgezogen. Das ging natürlich nie lange gut.

Heinz Spoerli, geboren 1940 in Basel, ist ein Schweizer Choreograf und ehemaliger Tänzer. Er war Ballettchef am Theater in Basel (1979–1990), an der Deutschen Oper am Rhein Düsseldorf Duisburg (1991–1996) und in Zürich (1996–2012). Als Schöpfer von humorvollen klassischen Handlungsballetten, später mehr von hochmusikalischen abstrakten Werken, war er international unterwegs – und ist es noch. Spoerli gründete das Festival »Basel tanzt« und die Heinz Spoerli Foundation, um die Kunstform Tanz zu fördern. Martin Schläpfer erhielt den Tanzpreis der Stiftung 2003.

So hatte mein Vater alle Mühe, die Frauen wieder loszuwerden. Er musste schlichten und einen gütlichen Weg finden, um das Mietverhältnis wieder aufzuheben. Mein Großvater war ein verrückter Typ. Man erzählte, wenn er nach einem Bruch einen Gips hatte, schnitt er den Gips auf und ging wieder in den Stall. Er hatte mehrere Krebsarten und hat sie überlebt. Er neigte auch zur Sucht. Das ist bei mir nicht so, weil ich sehr diszipliniert bin. Aber wenn ich nicht so leistungsfähig sein müsste, fände ich die Sehnsucht nach dem Loslassen im Zu-viel-Trinken auch bei mir. Mein Großvater ist oft im Wirtshaus versackt, dann musste natürlich mein Vater aus St. Gallen anreisen, um ihn nach Hause zu bringen. Ich sage jetzt nicht, dass ich bin wie mein Großvater. Aber Vater war mehr ein vorsichtiger Typ, anders als ich es bin. Ihm war wichtig, wie etwas nach außen wirkte und was die Nachbarn sagten. Er hatte ein großes Bedürfnis nach Form, Harmonie und gutem Benehmen. Großvater hatte das gar nicht, ihm war das wurscht.

Ihr Großvater war sicher Vorbild, als Sie eine Zeitlang Biobauer werden wollten – damals, als Sie 1987 das Basler Ballett und den Choreografen Heinz Spoerli verließen. Vom Tänzer zum Bauern ist es auf den ersten Blick ein ziemlich weiter Weg, wenn nicht sogar ein Kontrast. Man denke nur an den volkstümlichen Begriff des Bauerntrampels … —— Ja, die Bauern sind eigensinnig, sie lieben und verteidigen ihre Individualität. Man hat ja im Appenzellerland auch darüber gelacht, dass das Frauenwahlrecht so spät kam. Aber ich glaube, die Frauen haben sehr wohl Macht gehabt in diesen Bauernhaushalten. Die Männer konnten gar nicht ohne sie. Von wegen Trampel – das waren kleine, gut organisierte Betriebe. In Zeiten, in denen es schlecht lief, hat die Frau meines Großvaters im Winter zusätzlich einen Laden gehabt. Und er hat geholzt. Von sieben Kühen und ein paar Schweinen konnte man nicht leben, da musste man schon sehr kreativ und innovativ sein.

Wann kam denn die Idee, ein Leben als Biobauer zu führen? —— Ich war noch Tänzer in Basel. 1986 machte mir John Neumeier ein Angebot, nach Hamburg zu kommen. Es gab schon einen Vertragsentwurf. Dennoch entschied ich mich ganz aufzuhören. Ich suchte etwas, das ich nicht fand, auch nicht zu benennen wusste. Ich war dem ganzen Theater, insbesondere natürlich dem Ballettbetrieb und Heinz Spoerli gegenüber aggressiv und bockig. Ich verhielt mich manchmal wie eine Diva – auch wenn mir klar war, dass ich nicht immer etwas von außen, sprich Spoerli und dem Basler Ballett, verlangen konnte, was sie mir nicht geben konnten. Mir wurde bewusst, dass, wenn ich Leute und Umgebung nicht verändern kann, ich bei mir beginnen musste. Ich habe also aufgehört zu tanzen, das geopfert, was mein Allerliebstes war, und einen Massagekurs in Zürich begonnen. Er ging von sieben Uhr morgens bis mittags. Das war mir dann, nach ein paar Wochen, schon zu wenig, weil ich von Natur aus sehr gut massieren konnte. Die Hälfte der Griffe beherrschte ich längst. Und als Tänzer war mir das Hineinhorchen in den Körper längst vertraut.

Warum ein Massagekurs, eine völlig unkünstlerische Arbeit? —— Massieren kann großartig sein, wenn man eins wird mit sich und dem Gegenüber – künstlerisch ist die Arbeit allerdings wirklich nicht. Ich wollte einfach irgendetwas tun in meinem Leben und wusste nicht was. Dann dachte ich, ich werde Biobauer. Das war immer meine Sehnsucht gewesen. Ich bin nach Sissach an diese Biobauernschule und habe die Aufnahmeprüfung bestanden. Aber als ich das zuhause erzählt habe, hat mir mein Vater die Leviten gelesen.

Aber warum? Was ist schlecht an einem Biobauern – zumal sein eigener Vater ja auch Bauer war? —— Mein Vater war still, konnte aber sehr autoritär sein. Ja, er war noch Bauernsohn, wusste aber auch, dass ich keine Bäuerin haben werde. Er fand es einfach nicht richtig für mich.

Wieso kann man deshalb kein Bauer werden? —— Natürlich kann man das. Aber ich war ein kleiner Star, ich konnte auf die Bühne gehen, ich konnte Leute berühren …

Ach so, er wollte, dass Sie ein Künstler bleiben? —— Nein, gar nicht. Ich war auch in gewisser Weise unterentwickelt – als Mensch. Ich konnte noch nicht »Nein« sagen mit achtundzwanzig Jahren und habe immer nur auf andere gehört. Nach unserem Amerika-Gastspiel mit dem Basler Ballett bin ich nicht zum Joffrey Ballet und nicht zu dem Tanzpädagogen David Howard nach New York, wie ich es eigentlich wollte, nein, ich habe auf meinen damaligen Freund gehört und bin zum Royal Winnipeg Ballet, das in den achtziger Jahren eine schlechtere Version des Joffrey Ballet war. Ich hatte ein vermindertes Selbstwertgefühl, dachte auch als Tänzer immer, ich sei nicht gut genug. Einerseits gab es diesen Schläpfer, der auf der Bühne brillieren, sich in jede Rolle einfühlen konnte, andererseits war ich im alltäglichen Leben in meiner Persönlichkeit unterentwickelt. Nicht vom Intellekt her, aber das Selbstbewusstsein reichte nicht. Ich hatte auch komische Bilder davon, was es heißt, nett zu sein. Ich war fast zwanghaft freundlich. Und wenn ich etwas wirklich wollte, hatte ich sofort das Gefühl, es sei Egoismus. Ich war einfach nicht gefestigt. Aus diesem Instinkt heraus habe ich den Neumeier-Vertrag nicht angenommen. Und bin zu dieser Massageschule. Ich habe gedacht, das kann ich, das ist einfach. Dann kam diese Idee, Biobauer zu werden, weil ich diesen Hang zur Natur habe. —— Schlussendlich bin ich zum Ende der Spielzeit nochmal zurück zum Basler Ballett. Heinz Spoerli hat mir angeboten, Maurice Béjarts »Lieder eines fahrenden Gesellen« mit Éric Vu-An zu tanzen. Ich habe nochmal eine Spielzeit angehängt und wieder gekündigt. Mein Vater fragte: »Was machst du jetzt?« Danach habe ich eine Ballettschule aufgemacht in Basel, The Dance Place. Er fand das gut, da es ein Geschäft war. Er gab mir einen Privatkredit, um einen schönen Saal bauen zu können. Da hatte er schon sein Bronchialkarzinom und ist kurz danach gestorben. Ich habe die Schule nach seinem Tod an Amanda Bennett delegiert, einer Kollegin aus dem Basler Ballett, und bin nach New York gegangen. Meine Mutter hat fast der Schlag getroffen.

Was haben Sie dann in New York gemacht? —— David Howard hat mir immer gesagt, dass ich wieder tanzen müsse und zu ihm nach New York kommen solle. Ich war ihm in den frühen achtziger Jahren in New York als Tänzer oft begegnet. Später in Zürich, als ich dort einen Tanzkurs als Pädagoge bei ihm nahm, sahen wir uns wieder. »Du kannst dich gratis bei mir vier Monate auftrainieren«, bot er mir an. Howard war einer der bedeutendsten amerikanischen Tanzpädagogen. Er hatte eine riesige Schule mit offenen Klassen. Bei ihm trainierten die großen Tänzer von Gelsey Kirkland und Darci Kistler vom New York City Ballet, die ich verehrte, bis zu Michail Baryschnikow und Natalia Makarowa. Da bin ich hin und habe jeden Tag dreimal trainiert, auch sonntags. Danach habe ich überall vorgetanzt, beim Joffrey Ballet, bei Elliot Feld oder bei Reid Anderson in Toronto. Ich bin nach Toronto geflogen, habe trainiert und danach stundenlang auf ein Gespräch gewartet. Unverrichteter Dinge flog ich wieder zurück nach New York. In San Francisco war es das Gleiche. Ich hatte nicht einmal den Mut, mich bemerkbar zu machen. Ohne die Hilfe von Christopher Boatwright, der dort engagiert war und mich sofort erkannte – wir waren uns in Europa begegnet –, wäre ich wohl nicht einmal in das Gebäude vorgedrungen. Nichts hat geklappt, weil etwas Dunkles, zu Komplexes an

Christopher Boatwright (1953–1997) war ein charismatischer US-amerikanischer Tänzer, gefeiert für seine Noblesse, seinen eleganten Klassizismus und seine Humanität. Als einer der wenigen Afroamerikaner seiner Kunst tanzte er unter anderem als Solist beim Stuttgarter Ballett, beim San Francisco Ballet, beim Los Angeles Ballet und beim Alonzo King Lines Ballet. Er verstarb 1997 mit nur dreiundvierzig Jahren an Aids.

mir haftete. Das muss die Leute abgeschreckt haben, obwohl ich in Hochform war. David meinte dann, ich sollte für das Musical »Cats« vortanzen, dann könne ich in New York bleiben. Aber ich sagte ihm, dass das Musical nicht meine Welt sei. So musste ich schon beschämt aufgeben und zurück in die Schweiz gehen. In Bern nahm ich unter François Klaus, der aus Hamburg neu nach Bern gekommen war, eine Stelle als Erster Solist an – sehr ungern. Es war auch nichts für mich. Anschließend bin ich zwei Jahre in der Versenkung verschwunden – ich konnte es mir leisten, ich hatte geerbt von meinem Vater. Ein bisschen habe ich mit Soloabenden gastiert in St. Gallen und in Japan, aber eigentlich war ich verloren. In einer Privatschule in Bern ging ich trainieren, aber mir gelang kaum das Memorieren der Übungen. I was a mess. Completely lost.

Eine schwere Identitätskrise. Hatte sie mit Heinz Spoerli zu tun? —— Nein. Heute weiß ich, dass ich diese schmerzlichen Erfahrungen gebraucht habe, um der zu werden, der ich heute bin. Ich habe überhaupt nicht das Bedürfnis, jemandem die Schuld zu geben. Obwohl ich mir gewünscht hätte, dass man mehr an mir gearbeitet, mich geformt und erzogen hätte – sowohl privat als auch künstlerisch. Aber so läuft es eben nicht. —— In Basel gab es den großen Ballettmeister Peter Appel. Er hat mir viel gegeben, aber auch er konnte mich nicht retten. Ich habe unbewusst gespürt, dass ich gehen musste, mein Liebstes opfern musste, um in der Realität lebensfähig zu werden – um jemand zu werden.

In einem anderen Gespräch haben Sie einmal zu mir gesagt, man hätte Sie zu schnell hochgeschossen und dann nicht so blühen lassen, wie Sie es gekonnt hätten … —— Schauen Sie, ich habe in Basel ja einiges ausgelöst. Ich hatte Charisma und ein ungeheures technisches Vermögen. Man verglich mich mit dem jungen Baryschnikow. Es war ja offensichtlich ein Event, wenn ich beispielsweise als Eulenspiegel auf die Bühne ging. Ich war naiv und pur. Es gab sogar – das kann man eigentlich gar nicht erzählen – einen Suizid und einen Suizidversuch wegen mir. Ich weiß von einer jungen Frau aus dem Publikum, die in mich verliebt war. —— Ich glaube, ich war eine sonderbare, sonnige Person, den Menschen gegenüber fast ohne Abgrenzung, dabei gleichzeitig unerreichbar und nur der Kunst verschrieben.

Was haben denn diese extremen Reaktionen mit Ihnen gemacht? —— Damit konnte ich einigermaßen umgehen, weil ich sehr mit mir selbst beschäftigt war. Als junger Tänzer habe ich in Basel aber einmal eine Leiche unter Sträuchern im Wald gefunden. Damals suchte ich Brombeerblätter für meine Australischen Gespenstschrecken [pflanzenfressende Insekten]. Ich habe sofort gespürt, dass der Mann, ein Wirt, tot war. Es war ein Suizid. Dieses Erlebnis hat mich noch lange verfolgt. Unglaublich, welche Macht ein Toter ausstrahlt.

Ich kann mir gut vorstellen, dass Sie das sehr mitgenommen hat. —— Lassen Sie mich bitte noch einmal auf Ihre abgebrochene Karriere zurückkommen. Gemessen an Ihren Möglichkeiten haben Sie sehr früh, schon mit siebenundzwanzig Jahren, in Basel Ihre Abschiedsvorstellung als Tänzer gegeben – als Puck im »Sommernachtstraum«. War das nicht eine übereilte Entscheidung? —— Man kann heute natürlich sagen, man hätte mich anders ›nähren‹ und beraten können. Man hätte anders mit mir reden können, mich auch anders fordern sollen. Da kam erst diese Hochbegabung, dann Amerika, plötzlich war ich mit zweiundzwanzig Jahren auf dem Cover des amerikanischen Dance Magazine. Und plötzlich musste ich mehr tanzen, in »Rachmaninow Préludes« und dann auch in »Giselle« den Bauern-Pas de deux. Und die Hauptrolle in »Chäs« musste dann auch noch sein, dazu noch ein Alphorn-Solo, dass ich allerdings liebte. Das war sehr früh, und ich konnte damit noch gar nicht umgehen. Es ging alles so schnell. Mit fünfzehneinhalb habe ich begonnen

»Heute weiß ich, dass ich diese schmerzlichen Erfahrungen gebraucht habe, um der zu werden, der ich bin.«

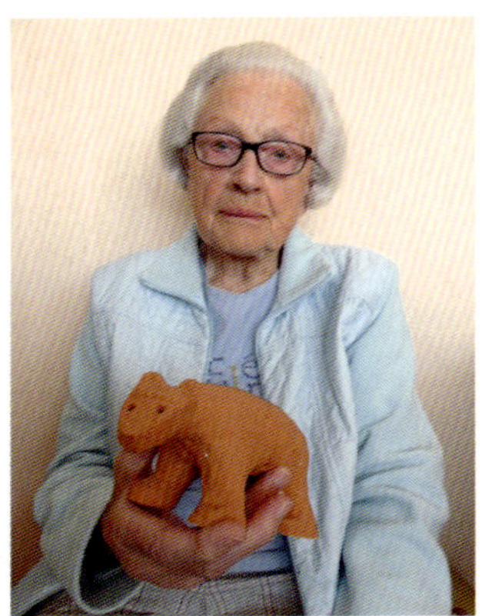

1

2

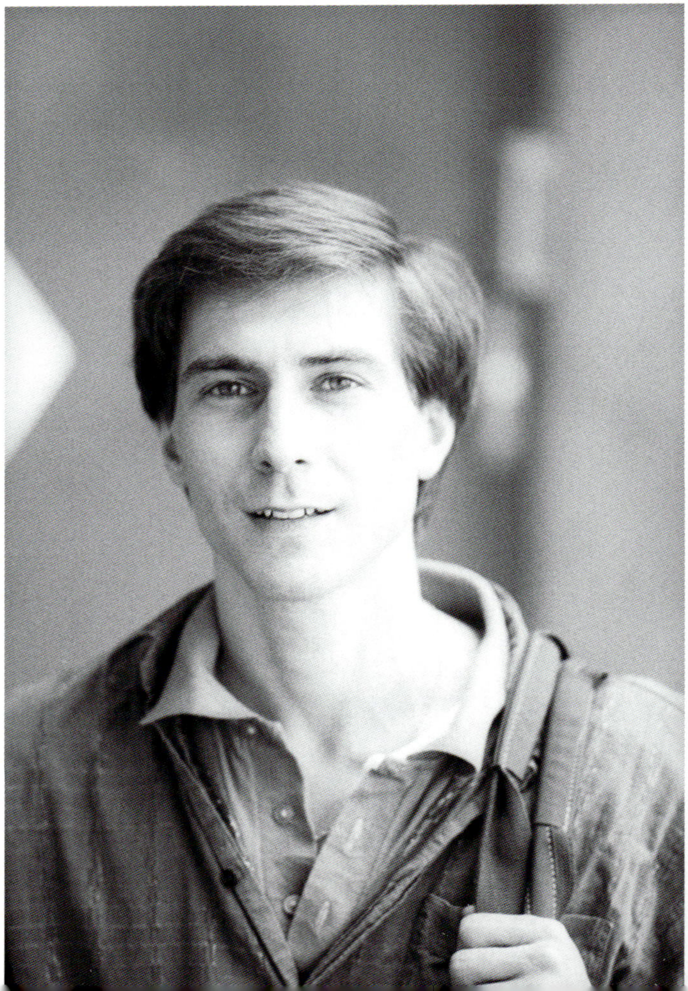

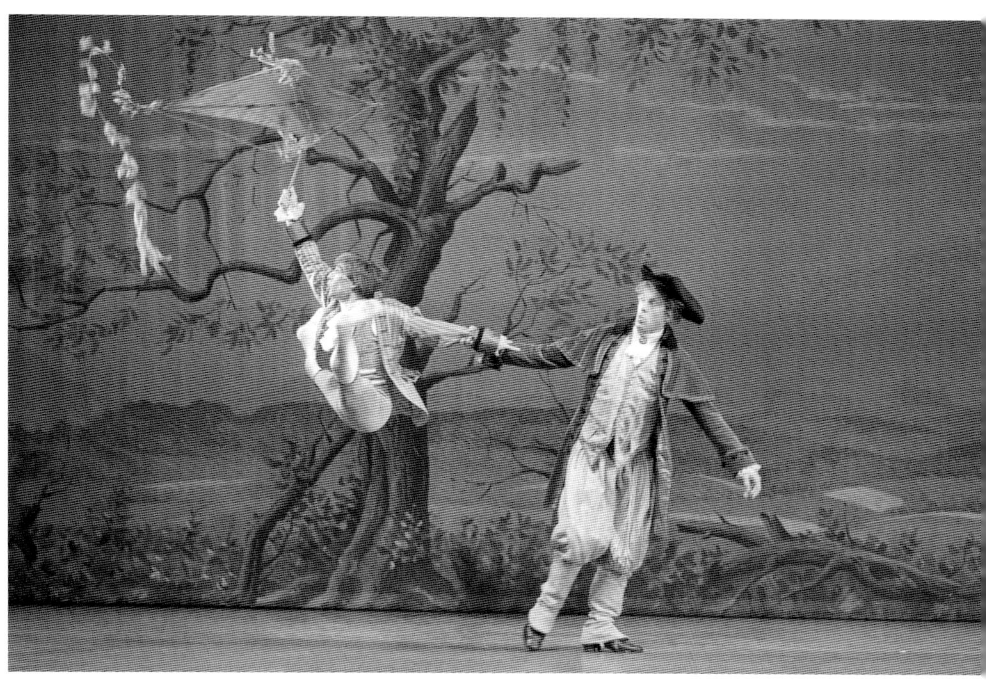

3

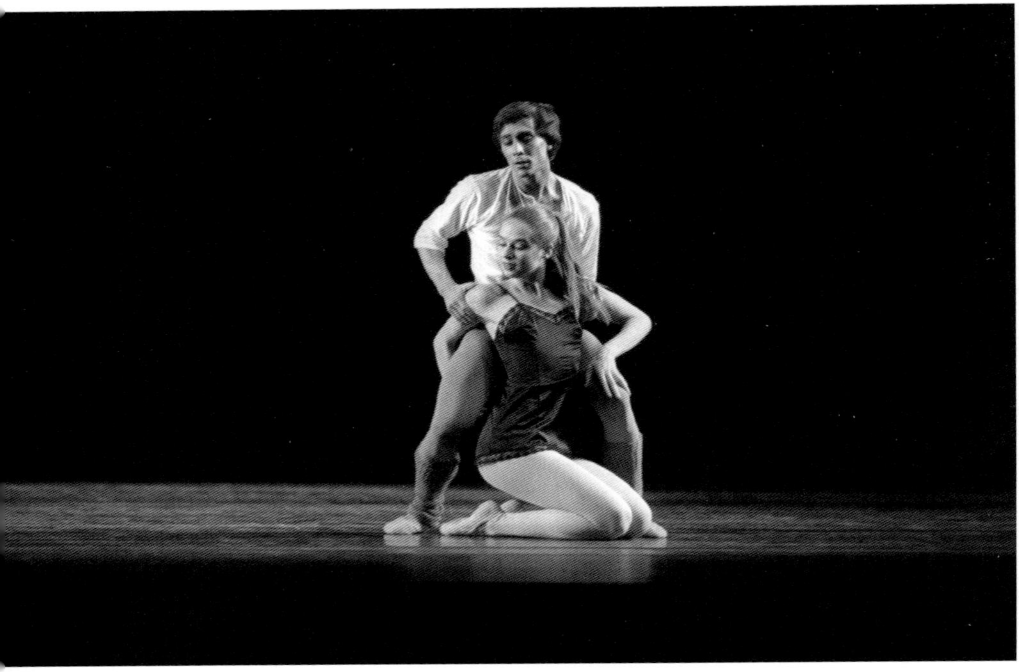

4

5

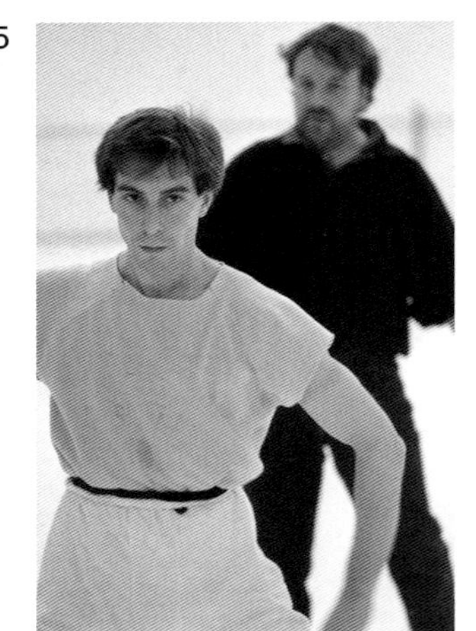

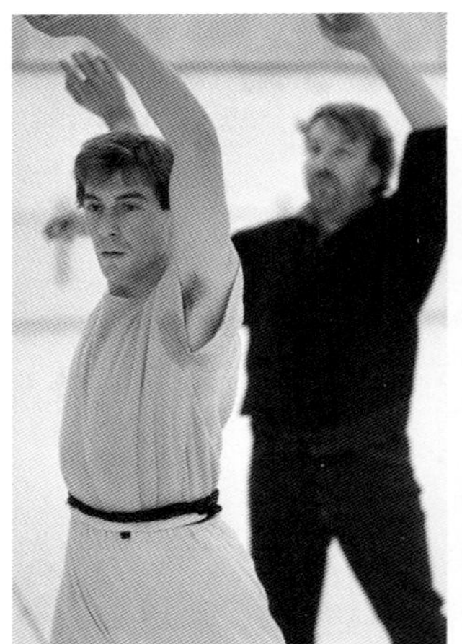

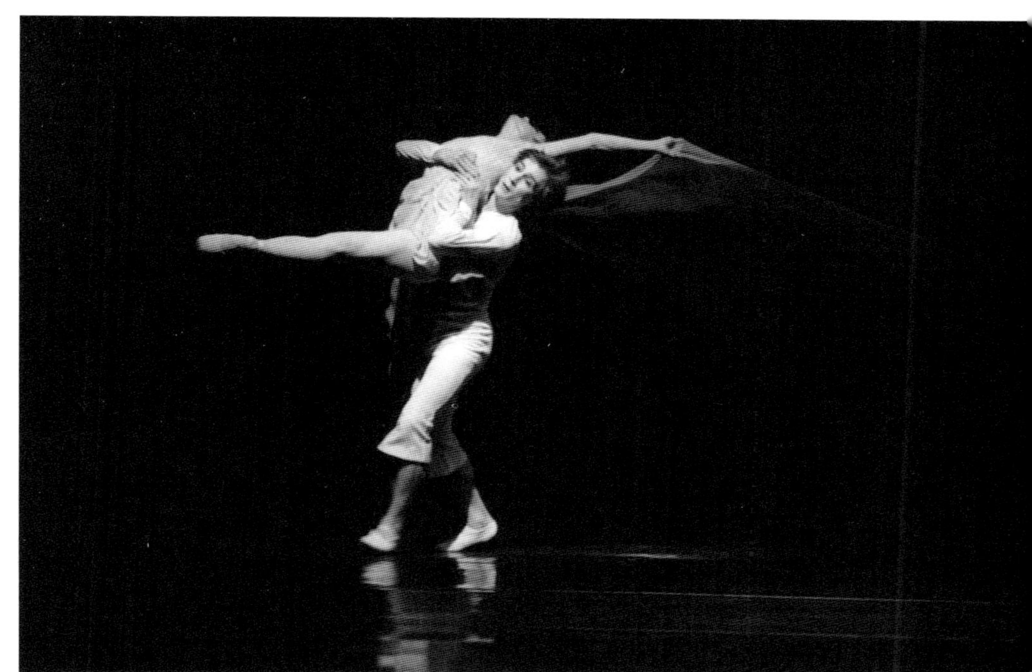

6

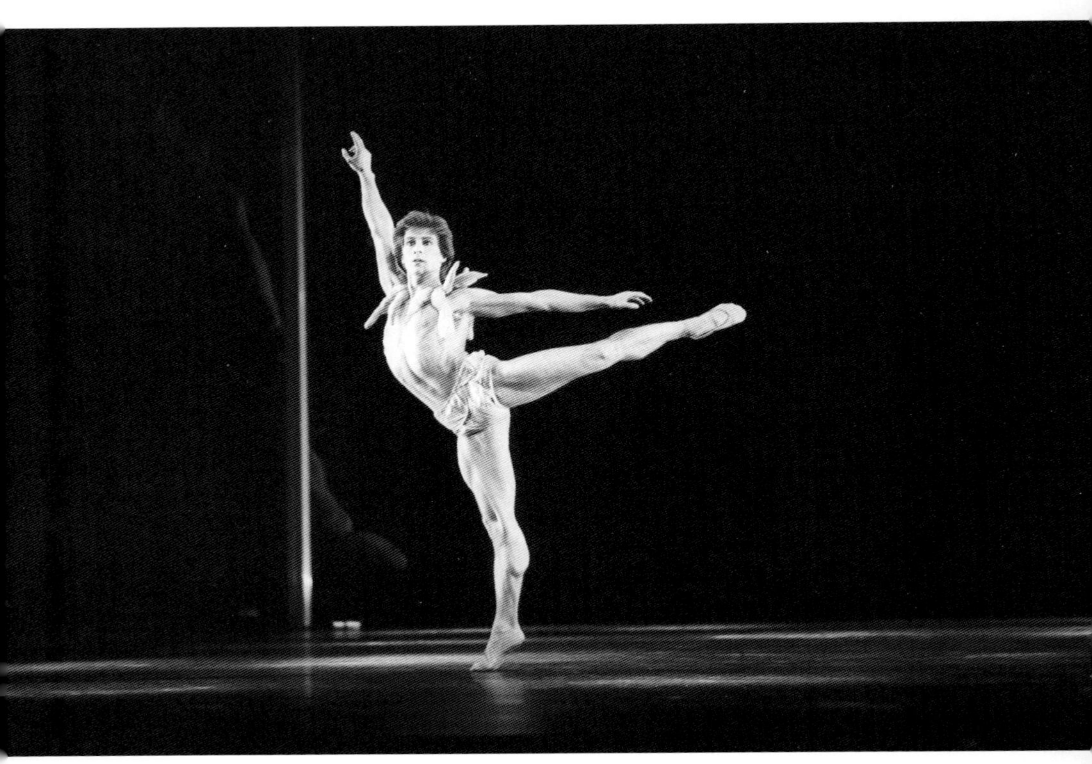

7

8

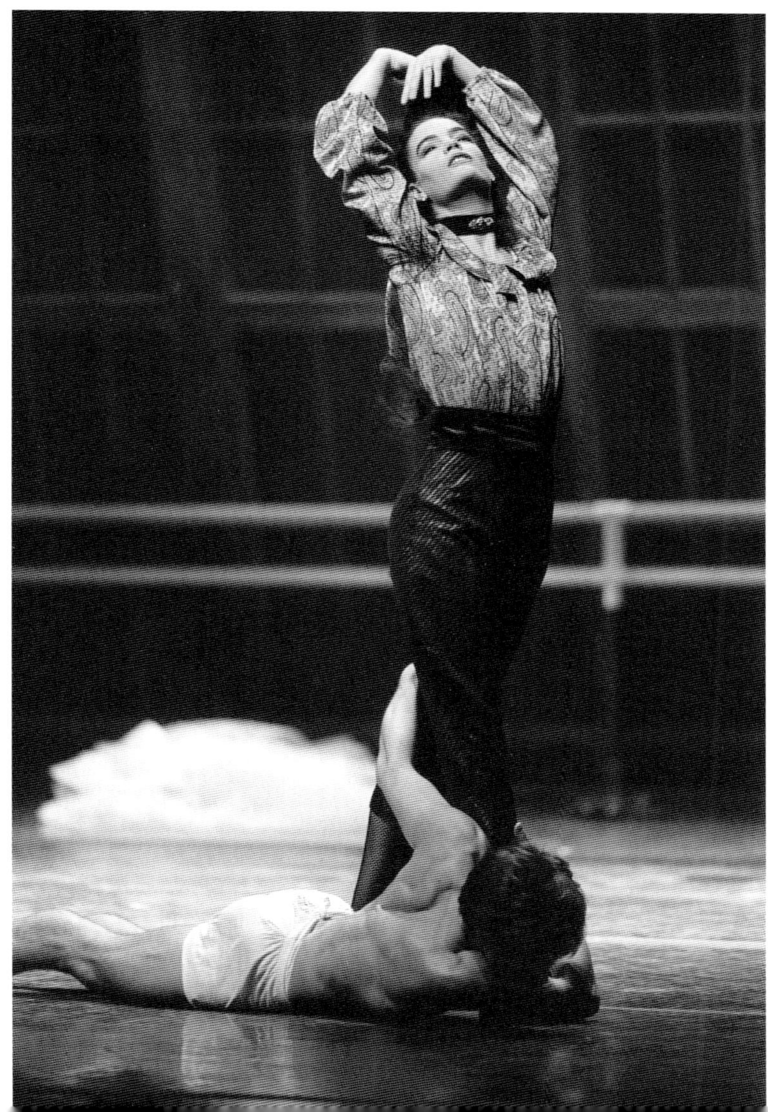

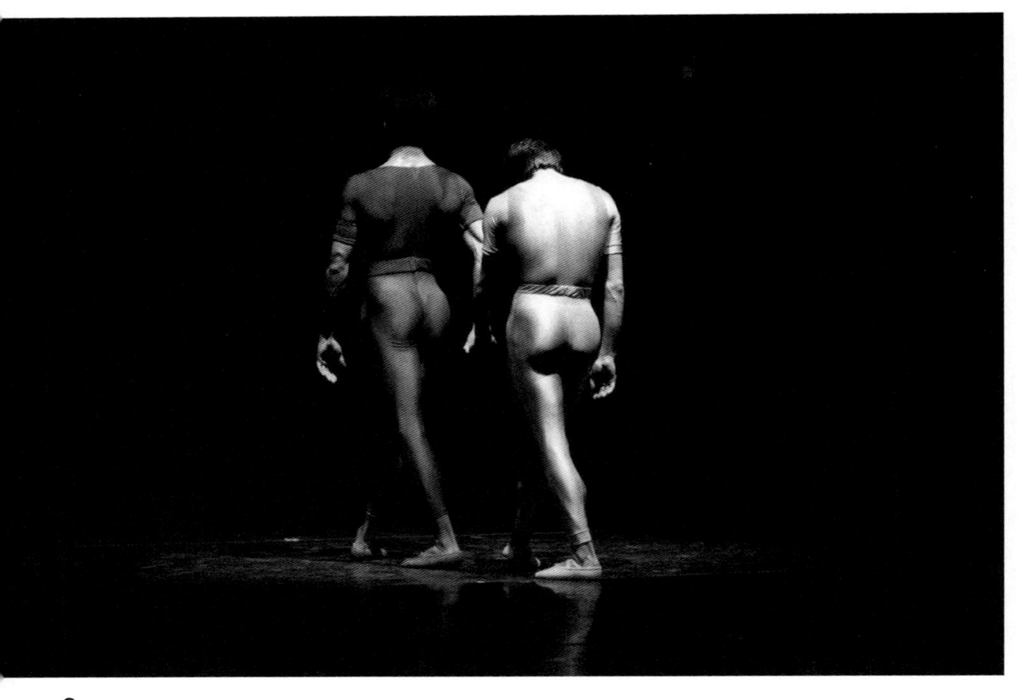

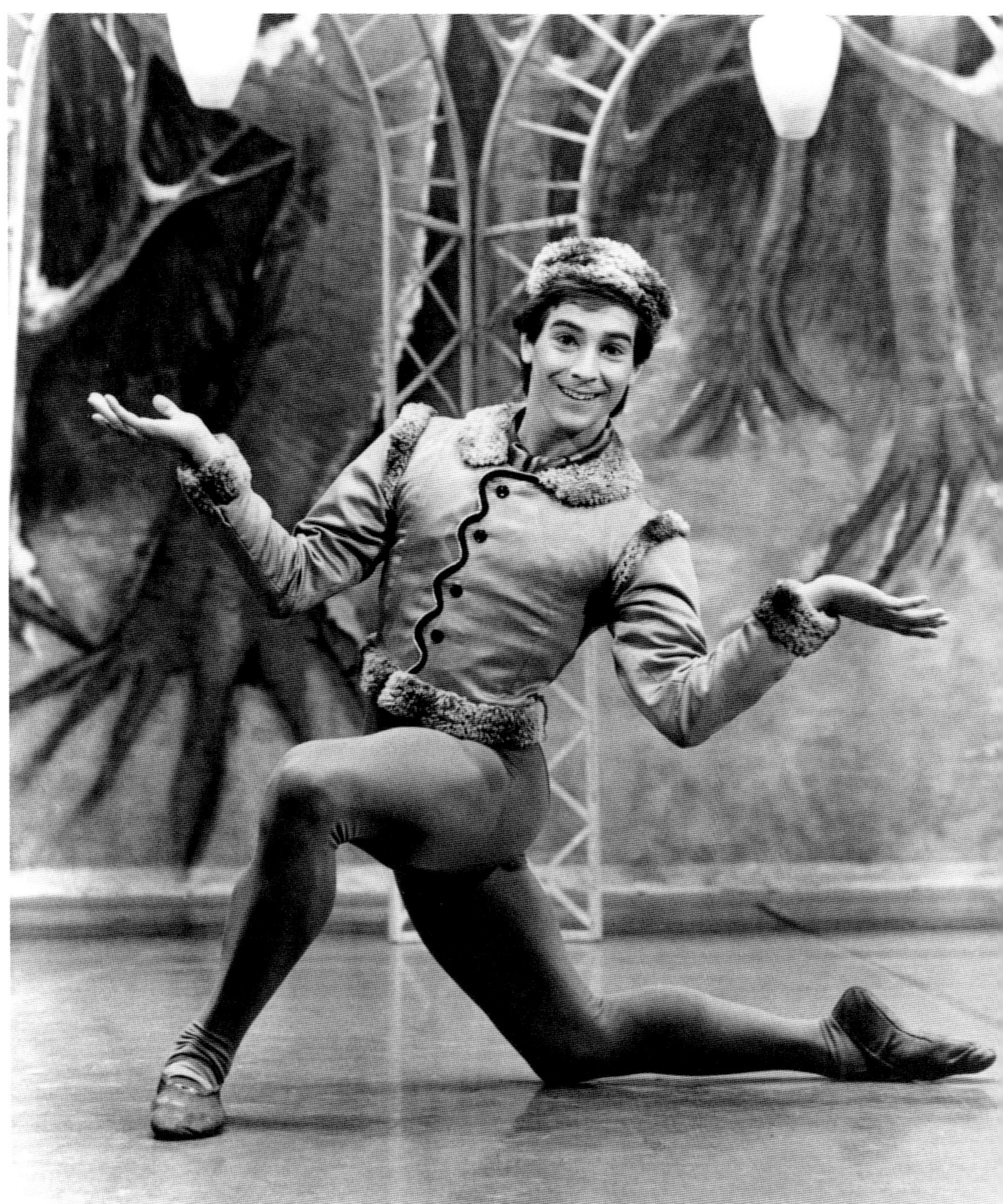

11

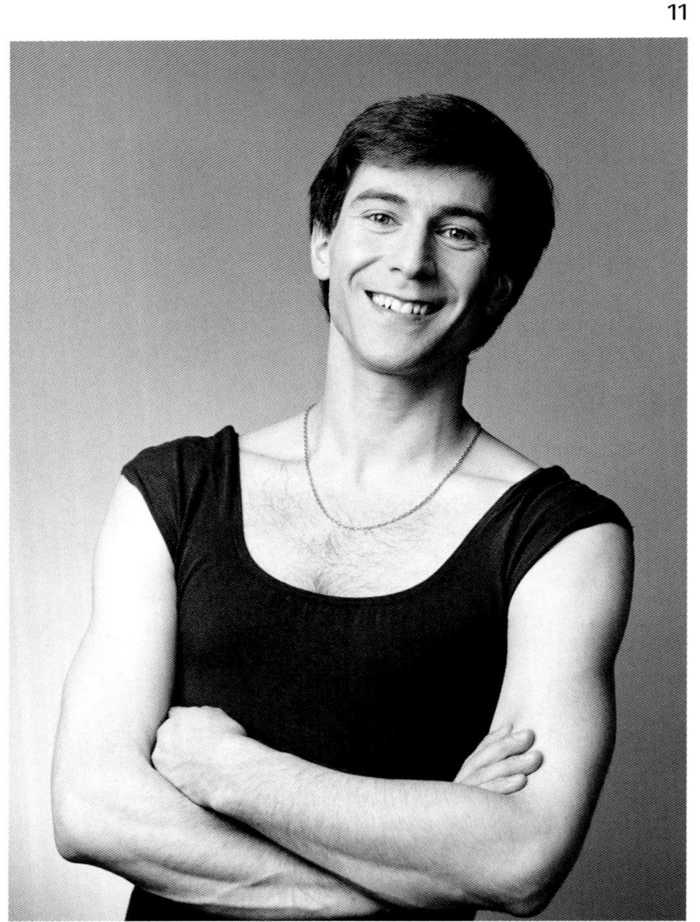

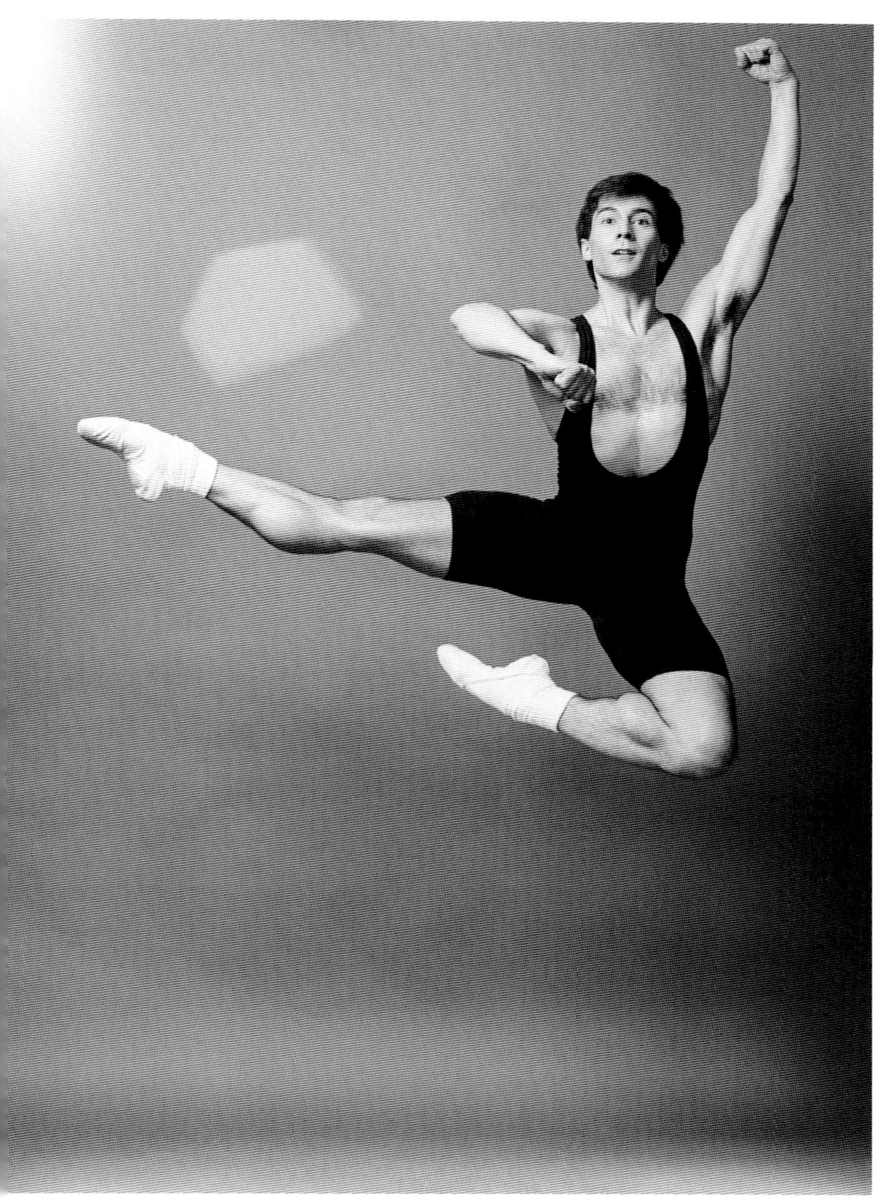

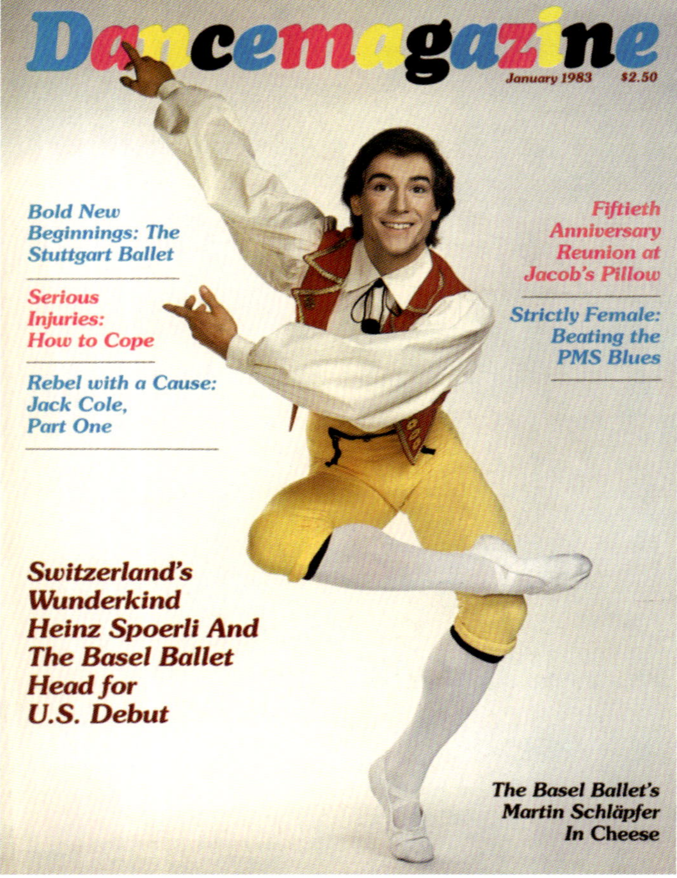
Dancemagazine
January 1983 $2.50
Bold New Beginnings: The Stuttgart Ballet
Serious Injuries: How to Cope
Rebel with a Cause: Jack Cole, Part One
Fiftieth Anniversary Reunion at Jacob's Pillow
Strictly Female: Beating the PMS Blues
Switzerland's Wunderkind Heinz Spoerli And The Basel Ballet Head for U.S. Debut
The Basel Ballet's Martin Schläpfer In Cheese

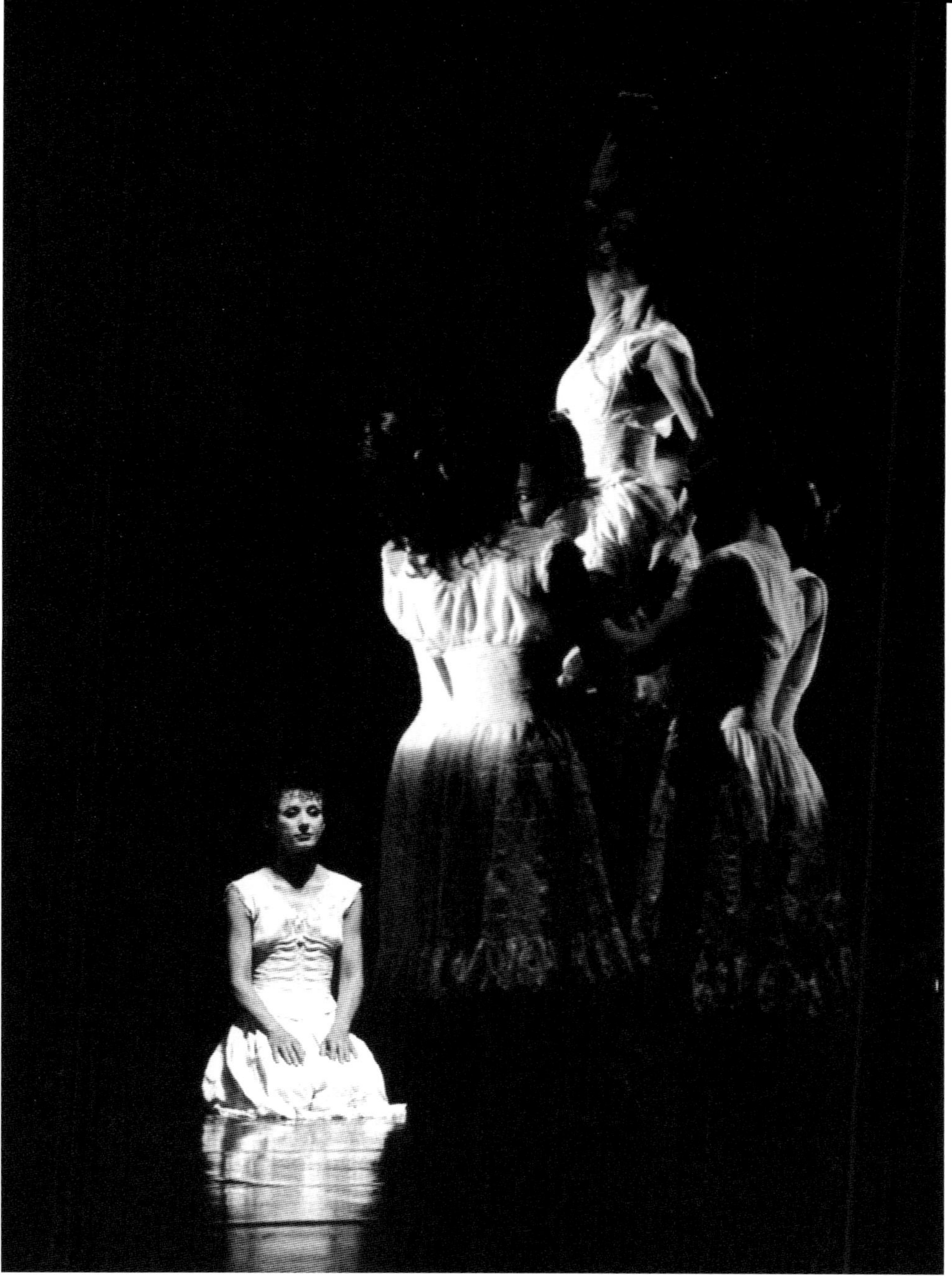

15

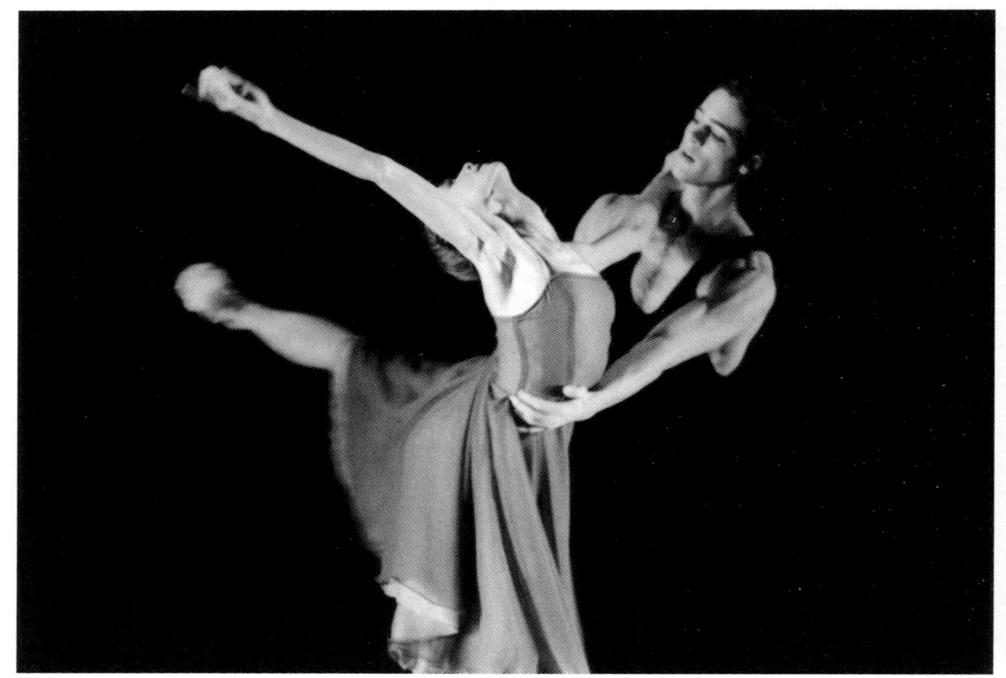

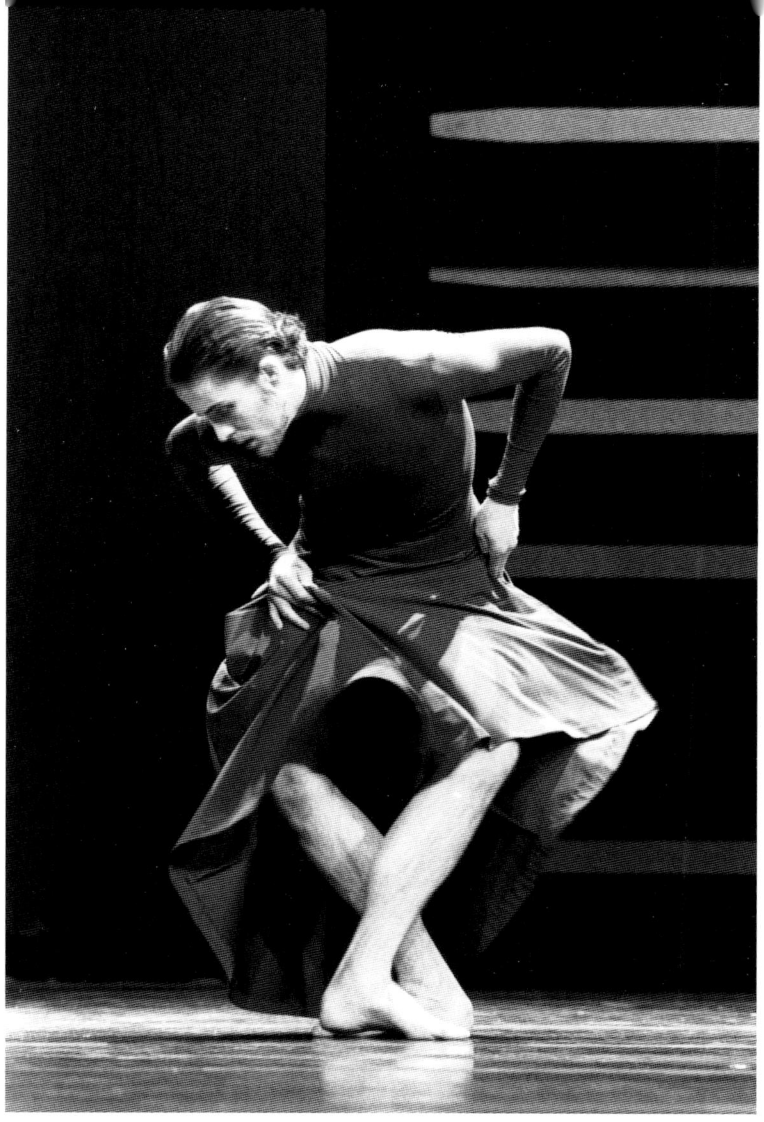

17

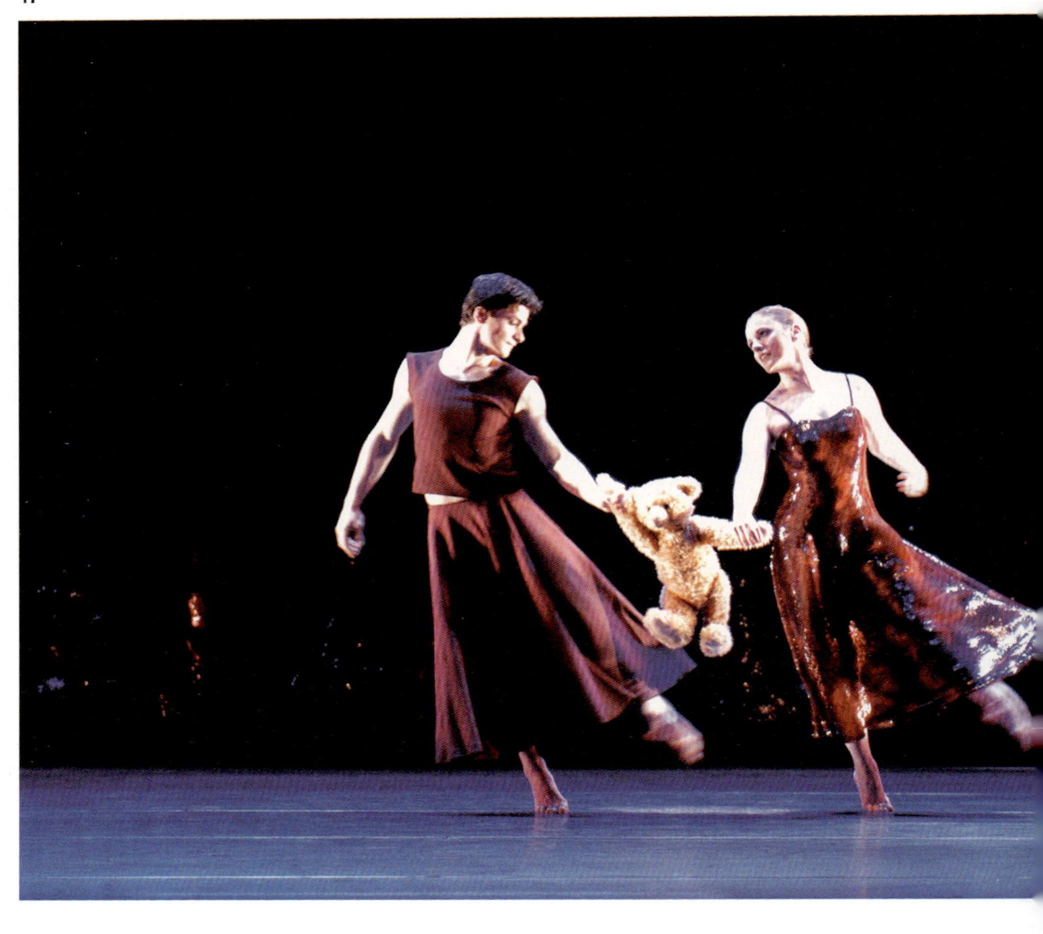

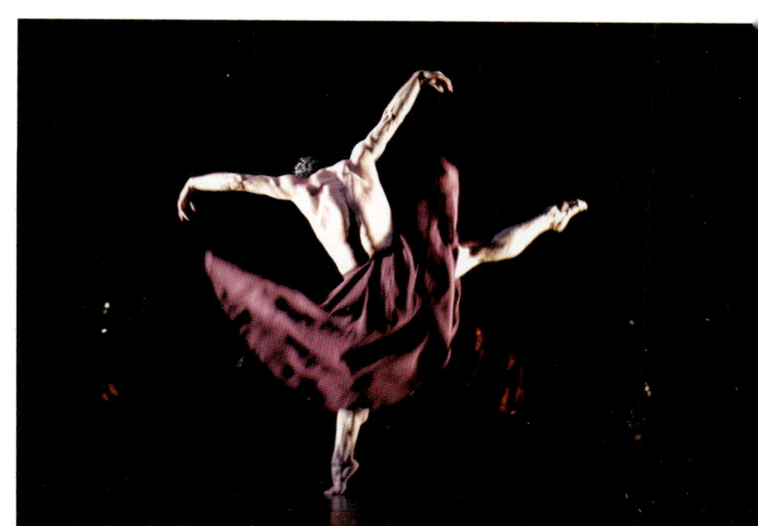

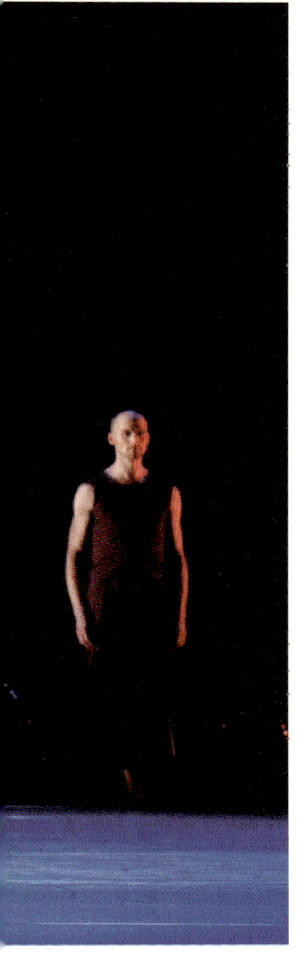

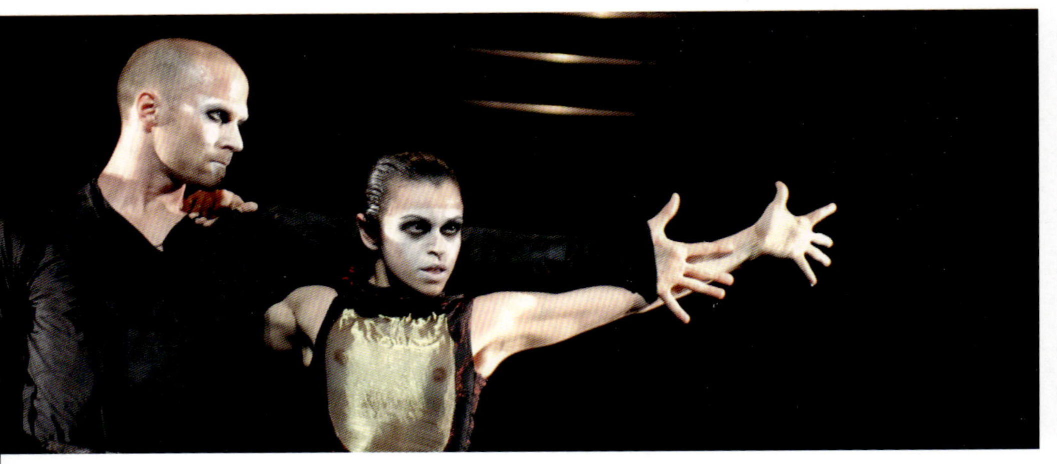

19

20

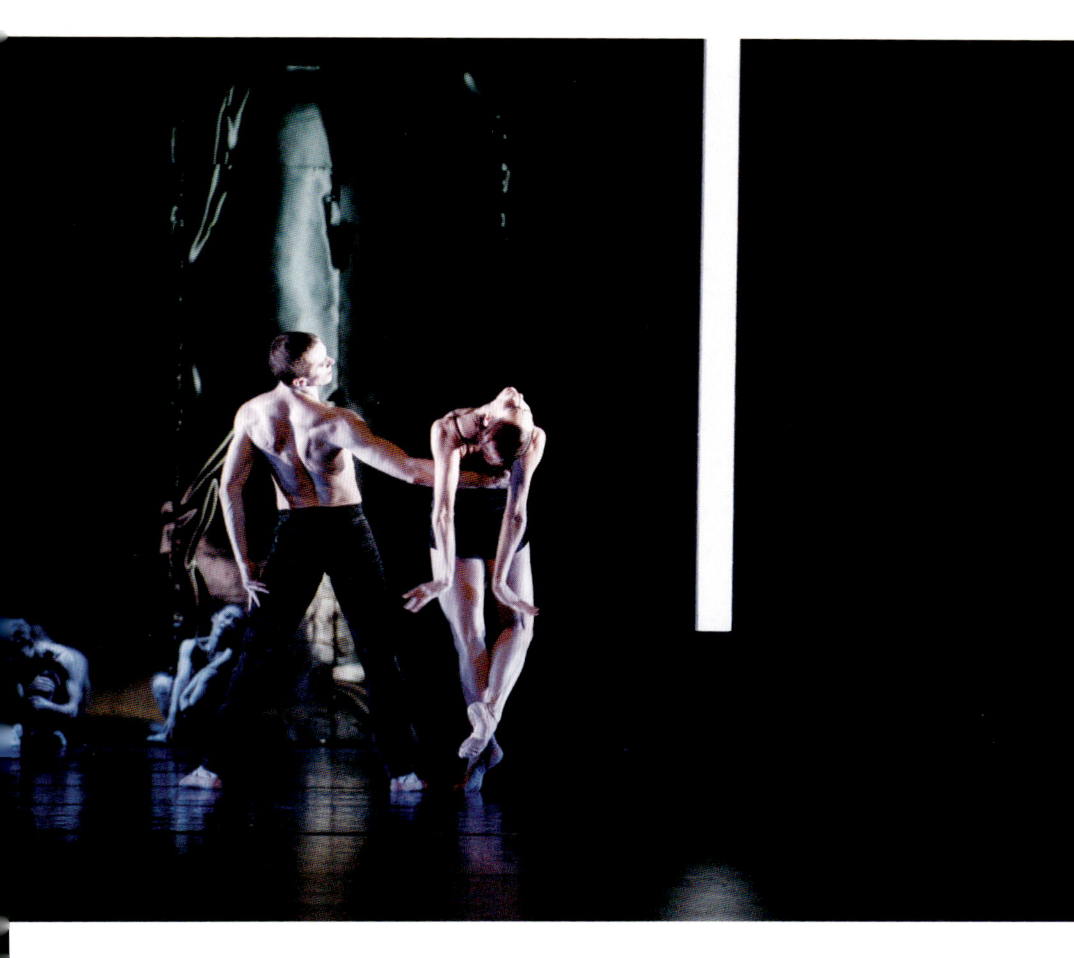

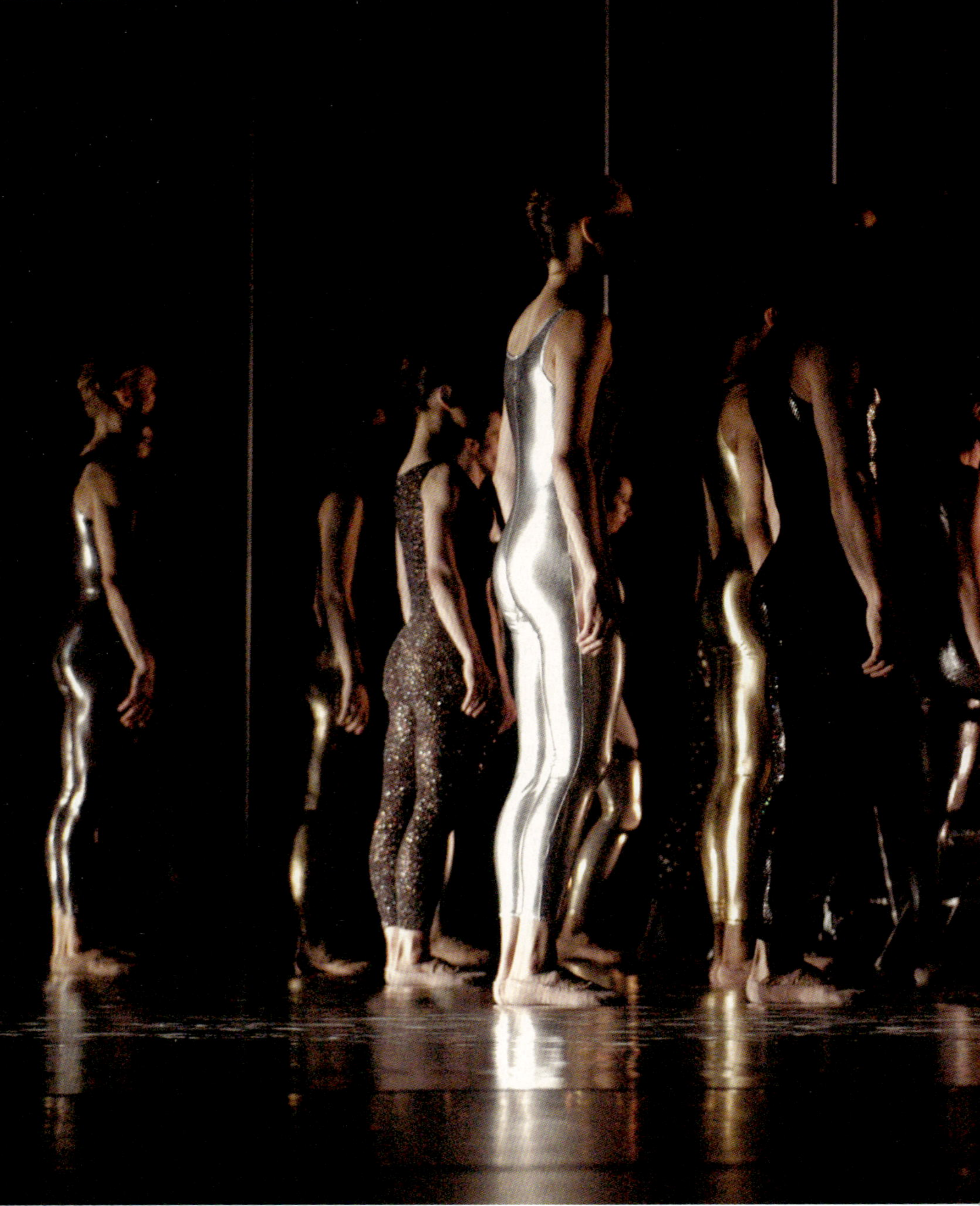

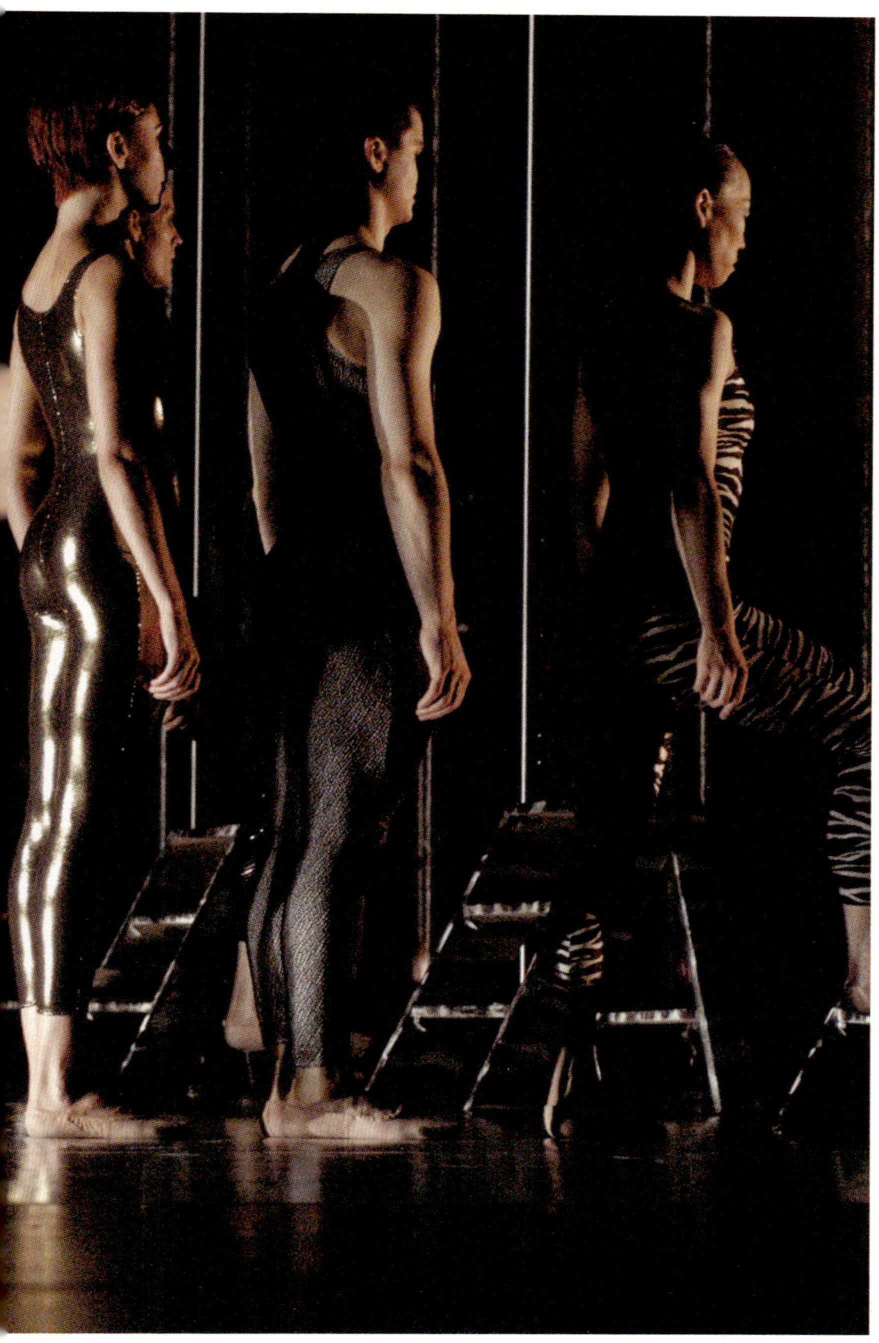

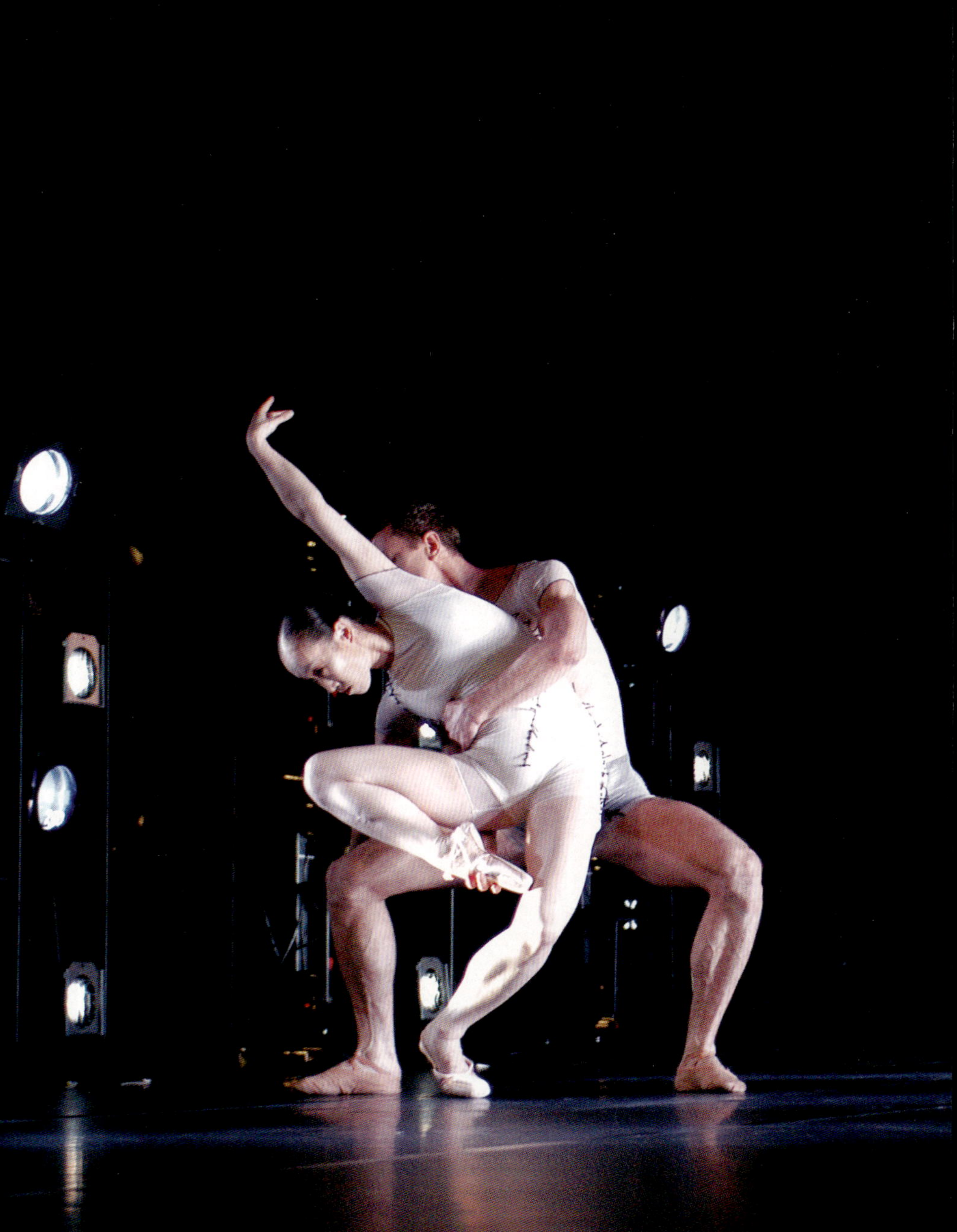

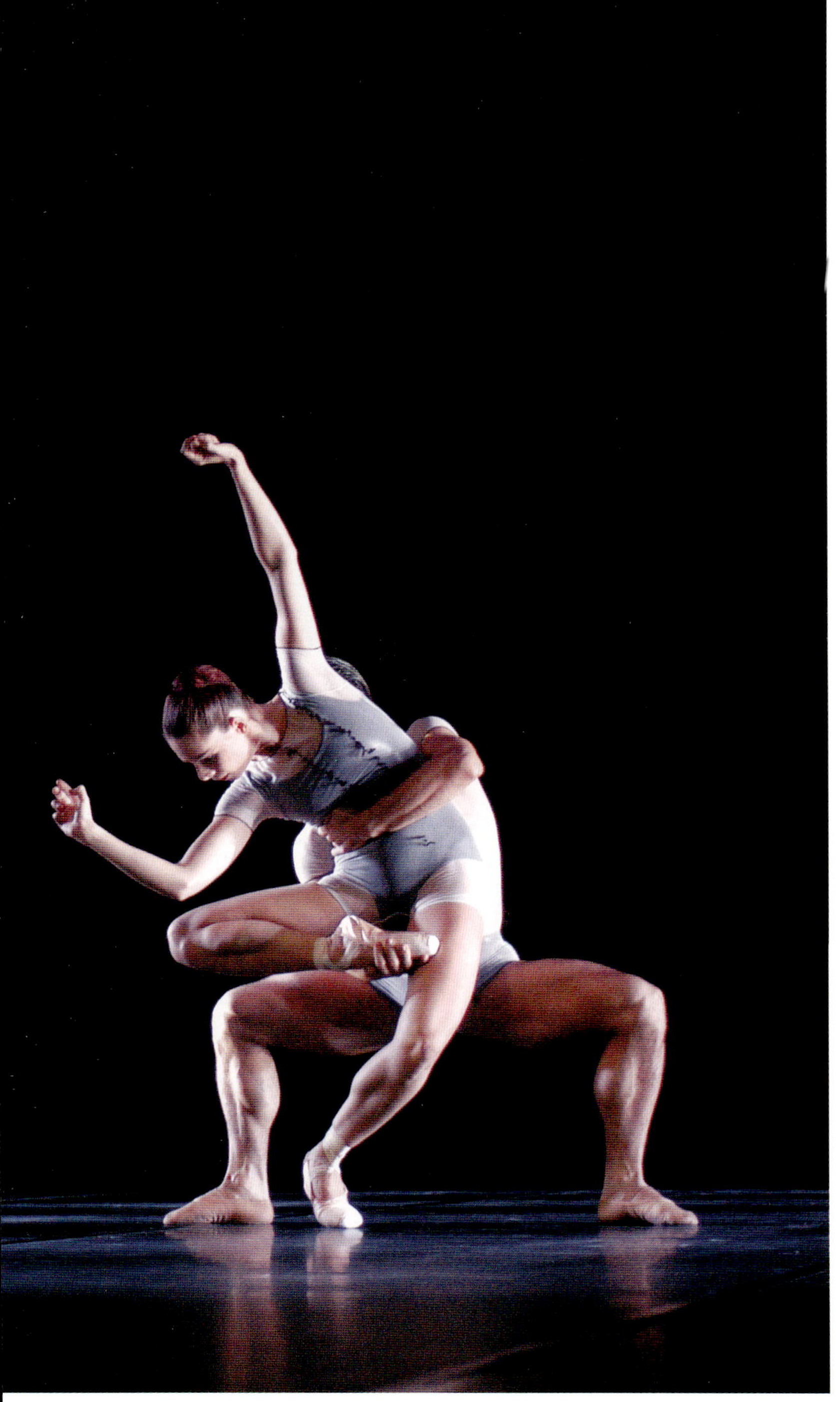

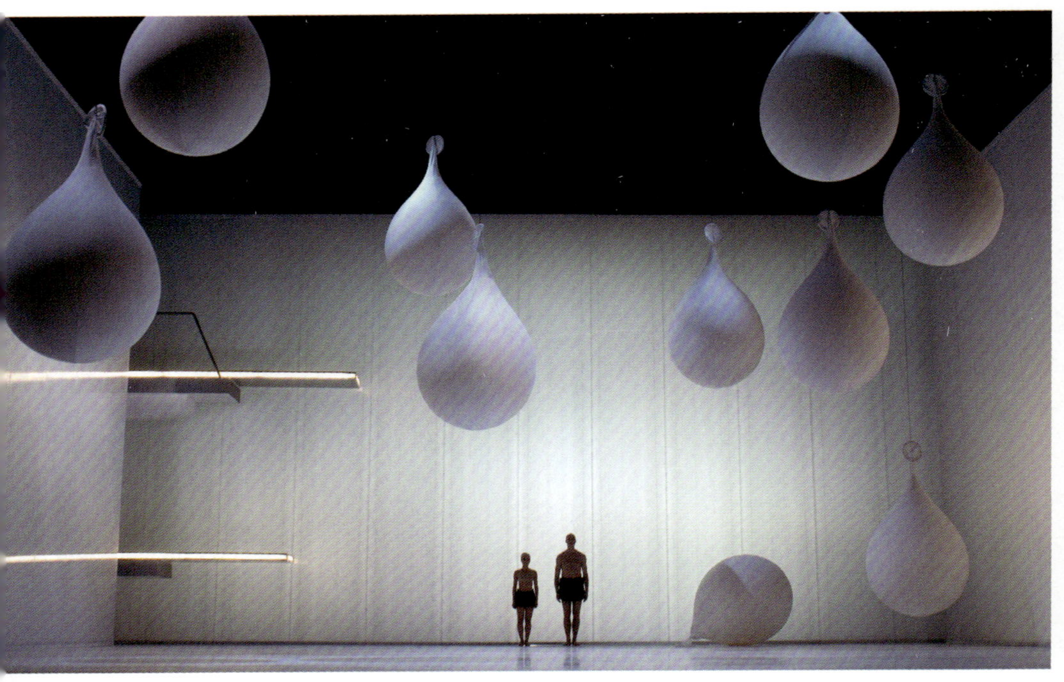

23

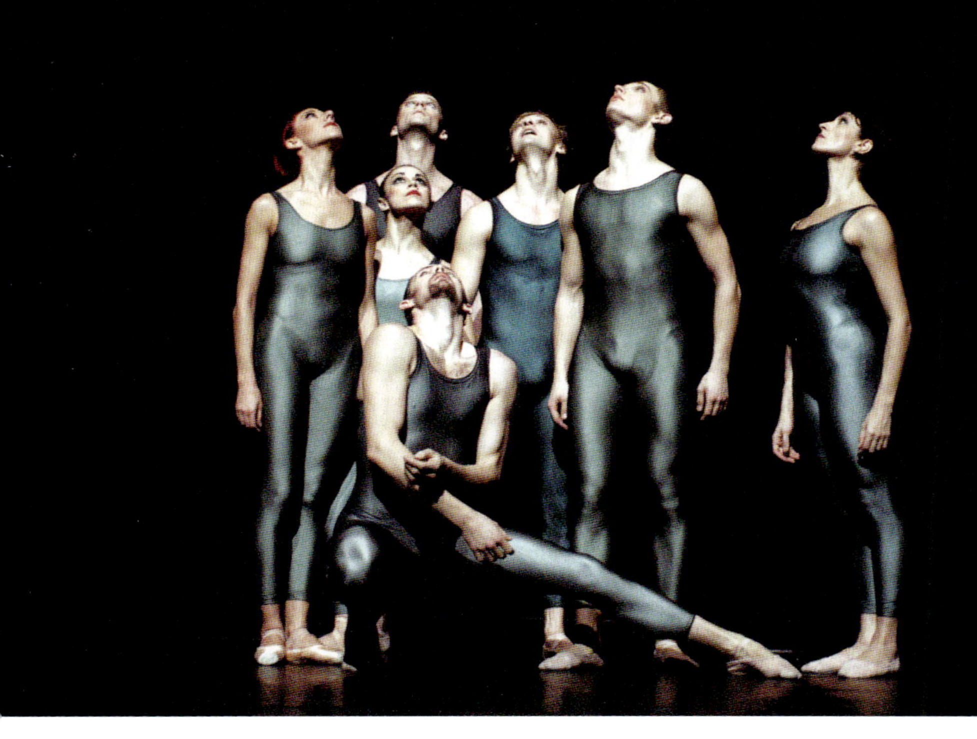

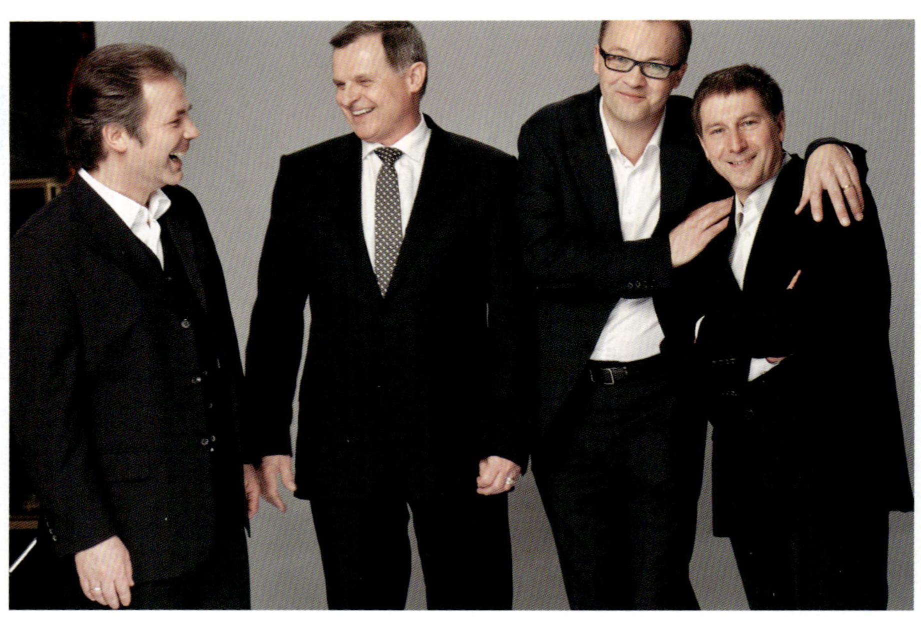

1
Margrit Kaufmann mit dem Ton-Bären, den Martin Schläpfer für sie als Kind gestaltete, im Jahr 2019

2
Als junger Tänzer in Basel, um 1985

3
Als Alain mit Didier Gettliffe in Heinz Spoerlis »La fille mal gardée«, Basel 1981/1982

4
Als »Törless« mit Kersten Debrock, Basel 1986

5
Mit Heinz Spoerli bei einer Probe zu »Einhundertdreiundzwanzig +2«, Basel 1988

6
Als »Pierrot Lunaire« mit Amanda Bennett, Basel 1984

7
Als Puck in »Ein Sommernachtstraum«, Basel 1985

8
Mit Shonach Mirk in »La Belle Vie«, Basel 1989

9
Mit Éric Vu-An in Maurice Béjarts »Lieder eines fahrenden Gesellen«, Basel 1989

10
Als Blue Boy in Frederick Ashtons »Les Patineurs« mit dem Royal Winnipeg Ballet, Toronto 1983/1984

11 und 12
Als junger Tänzer im New Yorker Studio des legendären Künstlerfotografen Jack Mitchell

13
Dance Magazine, Januar 1983, Foto von Jack Mitchell

14
Soňia Melo, Simone Cavin und Damenensemble in »Strange Fruit«, Bern 1995

15
Angela Kouznetsova und Roman Frischknecht in »Dritte Symphonie«, Bern 1998

16
Nick Hobbs in »Concerto grosso«, Mainz 2001

17
Remus Şucheană, Céline Prévost und Jörg Weinöhl in »Rendering«, Mainz 2005

18
Bogdan Nicula in »Rendering«, Mainz 2005

19
Jörg Weinöhl und Marlúcia do Amaral in »ein Wald, ein See«, Mainz 2006

20
Igor Mamonov und Ingrid Lupescu in »Violakonzert«, Mainz 2002

21
Ensembleszene aus »Musica ricercata«, Mainz 2003

22
Yuko Kato, Callum Hastie sowie Julie Thirault und Bogdan Nicula in »Streichquartett«, Mainz 2005

23
Sachika Abe und Jörg Weinöhl in »Gota de Luz«, Mainz 2006

24
Ensembleszene aus »Partita Nr. 6«, Mainz 2003

25
Generalmusikdirektor Axel Kober, Geschäftsführender Direktor Jochen Grote, Generalintendant Christoph Meyer und Ballettchef Martin Schläpfer, Deutsche Oper am Rhein 2009

Der Prix de Lausanne ist einer der wichtigsten Nachwuchswettbewerbe für Tänzer weltweit. Jährlich findet er im schweizerischen Lausanne statt. Für viele junge Künstler bedeutet er das Sprungbrett für eine Karriere im Bühnentanz. Es ist eine gemeinnützige Stiftung unter der Obhut der Fondation en faveur de l'art chorégraphique, die die Preise vergibt. Verschiedene Sponsoren, Stiftungen und Spender finanzieren die Auszeichnungen. Martin Schläpfer gewann 1977 den Preis für den besten Schweizer.

zu tanzen, mit knapp siebzehn Jahren habe ich den Prix de Lausanne und das Stipendium gewonnen, das mir ein Studium an der Royal Ballet School in London ermöglichte. Mit achtzehn ging ich ans Basler Ballett.

Wie haben Sie es innerhalb von drei Jahren vom Ballettschüler zum Basler Ballett geschafft? —— Marianne Fuchs hat gesagt, ich sei ins Studio gekommen und hätte fünf Pirouetten gedreht. Ich weiß nicht, ob das stimmt. Aber natürlich war ich vorher schon auf dem Eis gewesen. —— Es war mein Primarlehrer, der uns aufs Eis gebracht hat. Dort habe ich begonnen, diese Küren der Eiskunstläufer zu kopieren. Man hat mich gesehen, so kam ich in den Eiskunstclub St. Gallen. Ich muss irgendetwas Begabtes gehabt haben, wahrscheinlich, weil ich noch völlig angstfrei war.

Wie stand denn die Familie zu dieser Hochbegabung? —— Zuhause hieß es, ich dürfe nicht Tänzer werden, ich müsse einen Beruf lernen. Es war für sie ja eine völlig fremde Welt – und ist es geblieben. Da hat meine Ballettlehrerin diesen Trick angewandt und mich nach anderthalb Jahren zum Prix de Lausanne angemeldet – in der Hoffnung, dass ich etwas gewänne. Was dann auch geschah. Als ich das Stipendium für die Royal Ballet School bekam, konnten die Eltern nicht mehr dagegen sein. Es hat funktioniert. Mein Lehrer Terry Westmoreland in London wollte mich sogar dabehalten, aber ich hatte schon in Basel vorgetanzt. So kam ich zu Spoerli als Eleve.

Es war die Zeit des klassischen Erzählballetts und Heinz Spoerli war einer seiner lustvollsten und lustigsten Vertreter. Mochten Sie Ihre Rollen bei Spoerli, diese quirligen und quicklebendigen Figuren wie den Puck im »Sommernachtstraum« oder die Titelfigur im »Till Eulenspiegel«? —— Ja, das war schon grandios. Spoerli hat »Till Eulenspiegel«, aber auch Rollen wie »Törless« oder »Pierrot Lunaire« für mich gemacht – das war wunderbar. Diesen poetischen Nachtsüchtigen, letztlich ein vierzigminütiges Solo. Ja, ich habe es schon geliebt zu tanzen. Aber ich habe nie – und es ist mir bis heute fremd – danach gefragt, ob eine Choreografie, die ich tanze, gut ist. Mich hat immer nur interessiert, ob ich gut genug bin und ob ich etwas aus der Rolle machen kann. Denn du kannst, wenn du großartig bist, auch das schlechteste Stück rausreißen. Das war der große Unterschied zwischen mir und meinem Freund Chris Jensen, ein grandioser Tänzer, der dann zu Jiří Kylián ans NDT gegangen ist. Er hat alle Choreografien, die er getanzt hat, bewertet. So ist es auch heute unter meinen Tänzern weit verbreitet. Mich hat diese Fragestellung nie interessiert.

Letztendlich hat die Krise Sie in die Funktion des Ballettdirektors katapultiert. Die erste Station war Bern 1994. Wie kann es sein, dass Sie im Grunde fünf Jahre aus der Ballettszene verschwanden, um dann plötzlich diese Position angeboten zu bekommen? —— Es waren noch Tänzer aus meiner Zeit bei François Klaus am Haus, und so fiel mein Name. Ich habe mich dann mit einem Konzept beworben und wurde genommen. Damals ging ein Beben durch die Schweizer Tanzpresse: Ich könne das nicht und ich sei hypersensibel, schwierig ... eigentlich verständlich.

So feierte das Berner Ballett schöne Erfolge ... —— Also, es gab zumindest Abende wie »Vespers« in der französischen Kirche, die waren schon gut. Es war nicht immer so, dass die Kritik mich mochte. Aber schon auch. »Vespers« war die erste Kritik in der FAZ von Jochen Schmidt, so begann es langsam auch in der Außenwahrnehmung jenseits der Schweiz.

Das ist ja heute nicht anders. Die einen sind euphorisch, andere sind empört. Sie polarisieren nach wie vor. —— Ja, das ist so. In Bern habe ich dann meine ganze Erbschaft in das Ballett gesteckt. Ich habe eine Stiftung gegründet auf Bundesebene mit einer Basis von fünfzigtausend Franken, denn ich hatte beispielsweise nur einen Etat von vierzigtausend Franken für Gäste pro Spielzeit. Ob George Balanchine oder Kurt Jooss – alles habe ich aus meiner Erbschaft finanziert. Vaters Geld ging in das Berner Ballett. Ich habe auch permanent eine Gastwohnung an der Brunngasse in der Nähe des Theaters bezahlt. Ich musste es tun, um hochzukommen, aber irgendwann hatte ich das Gefühl, es grenzt an Ausnutzung, ich muss weg. Fünf Jahre genügten, es wurde mir zu klein. Ich habe dort den Satz geprägt: »In Bern liegt alle Kunst im Schatten des Bundeshauses.« Gemeint ist die Regierung. Bern ist eine Bilderbuchstadt. Es hat eine gute freie Szene, die Dampfzentrale floriert, aber das Stadttheater ...

Dann ging es an das Staatstheater Mainz. Wie kam das? —— Es war Georges Delnon, damals Intendant in Koblenz, der mich ansprach. Als Berner Ballettchef hatte ich zwei Stücke für ihn gemacht – »Stabat Mater« von Pergolesi und »Divertimento« von Bartók. Delnon ging dann als Intendant an das Staatstheater in Mainz.

Am Staatstheater Mainz wurden Sie immer erfolgreicher und schufen innerhalb von zehn Jahren das Mainzer Ballettwunder und als Meisterstück das Ballett am Rhein Düsseldorf-Duisburg. Hat Ihnen das Kreieren von Bewegung gegeben, was Ihnen beim Tanzen gefehlt hat? —— Nein, nie. Beim Tanzen selber hat mir nie etwas gefehlt, ich fühlte mich komplett bei mir. Später, als ich reifer wurde, konnte ich auch mental mit allem umgehen, aber dann wollte der Körper nicht mehr so, wie ich es mir vorstellte. —— Mein Problem war, dass ich mehr Kunst wollte und weniger Virtuosität. Ich hatte immer das Bedürfnis, in meiner Suche verstanden zu werden. Hätte man mich bedächtig aufgebaut und an die Hand genommen, hätte ich eine Weltkarriere machen können. So hat man in der Regel nie über ein Problem mit mir gesprochen. Verstehen Sie, gerade auch deshalb kann ich heute als Direktor sehr gut mit Ausnahmetalenten umgehen. Sie können kein Künstlertum von jemandem haben und gleichzeitig erwarten, dass er als Mensch einfach ist. Das geht nicht Hand in Hand. Aber gut, es war eine Zeit, in der man nicht über Inhalte geredet hat. Ich wollte etwas, was mir das Gegenüber nicht geben konnte.

Eine schwierige Rolle, der Star zwischen Kult und Ablehnung. Deshalb also konnten Sie nicht mit Ihrem Künstlertum umgehen? —— Ja, ich hatte einfach die mentale Kraft noch nicht und habe mich auch selbst verletzt. Es war einfach zu früh. Auf der anderen Seite fühlte ich mich auch gebremst. Wenn Sie ein Heinz-Spoerli-Buch anschauen, bin ich vielleicht mit zwei Fotos vertreten. Dabei habe ich in Basel das Haus gefüllt. Es hatte natürlich auch mit mir zu tun, ich war nicht anpassungswillig, wenn ich nicht überzeugt war. Das habe ich auch von meinem Vater, vor allem aber von meinem Großvater. —— Aber ich habe wirklich – ohne Koketterie – keine Aggressionen gegenüber den Eltern oder Heinz Spoerli, die es so gemacht haben, wie sie es für richtig hielten. Alles, was mir widerfahren ist, musste so sein. Ich hatte nichts großartig aufzuarbeiten und sehe das Versäumte als absolute Notwendigkeit für mein inneres und äußeres Wachstum, denn ich war wie auf einem anderen Stern zuhause. Das Leiden und der Schmerz in meinem Herzen mussten einfach sein – ich habe es zum Glück überlebt und bin recht glücklich, dankbar und lebensfähig geworden.

Zwei

Tanzen und Choreografieren: Der Körper als Heimat und der Körper als Feind

»Der Tänzer muss durch die Hintertür zurück ins Paradies kommen«

Es ist Hochsommer 2019, eine Hitzewelle bringt immer neue Rekordwerte von über vierzig Grad Celsius ins Land. Der Ventilator in Martin Schläpfers Büro im Balletthaus surrt. Die Theaterferien haben begonnen, morgen fliegt Schläpfer ins Tessin. Ein bisschen stolz weist er darauf hin, dass er aufgeräumt hat. Er freut sich auf seine Auszeit. Doch noch plagen ihn seit einigen Tagen Kopfschmerzen, die er sich mit selbst verordnetem Kaffee-Entzug erklärt. Denn er nutzt seine freie Zeit, um auch innerlich aufzuräumen. Trotzdem ist der Schweizer hellwach. Im Gespräch verleiht er seinen Worten mit der ihm typischen tänzerischen Motorik Nachdruck.

Eine Frage an den Tanzkünstler, nicht den Menschen: Fühlen Sie sich wohl in Ihrem Körper, ist er Ihnen Heimat? —— Oha … Wenn ich tanze und mich nicht verletzt habe und physisch und emotional alles stimmt, was in letzter Zeit so war – außer bei Hans van Manens »The Old Man and Me« und leider auch in seinem »Alltag« –, fühle ich mich als Tanzender sehr wohl, ja.

Was war denn los bei Hans van Manens »The Old Man and Me«, das der große Meister 2012 mit Ihnen und Marlúcia do Amaral einstudierte? —— Bei »The Old Man and Me« steckte ich in einer tiefen emotionalen Krise. Ich war verwundet vom jähen Ende einer Beziehung. Als sich der Vorhang zur Premiere hob, konnte ich mich kaum auf das Stück konzentrieren.

Und bei »Alltag« 2014? —— Da habe ich nach der bitteren Erfahrung von »The Old Man und Me« eine Chance gefühlt, mich künstlerisch zu rehabilitieren. Aber ich habe vor Probenbeginn so hart trainiert, dass mir bei einem Spagatsprung der hintere Oberschenkelmuskel riss. Als Hans dann aus Amsterdam anreiste, musste ich ihn wieder nach Hause schicken, ich konnte kaum noch laufen. Die Vorstellungen später habe ich nur mit starken Schmerzmitteln geschafft.

Aber in dem Stück kommen doch gar keine Spagat-Sprünge vor? —— Nein, das war mein übertriebener Ehrgeiz, in Form zu kommen! Zum fünfundachtzigsten Geburtstag von Hans van Manen habe ich »Alltag« für ihn noch einmal im Het Muziektheater Amsterdam getanzt. Da war ich einigermaßen vernünftig. Da war ich endlich als Tänzer so, wie ich mir das vorstellte – und konnte daher auch nach diesem Auftritt das öffentliche Tanzen loslassen. Heute ist es für mich kein Thema mehr, auch wenn ich innerlich ein Leben lang Tänzer sein werde.

Was macht das Heimatgefühl im eigenen Körper denn aus? —— Ich meine es nicht in dem Sinne, dass ich alles gut fände, was mein Körper macht. Das Wohlgefühl nährt sich aus den Möglichkeiten, mit diesem Körper etwas auszudrücken, ihn auch an Grenzen zu bringen, ihn auszuprobieren. Auch ihn zu hinterfragen – ich würde nicht sagen, das Wohlgefühl alleine wäre für mich genügend.

Ist der Körper Freund oder Feind des Tänzers? —— Wenn der Künstler oder die Künstlerin auf der Bühne arbeitet und »kämpft« – was man ja manchmal muss –, an der Linienführung, an der Perfektion, und es ihm dabei gelingt loszulassen, dann ist der Körper der Freund. Ich glaube nicht, dass es eine wirklich große, berührende Vorstellung eines Tänzers geben kann, wenn der Körper Feind bleibt.

Wie findet ein Tänzer zu seinem Körper als Heimat und zu seinem individuellen Ausdruck, wenn seine Sprache doch schon durch den Choreografen, dessen Ästhetik und Geschmack, oder durch einen aktuellen künstlerischen Trend von außen vorgegeben ist? —— Ich glaube, wie jeder rekreierende Künstler, ob Musiker oder Schauspieler, muss er durch die Hintertüre zurück ins Paradies kommen – um mit Heinrich von Kleist zu sprechen. In diese Unschuld, in dieses Unerklärbare. Aber der Weg führt natürlich durch die Schulung, durch das Nachmachen und Kopieren, das Erfüllen, was Ballett- oder Tanzlehrer und später die Choreografen als Aufgaben stellen und abverlangen. Das heißt nicht, dass man sich deswegen verneinen muss. Es ist auch eine Frage der Pädagogik schlussendlich – es gibt verschiedene Wege, dorthin zu gelangen. Aber natürlich bleiben einige, die nach einem langen Weg der körperlichen Schulung, Formfindung und Ummodellierung nicht mehr zu ihrem ursprünglichen Wesen zurückfinden, auf der Strecke. Sie bleiben häufig dort stecken, wo ihr Tun nie zu einer Kunst werden kann. Aber ich finde auch nicht, dass diese Masse an Tanzschülern diesen Beruf erwählen sollte. Das System ist so gemacht, weil unsere Schulen natürlich das Geld brauchen und funktionieren müssen.

Welchen Rang kann im besten Falle ein wirklich guter Tänzer einnehmen, der weit mehr ist als nur das Werkzeug des Choreografen? —— Er ist im besten Fall die Krone des Ganzen – auch Schöpfer und nicht nur Ausführender. Nur durch ihn oder sie leuchtet ein Ballett, berührt es Menschen, verwandelt sich der Zuschauerraum. Balanchines Musikalität steht und fällt doch mit Tänzerinnen wie Suzanne Farrell oder Darci Kistler. John Cranko löste so viel aus wegen Marcia Haydée und Richard Cragun. Nur durch Künstlerinnen wie Maria Callas wurde nicht nur Verdi gesungen – sondern rekreiert. Ich will niemanden auf der Bühne sehen, der nur ausführt, was der Choreograf und der Ballettmeister in der Probe einfordern. Der verstehende Interpret erhöht doch, was ich sagen will, auf der Bühne, damit es für uns alle gilt – nicht nur für mich.

Denken Sie, dass die Akademien auch Schüler ausbilden, die gänzlich ungeeignet sind für den Beruf des Bühnentänzers? —— Ja, leider schon. Ballett ist eine Kunst, für die man nicht nur körperlich, sondern auch mental stark sein muss. Man muss sie aushalten, darf sich aber gleichzeitig auch nicht schädigen. Diesen Beruf üben zu viele aus, die nicht die außergewöhnlichen körperlichen und psychischen Fähigkeiten dafür haben. Sie machen aus einem Mittelmaß heraus eine Karriere. Natürlich ist es sehr schwierig, im Vorfeld eine genaue Analyse eines Kindes oder Jugendlichen zu machen, um herauszufinden, ob in ihm ein Künstler steckt. Aber diese Analyse wäre meiner Meinung nach wichtiger als die körperliche. Oft ist es ja ein Traum dieses Mädchens oder Jungen, vielleicht auch der Eltern. In Russland ist es sogar so, dass das Eintreten in die Bolschoi-Ballettschule mit Ansehen und Status zu tun hat. Zumindest war es früher so. —— Zwar sagen die Ballettlehrer dem Schüler nach ein paar Jahren, ob er talentiert ist und Tänzer werden sollte. Aber die Pädagogen reden zu oft nicht offen genug mit dem Studenten darüber, woran es mangelt. Ob er vielleicht mehr Unterstützung braucht, auch psychischer Art, oder es ihm an Passion fehlt. Die klassische Technik wird bereits ab einem Alter von acht, neun oder zehn Jahren unterrichtet, aber viel zu sehr gilt dabei das Prinzip der Nachahmung. Von pädagogischer Seite müsste man deutlich mehr Fragen stellen wie: »Weißt du, warum du diesen Schritt tust?«, oder: »Was könntest du tun, damit du in der Pirouette nicht immer nach rechts fällst?« Man sollte nicht nur drillen und auf einem Turnout beharren, der häufig nicht mal anatomisch legitimiert ist. Man müsste nach einiger Zeit auch mit den Schülern sehr ernsthaft darüber reden, ob sie diesen Beruf immer noch mit jeder Faser wollen oder ob er nur eine romantische Wunschvorstellung ist. Diese Frage bleibt meistens ein Tabu. Wenn jemand jahrelang trainiert hat und – je nach Schule – auch auf diesen Beruf vorbereitet worden ist, hat er Tänzer zu werden. Später sieht man in den Companies sehr schnell, dass viele zwar einen wunderschönen Körper haben, aber nicht für ihre Kunst brennen. Das Ballett ist gar nicht ihre Sprache, sie glauben das nur. Wenn ich im Gespräch versuche, genau das aufzuzeigen, reagieren diese Tänzer in der Regel irritiert. Sie sagen, dass sie diese Kunst natürlich lieben, beispielsweise aus Brasilien gekommen seien und dafür doch alles aufgegeben hätten, nur um Tänzer sein zu können. Was mir denn einfiele zu fragen, ob er oder sie wirklich von innen heraus Tänzer sei.

Haben Sie es oft erlebt, dass Sie einen jungen Tänzer ausgewählt haben, der Sie dann im Ensemble später enttäuscht hat? —— Nicht oft, aber oft genug. Es ist meistens ein jahrelanger Prozess. Du siehst die Ausstrahlung, die Grundbegabung, aber er oder sie bleibt irgendwann stecken. Die anfängliche Euphorie erlischt, weil technisch und künstlerisch richtig durchzustoßen einfach doch für viele zu sehr Knochenarbeit ist. Es kommt auch schon mal vor, dass mir auffällt, wenn er oder sie fantastisch zu reden versteht.

Manche haben einen klugen Kopf, blühen aber auf der Bühne und im Kreativen dieses Berufes nicht. Wenn ich dann im Gespräch zu verstehen gebe, dass ich denke, ein Studium würde sie oder ihn glücklicher machen, entsteht meistens eine große Spannung. So etwas ist ein Tabubruch. Und später – es ist einige Male vorgekommen – passiert genau das: Diese Tänzer hören plötzlich auf und studieren. Man setzt also doch etwas in Gang, auch wenn es niemand zugibt. Dafür bleibst du oft ungeliebt zurück – keine einfache Situation. Aber es ist meine Verantwortung, auch Unangenehmes zu benennen.

Sie trainieren Ihr Ensemble, das Ballett am Rhein, selbst. Außerdem geben Sie offene Workshops, warum? —— Ja, das tue ich. Aber natürlich nicht mehr jeden Tag, wie das noch beim ballettmainz der Fall war. Es gibt samstags eine offene Klasse. Sie richtet sich an fortgeschrittene Erwachsene, die früher Ballett gemacht haben, und an Profitänzer aus der Umgebung. Aber es kommen auch viele meiner Tänzer dazu, weil sie da ohne Company-Druck in Ruhe an sich arbeiten können. Es ist ein bisschen wie in New York damals in den Achtzigern, ich habe diese offenen Klassen bei großartigen Lehrern wie David Howard und Maggie Black und Gelsey Kirkland geliebt. Mit diesen Workshops habe ich in Mainz begonnen. Sie sind ein Fenster des Opernbetriebs nach außen. Aber ich gebe sie auch für mich persönlich, weil ich Erwachsene unglaublich gerne unterrichte. Die Leute kamen teilweise von weit her, das ist auch hier in Düsseldorf so. Dieses Training vernetzt und öffnet die Pforten der Deutschen Oper am Rhein und des Balletthauses.

Wollen Sie auch in Wien diese Workshops anbieten? —— Ja, ich werde das auch in Wien machen und freue mich darauf. Es wäre wunderbar, den großen Nurejew-Saal für eine offene Klasse am Samstag zu öffnen. Da wird man als Ballettchef anfassbarer und kreiert dadurch ein direkteres Ballettverständnis.

Wie entwickelte sich denn aus dem Startänzer Martin Schläpfer der Ballettpädagoge? —— Ich bin kein ausgebildeter Schullehrer, der den Jahrgängen entlang unterrichten könnte. Ich habe zwar in Basel meine eigene Ballettschule gehabt, aber nicht mit dem Ziel, für die Bühne auszubilden. Das interessiert mich auch nicht. Ich bin eher dafür geeignet, Tänzer zu entwickeln, die schon für den Beruf ausgebildet sind. —— Meine Basis sind die großartigen Lehrer meiner Anfangszeit. Ich hatte das Glück, in meinen drei Jahren Ausbildung von Peter Appel, Marianne Fuchs, Terry Westmoreland und David Howard, also den ›top of the tops‹, unterrichtet zu werden. Peter war ein großartiger Pädagoge, aber auch ein Künstler, was in dieser Kombination selten ist. Marianne musste man zwar psychisch überleben, sie war sehr streng, aber unorthodox und, ja, genial. Dann durfte ich früh ein hohes Niveau an Choreografen tanzen wie Heinz Spoerli oder Hans von Manen. Und ich war umgeben vom Basler Ballett, das war damals *die* Company in der Schweiz. Das ist eine schöne Basis, um ein anständiger Pädagoge werden zu können. —— Als ich beschlossen hatte, als Tänzer aufzuhören und eine Schule zu eröffnen, habe ich mich pädagogisch ausbilden lassen. —— Ich wusste intuitiv schon sehr viel, weil ich eine starke Technik hatte und sehr körperbewusst war. Mittwochs bin ich zu Anne Woolliams nach Zürich an die Ballettberufsschule gefahren, um mich weiterzubilden. Auch Musikunterricht habe ich genommen, obwohl ich als Kind schon Geige gespielt hatte. So habe ich beispielsweise gelernt, wie man einen Bolero oder eine Sarabande zählt. Und auch, wie man sich mit einem Repetitor, dem Ballettpianisten, mit Musikern und Dirigenten verständigt. Als ich 1994 Ballettdirektor in Bern wurde, hatte ich bereits vier Jahre Erfahrung im Unterrichten, bevor ich zu choreografieren begann. So habe ich nach meiner Tänzerkarriere zuerst das Unterrichten gelernt und erst danach eine Laufbahn als Choreograf gemacht. Das ist eher selten. Für mich schließen sich diese drei Inseln –

Tanzen, Unterrichten, Choreografieren – nicht aus, obwohl sie einem unterschiedliche Qualitäten abverlangen.

Wenn Sie als Ballettlehrer bei einem Profi-Tänzer Defizite wahrnehmen, wie gehen Sie da vor: pädagogisch durchdacht oder mehr aus dem Bauch heraus? —— Inzwischen bin ich da unglaublich direkt. Und zwar so unverblümt direkt, dass es nicht jedem gefällt. Mit dem Älterwerden finde ich es immer richtiger, im Ballettsaal, bei der künstlerischen Arbeit, keine Kompromisse einzugehen. Ich glaube aber, dass ich nicht mehr von ihnen verlange als von mir. Ich exponiere mich völlig, wenn ich arbeite. Ich weiß, ich kann extrem sein. Aber ich bin fast sechzig Jahre alt und möchte bei meinem Ensemble künstlerisch zwingende Dinge klar benennen können. Es gibt wunderschöne Filmsequenzen von Pina Bausch, die zeigen, wie sie damit umgeht, dass ihr Gegenüber einfach nicht mit ihren Anweisungen einverstanden ist. Es ist für mich schon beeindruckend, wie sie da dran bleibt. Wir müssen das Künstler-Sein ja auch verteidigen. —— Andererseits erfordert das Direktsein trotzdem ein großes psychologisches Gespür. Jeder Tänzer hat seine Tagesform, man kann nicht immer fachliche Fehler offenlegen und einen Tänzer ›nackt machen‹. An manchen Tagen ist – sagen wir – Bettina psychisch fragiler, schutzbedürftiger und es bedarf einer einfühlsameren, weicheren Form des Verbalisierens. Generell kann ich aber trotzdem direkt bleiben, indem ich etwas verbal so verpacke, dass es keine Gegenreaktion auslöst. Ich sage zum Beispiel: »I know you are professional dancers and have this knowlegde, however let me remind you that the height of the leg in a grand rond jété en dehors hits the point 4 and not the point 2.« [Schläpfer deutet eine Stelle hinter dem Ohr an.] Ein Künstler muss lernen wollen und er muss an sich arbeiten – umso mehr, je besser er ist und wird.

Wie arbeiten Sie als Choreograf, wenn Sie einen Tänzer entdecken und fördern wollen? —— Es gibt Grundparameter. Wichtig ist für mich eine tiefe Musikalität. Der Tänzer muss ›mitsingen‹, nicht zählen. Ich zähle nie, wenn ich kreiere. Dann ist eine der ›trademarks‹, auf die ich in meinen Balletten sehr achte, die Haltung der Arme. Daran arbeite ich intensiv. Sie werden nicht im klassischen Sinne zurückgezogen in das Schultergelenk und den Rücken, sondern aus dem Rücken und aus der Gelenkschale weit herausgezogen – so werden sie deutlich länger und reichen höher in Richtung Universum. Es ist, als wäre der Tänzer an ihnen aufgehängt. Permanent heruntergezogene Schultern geben mir ein Gefühl von Unfreiheit.

Zu Ihren wichtigsten Tänzern gehörte Jörg Weinöhl, ein Charakterkopf. Seine Auftritte waren ein Event! Ich denke an den General in »Marsch, Walzer, Polka« oder den Fischer im »Forellenquintett«. Mittlerweile choreografiert er selbst. Wie verlief sein Entwicklungsprozess? —— Jörg hatte gar nicht mal den hochbegabten Körper, er war ein Kopfmensch, dabei schon auch ziemlich emotional. Er hat die Auseinandersetzung mit seinen Rollen derart ins Extreme getrieben, dass etwas Außergewöhnliches dabei herauskommen musste. Wie ein Mönch hat er sich in sein Material hineingedacht und gleichzeitig eine Verkunstung bis ins kleinste Detail betrieben, so dass seine Darstellungen teilweise wuchtig wurden wie ein Naturereignis. Das hat ihn zu einer Ausnahmeerscheinung gemacht. Jörg hat die Bühne gefüllt, ohne ein tänzerisches Naturtalent zu sein. Ich finde es wunderschön, dass die Stuttgarter John Cranko-Schule einen solchen Anti-Typen aufgenommen und ausgebildet hat. Das ist nicht selbstverständlich, Jörg hatte gar nicht die Füße für einen klassischen Tänzer, er konnte sogar etwas hölzern wirken. Bei ihm wurde es später deutlich, dass er den kreativen Dialog mit mir verlassen hat und seine eigene Vorstellung umsetzen wollte – klare Anzeichen dafür, dass er sich abnabeln und als Choreograf eigene Wege gehen musste.

Ganz andere Solisten-Typen sind Marlúcia do Amaral und Marcos Menha, die heute zu Ihren wichtigsten Musen zählen. Wie haben Sie diese beiden entwickelt? —— Bei Marlúcia war es am Anfang in Mainz etwas schwierig. Auch sie war eine Ausnahme in ihrem Künstlertum, aber im Sinne von Gefühl und Pathos. Es war aber auch ein ›too much‹. Ich habe immer versucht, mit ihr an Form und Technik zu arbeiten. Aber sie meinte, dann fühle sie nichts mehr, ich würde ihr die Liebe am Tanz nehmen. Ich habe ihr erklärt, dass Kunst nicht ein Sich-Verlieren ist. Es ist dann Kunst, wenn man sich in der Kontrolle verliert. Es hat Jahre gedauert, irgendwann hat sie es erkannt. Sie musste durch diesen Tunnel der Technikaneignung, um groß und frei zu werden. Heute hat sie eine muskuläre und musikalische Phrasierung, die ihresgleichen sucht, sie ist eine meiner wichtigsten Musen über Jahre. Das ist für mich Künstlertum, nicht das Ausleeren seiner Befindlichkeit auf der Bühne. Und Marcos – es ist eine große Freude, wie er sich entwickelt hat! Er hat eine unglaubliche Eleganz und einen wunderbar natürlichen ›machoism‹. Marcos hat für seine Größe herausragende technische Fähigkeiten, mit denen er meine choreografischen Anforderungen fast mühelos umsetzen kann. Das ist sehr inspirierend. Obwohl schon Mitte dreißig, ist er noch immer hungrig. Sein Siegfried im »Schwanensee« ist für mich absolut top, davor habe ich hohen Respekt. Bei Marlúcia muss ich immer schauen, dass wir an der Technik dranbleiben. Dafür kann sie stundenlang – bis es für sie stimmt – eine kurze Choreografie-Sequenz üben. So ist jeder Künstler völlig anders.

Welche Choreografen sind Ihnen selbst aus Ihrer Zeit als Tänzer in Erinnerung geblieben, die Fähigkeiten aus Ihnen herausgeholt haben, die Sie selbst nicht an sich kannten oder vielleicht gar nicht für möglich gehalten haben? —— Ganz sicher Heinz Spoerli. Rollen wie »Pierrot Lunaire« waren großartig. Ich war gerne sein Tänzer. Aber die Atmosphäre war damals im Basler Ballett – ob er es bewusst oder unbewusst so wollte, weiß ich nicht – schon sehr von Konkurrenzkampf geprägt. Ich war am Anfang meiner Karriere oft nur die zweite oder dritte Besetzung. Aber sobald ein wichtiger Auftritt anstand wie bei einem Gastspiel in Stuttgart, sollte ich plötzlich als erste Besetzung auf die Bühne. Das war sehr schwierig für mich. Einerseits machte es mir Druck, andererseits mochten die anderen mich nicht, denn die großen Rollen waren ihnen versprochen worden. Später hat sich das relativiert, weil ich dann sehr deutlich meine Position innehatte.

Heinz Spoerli eilt der Ruf voraus, ein autoritärer Choreograf zu sein. Haben Sie ihn auch so erlebt? —— Er hat ja fast nie gecoacht. Heinz Spoerli hat zehn Minuten choreografiert, dann ist er rausgegangen, Peter Appel hat die Sequenz verfeinert und schnell gesetzt und geklärt. Dann ist Spoerli wiedergekommen, hat choreografiert und ging wieder weg. So lief das ab. Wenn er ein Solo machte, hat er mir vertraut, dass ich am nächsten Tag sein Material abliefere. Das war schön. Ich konnte es nie sofort, ich war nicht schnell, weil ich zu gesamtheitlich, zu künstlerisch dachte. —— Bei »Pierrot Lunaire« hatte ich damals eine Fußoperation in der Sommerpause. Ich bin etwas früher als die anderen Tänzer zur Arbeit zurückgekommen und wir haben zusammen elf Soli einstudiert. —— Bei Heinz Spoerli hatte ich eine große Freiheit. Aber ich schätzte sie zu wenig, denn wenn man sie immer hat, will man mehr Anleitung.

Wie haben Sie damals Hans van Manen, der heute ein guter Freund ist, erlebt? —— Ich habe nur zweimal in meiner Basler Laufbahn einen Hans van Manen getanzt, weil ich eigentlich für Kreationen von Spoerli reserviert war. 1979 war es »Fünf Tangos« – da war ich noch so jung. Ich glaube, meine Partnerin Isabelle Creste und ich haben damals während der Aufführung gelächelt – obwohl das gar nicht zu dem sinnlichen Stück passte. Damals habe ich sein Ballett noch nicht verstanden. 1983 kam Hans van Manen zurück und besetzte mich in »Große Fuge«. Das hat mich

Patricia Neary, geboren 1942 in Miami/Florida, begann schon im Alter von vierzehn Jahren ihre Karriere als Tänzerin im National Ballet of Canada. 1960 holte George Balanchine sie an sein New York City Ballet, wo sie als Ballerina brillierte. Später studierte Neary, anfangs unter seiner Führung, das Werk des großen Ballett-Erneuerers in Europa ein. Als Starsolistin gastierte sie in Stuttgart, Hamburg, Hannover und Berlin. Ballettchefin war sie in Genf, Zürich und Mailand. Seit 1988 erarbeitet sie weltweit Balanchines Werk im Auftrag des Balanchine Trusts.

verändert. Es war wie ein Gottesdienst. Ich durfte männlich sein und habe es geliebt, aggressiv und kraftvoll zu tanzen. Ich weiß noch, dass Pat Neary, die dort war, weil sie ein Balanchine-Stück einstudierte, mir ein Kompliment gemacht hat. In einer Kritik von Esther Sutter hieß es auch, dass ich der perfekte van Manen-Tänzer sei. Das hat mich sehr glücklich gemacht. Bei ihm waren wir ein kleines Orchester auf der Bühne, es ging nicht um eine Einzelleistung, nicht um das Publikum – es war ein Ritus. Auch dieses meditative und doch erotische Ende mit den vier unisono ablaufenden Pas de deux zur angehängten Cavatina aus Beethovens B-Dur Streichquartett bleibt mir unvergesslich.

Jeder Körper ist anders, jeder Tänzer hat andere anatomische Voraussetzungen, die beim Ballett auch störend sein können. Inwieweit ist es möglich, solche Besonderheiten durch Training, Technik oder Tricks auszugleichen? —— Meinen Sie etwa eine ungewöhnliche Größe oder eine Unbeweglichkeit?

Ich kann ein konkretes Beispiel von mir selbst anführen. Ich habe eine Skoliose im unteren Rücken. Als Teenager habe ich beim klassischen Ballett zunehmend Probleme gehabt, nach rechts zu drehen. Irgendwann hat mir meine Lehrerin gesagt, es sei eine Skoliose und dagegen könne man nichts tun. Da habe ich mit dem Ballett aufgehört. —— Das hätte man absolut ausgleichen können. So etwas kann später sogar zur Persönlichkeit und zu der eigenen Farbe gehören. Man muss nur den richtigen Lehrer dafür finden, der sagt: »Doch, du kannst«, – und der weiß, wie man damit anatomisch umzugehen hat. Und einen Choreografen, der darauf einsteigt. Ich finde, ein Manko kann auch inspirieren. Die besten Stücke macht man nicht für die Tänzer, die alles haben, ganz im Gegenteil.

Ich habe schon tolle Soli und Stücke gemacht für Tänzer, die nicht den perfekten Körper hatten, aber den Tanz einfach liebten und voller Ambition waren. Kein Körper der wirklich großen Tanzkünstler war – mit ein paar Ausnahmen – wirklich perfekt. Sylvie Guillem vielleicht, aber sie hat trotzdem sehr hart gearbeitet. Manches löst sich auch später auf. Ich war zum Beispiel steif wie ein Bock, als ich begann! Da habe ich gedehnt und gedehnt und gedehnt – und plötzlich hatte ich Beine wie die Frauen. Manches kann man auch einfach umgehen. Jeder gute Lehrer wird, wenn er Zeit hat, auf jeden Tänzer und jede Studentin individuell eingehen. Das ist nicht einfach, aber ganz wichtig. Das gleiche gilt für eine Company, du kannst keinen Tänzer wie den anderen ansprechen.

Zurück zu den Grenzen, an denen der Körper zum Feind wird. Wie war das bei Ihnen, haben Sie diese Grenzen irgendwann einmal gespürt? —— Ja ... Ich habe damals noch nicht das Glück gehabt, Choreografen zu treffen, die mich als Menschen entwickelt und gefordert hätten. Ich musste mir da Vieles selber zusammensuchen. Natürlich kam ich an Grenzen, aber rückblickend waren meine Verletzungen selbst verschuldet. Einerseits durch ein Nicht-Hinhören. Andererseits bekam ich auch nicht zum richtigen Zeitpunkt den richtigen Rat. Aber das kriegt kein Mensch, insofern hatte es schon mit mir zu tun.

Wer hat Sie denn beruflich weitergebracht? —— Ich habe sehr früh durch Kollegen, Lehrer und natürlich auch Choreografen viel lernen dürfen und erfahren, dass es immer um Kunst geht, nicht nur um die Virtuosität und das Wieviel. Allerdings schon um das Wie. Ganz am Anfang konnte ich technisch alles – bevor die Angst kam.

Was für eine Angst? —— Die Angst kam durch die immer größere Bewusstmachung des Künstlerischen, der technischen Qualität, der immer intensiveren Eigen-Evaluation. Wenn ich 1981 in »Till Eulenspiegel« regelmäßig zehn oder dreizehn

Pirouetten ohne zu denken auf der Bühne gedreht hatte, war das ein tolles Gefühl. Ich hatte noch nicht diese kritische Sicht auf meine Form und den Inhalt eines Tanzes. Je mehr ich begann, an der Qualität und am Detail zu arbeiten, desto weniger konnte ich. Das Unschuldige, mit sich selber im Reinen zu sein und in seiner Natur zu tanzen, fiel weg. Es kam nur noch im Idealfall auf der Bühne zurück. Ein Prozess, den nicht jeder Tänzer überlebt. Aber nur so kann man vielleicht ein Künstler werden.

Was machen Verletzungen und Krankheiten mit einem Künstler? Ärgert man sich über seinen Körper, wenn er nicht mehr so funktioniert, wie man will oder wie es die Kunst und die Arbeit von einem verlangen? —— Ich nicht. Ich habe meinen Körper verletzt, aber damals verschrieben die Ärzte den Tänzern keine Physiotherapie. Da hat man den Fuß operieren lassen und weitergetanzt. Ich habe jede Operation – es waren zwei am Fuß – in den Sommer gelegt. Ich saß dann zuhause und habe versucht, neu zu beginnen – ohne diesen permanenten Druck der Bühne und der sogenannten Erfüllung technischer Ansprüche. Ich habe alles von der Basis her neu aufgearbeitet. Am liebsten hatte ich diese Spielzeitpausen, in denen ich in der Küche trainieren und für mich ganz allein Fehler eliminieren konnte. Ich habe diese direkte Erfahrung geliebt: Je mehr du investierst, je sauberer du arbeitest und je gnadenloser du fähig bist, dich und deine Defizite anzuschauen, desto besser das Resultat – klare Technik, bessere Linienführung. Das war für mich unglaublich befriedigend an diesem Beruf. Was du reingabst, gab der Körper sofort zurück.

Wie wichtig sind Ärzte für Sie gewesen? —— Kaum bis gar nicht. Ich habe immer daran geglaubt, dass ich spüre, was geht und was nicht. Dazu brauchte ich keinen Arzt. Ich war auch immer skeptisch gegenüber diesen breit angelegten Pausen-Diagnosen, nach denen man sich einfach vier Wochen Zeit nehmen soll, ohne genau zu wissen, ob es nun eine Überdehnung ist oder etwas anderes. Ich bin bis heute so. Ich gehe nur zum Arzt, wenn ich denke, ich kann nicht mehr. Ich treffe meine Entscheidungen gerne selber, gerade, weil ich das Gefühl habe, in meinem Körper zu wohnen. Ich glaube nicht an die Teilung, dass der Körper nur Hülle oder Durchgangsstation ist. Psyche, Geist und Körper sind für mich eins. Wenn der Körper nicht mehr ist, ist auch das andere nicht mehr. Deswegen hat das körperliche Ausloten von Grenzen für mich immer auch etwas Genusshaftes gehabt.

Welche Rolle spielten Medikamente? —— Eine große – eine Weile. Voltaren vor allem und Butazolidine, bevor es verboten wurde. Das habe ich lange genommen, nachdem ich in Toronto beim Royal Winnipeg Ballet 1983 den linken Fuß übertreten hatte und doch noch »Le Corsaire« gemacht habe – während der ganzen fünfwöchigen East Coast Tournee. Danach ging ich nach Basel zurück, wurde aufgemacht. Heute weiß ich, dass ich zwei Bänder gerissen hatte, dass eine OP gar nicht notwendig gewesen wäre. Ich dachte, es wird schon wieder, aber ich hatte nie mehr denselben Fuß wie vorher.

Und wie haben Sie diesen Verlust Ihrer Form kompensiert? Gab es vielleicht schon früh die Hoffnung auf eine Karriere als Choreograf? —— Nein, gar nicht. Es hätte einen Weg gegeben, wenn jemand mit mir ein persönliches Gespräch geführt hätte. Wenn mir jemand gesagt hätte, dass ich vielleicht körperlich nicht mehr so leistungsfähig sei, aber mit siebenundzwanzig Jahren immer noch ein toller Tänzer und es auch noch künstlerische Aspekte zu entwickeln gebe jenseits der Top-Leistung. Aber so war es nicht. Stattdessen stürzte ich ab in ein unmögliches, aggressives Verhalten. Ich fühlte mich mit meinem tänzerischen Scheitern alleingelassen. Mittlerweile glaube ich, dass es ein Hilfeschrei war. Und ich habe auch wirklich nach Hilfe gefragt. Aber die wurde mir versagt, weil man innerhalb einer Company nicht auf einen einzelnen

Tänzer in dieser Weise eingehen konnte. Denn ich galt als schwierig, als jemand, der immer über seinen Körper und seinen Fuß jammerte – das war der Grundtenor in der Basler Company. Denn von außen hat man es mir nicht angemerkt. »Pierrot Lunaire« wurde sogar noch vom Fernsehen aufgezeichnet, kurz bevor ich aufgehört habe zu tanzen. Aber ich konnte nicht mehr an die Höhenflüge von früher anknüpfen. So habe ich versucht, noch drei bis vier Spielzeiten zu tanzen, aber trotz intensivstem Training nie wieder meine tänzerische Freiheit erlangt. Dann wurde ich auch ein bisschen schwerer. Diesen schlanken Jungen, der mühelos drei Tours nach links und rechts springen konnte, habe ich in mir nicht mehr gefunden. Für mich gab es folglich nur noch das viel zu frühe Aufhören. —— Es ist unglaublich wichtig, älter werdende Tänzer zu begleiten. So mache ich es gerade bei Yuko Kato. Es ist klar, dass sie nicht mehr die Technik von früher hat. Aber sie ist immer noch unvergleichlich, eine der wenigen Ausnahmetänzerinnen, die mit dem Alter nur noch größer, tiefer und berührender werden. Und ich kann wunderbar auf sie eingehen, auch auf das, was sie nicht mehr kann. It's just a pleasure.

Es sind ja nicht nur die Verletzungen und das Älterwerden, die einem Tänzer zu schaffen machen. Als Bühnenkünstler muss er ja seine ganze Karriere hindurch auf vieles verzichten. Entfremdet sich ein Körper, dem ständig Bedürfnisse wie Schlaf oder kulinarische Genüsse – Alkohol, Fett, Zucker – vorenthalten werden, nicht vom Geist? Oder ist es eher umgekehrt: Führen Drill und Askese zu sich selbst? —— Schwierig zu beantworten. Jeder macht das anders. Es gibt Bühnentiere, die trinken, rauchen, nicht auf sich achten – in einem gewissen Alter zumindest. Ein schlechter Lebenswandel wirkt sich aber früher oder später bei allen Tänzern negativ aus.

Wie ist es bei den anderen, die sich vollkommen auf ihre körperliche Gesundheit konzentrieren? —— Wir reden hier von guten Tänzern und von Künstlern. Der wirkliche Künstler ist einsam, er tickt meistens anders. Wenn er das einmal versteht und akzeptiert, dann ist auch die sogenannte Askese kein Problem. Es kam mir nicht in den Sinn, dass ich im wirklichen Leben etwas verpasse. Wichtig ist, dass es jemanden gibt, sei es im Theater, im Freundeskreis oder in der Familie, der das verbal stützen kann. Birgit Keil hat beispielsweise Marlúcia do Amaral einmal gesagt, wenn sie alles hineingebe, werde sie einsam bleiben. Für mich war als junger Mann auch die permanente Sehnsucht nach einer Partnerschaft schmerzhaft, nach etwas Normalem als Gegenpol. Heute habe ich danach keine Sehnsucht mehr.

Warum war eine Beziehung so schwierig? —— Weil ich noch nicht realisierte, dass es nicht funktionieren kann. Man kann nicht das eine und das andere auch noch. Jedes Mal, wenn ich eine Beziehung einging oder mich hätte verlieben können, empfand ich das als Feindschaft meiner Kunst gegenüber. Immer wenn ich losgelassen habe und eine gewisse Zeit und Energie in eine Partnerschaft investiert habe, litt mein Tänzertum. Vielleicht ist es eine Illusion.

Wie traurig ... —— Mir erscheint das überhaupt nicht als traurig. Ich lebe trotzdem ein erfülltes Leben. —— Vielleicht bin ich so gemacht worden – oder ich bin einfach so, dass ich, wenn ich nicht permanent meine ganze Kraft in diese Kunst eingießen kann, das Gefühl habe, ich verliere an Intensität. Heute ist das etwas weniger extrem.

Was macht diese Einsamkeit mit Ihnen? —— Ich habe eigentlich nie gelitten unter dem Alleinsein. Einsam bin ich erst, seit ich Chef bin – also, es gibt Momente. Das ist ein Unterschied. Natürlich können Sie Vieles nicht leben als Künstler. Dafür können Sie andere Dinge intensiv leben, die andere nicht mal ansatzweise ankratzen. Es gibt nichts Erfüllen-

»Es ist dann Kunst, wenn man sich in der Kontrolle verliert.«

1

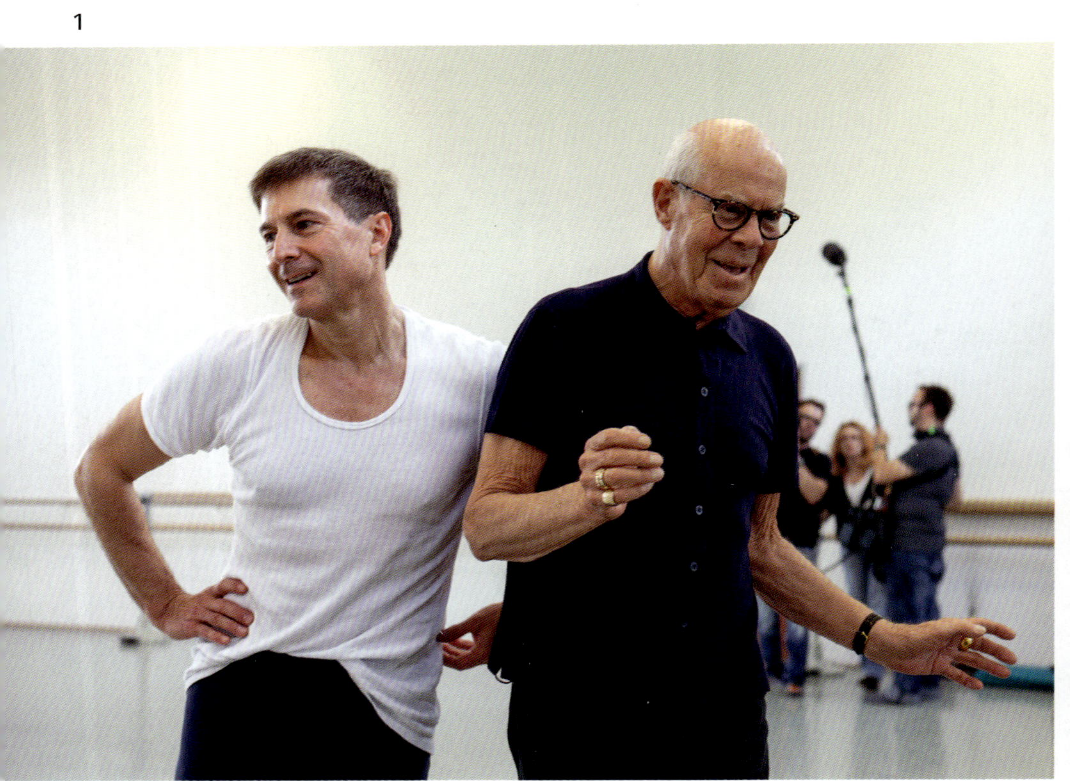

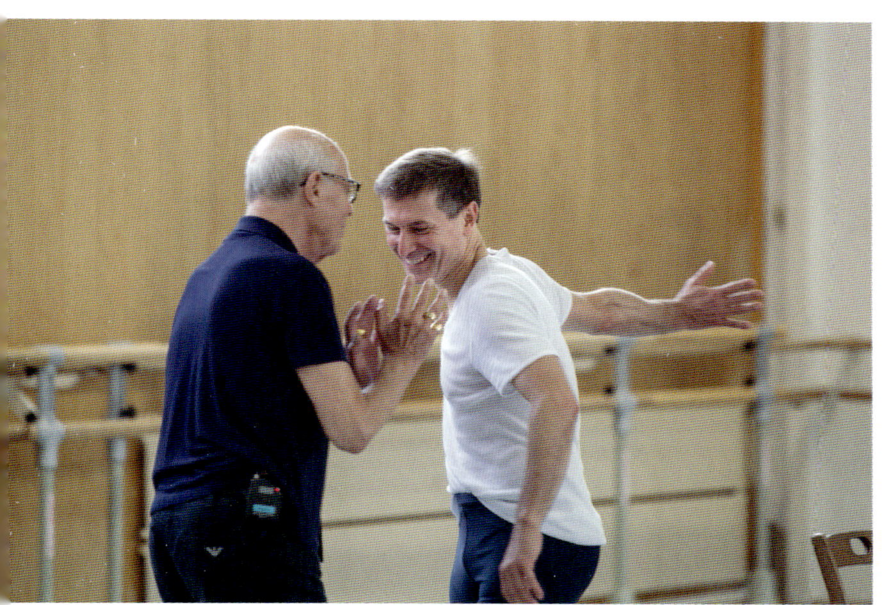

2

3

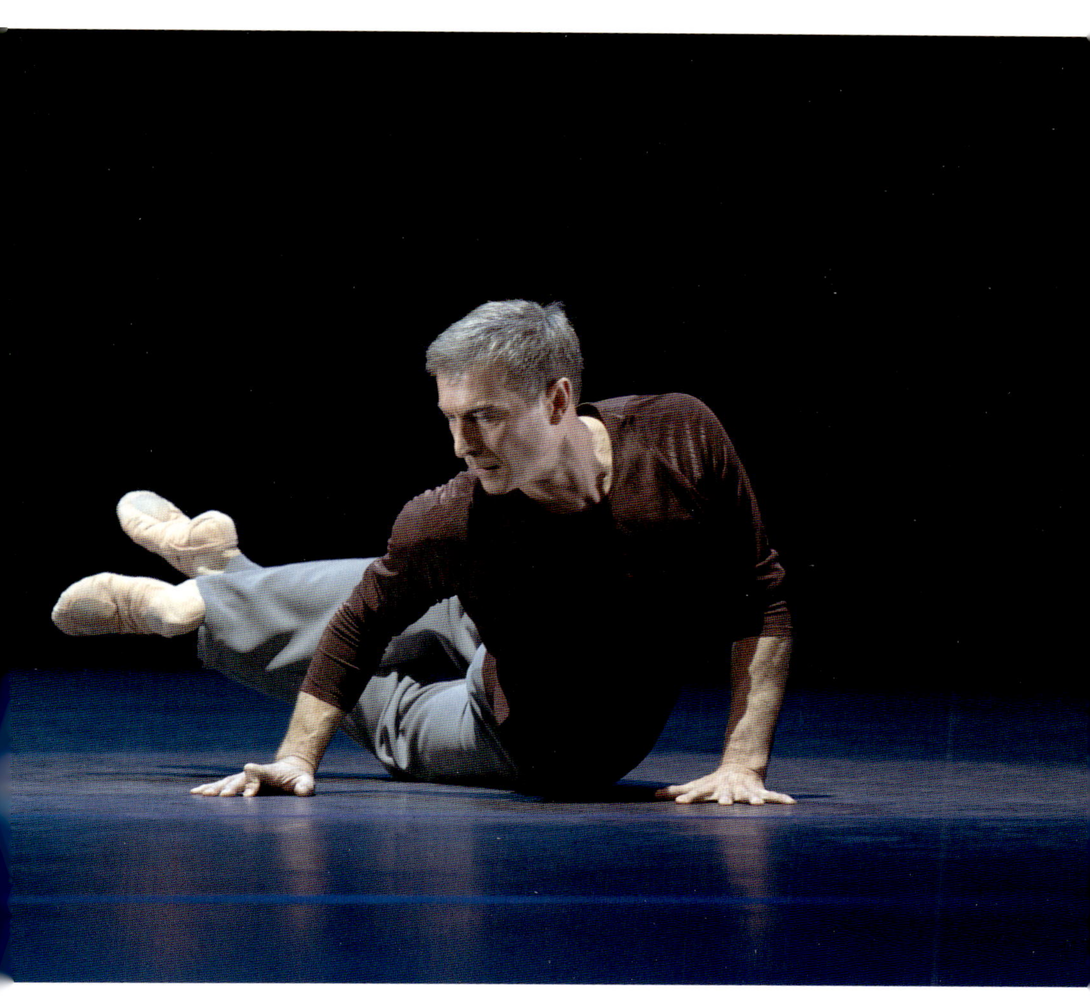

4

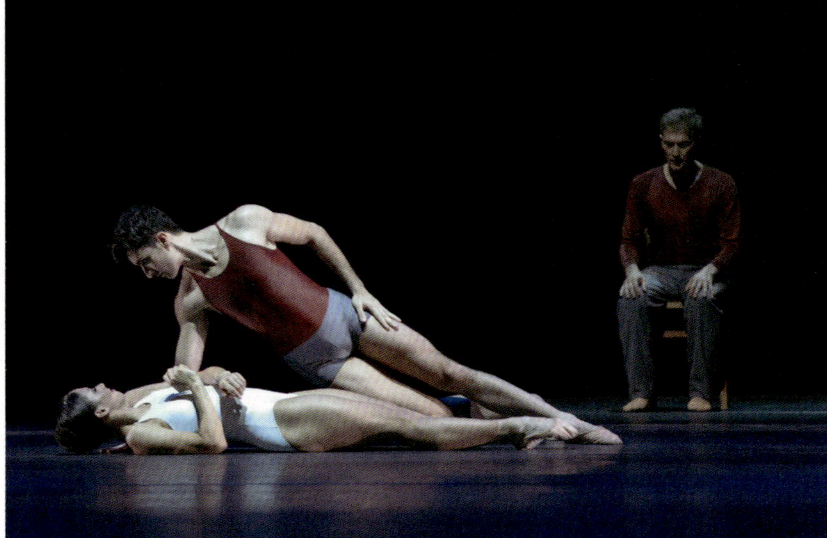

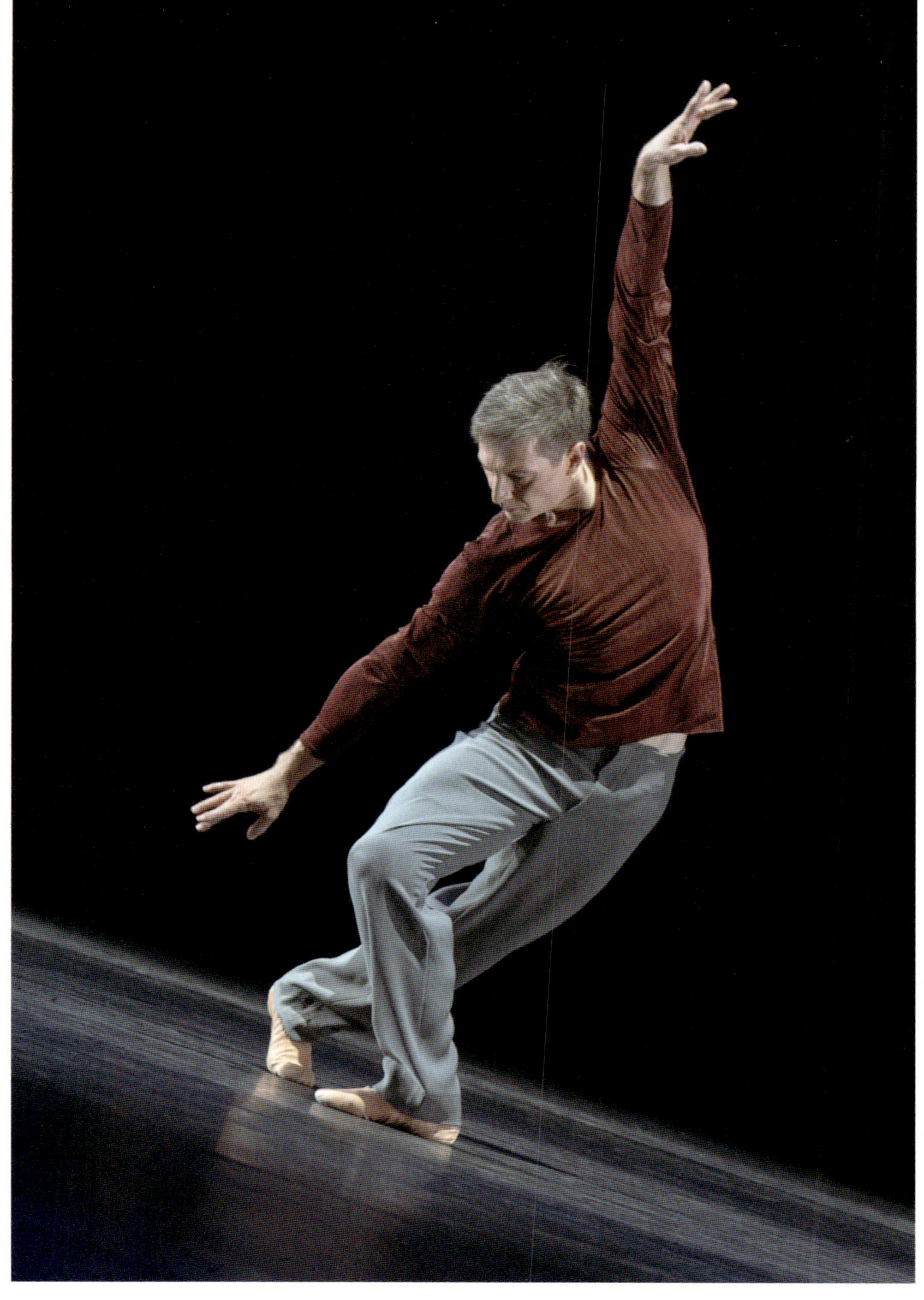

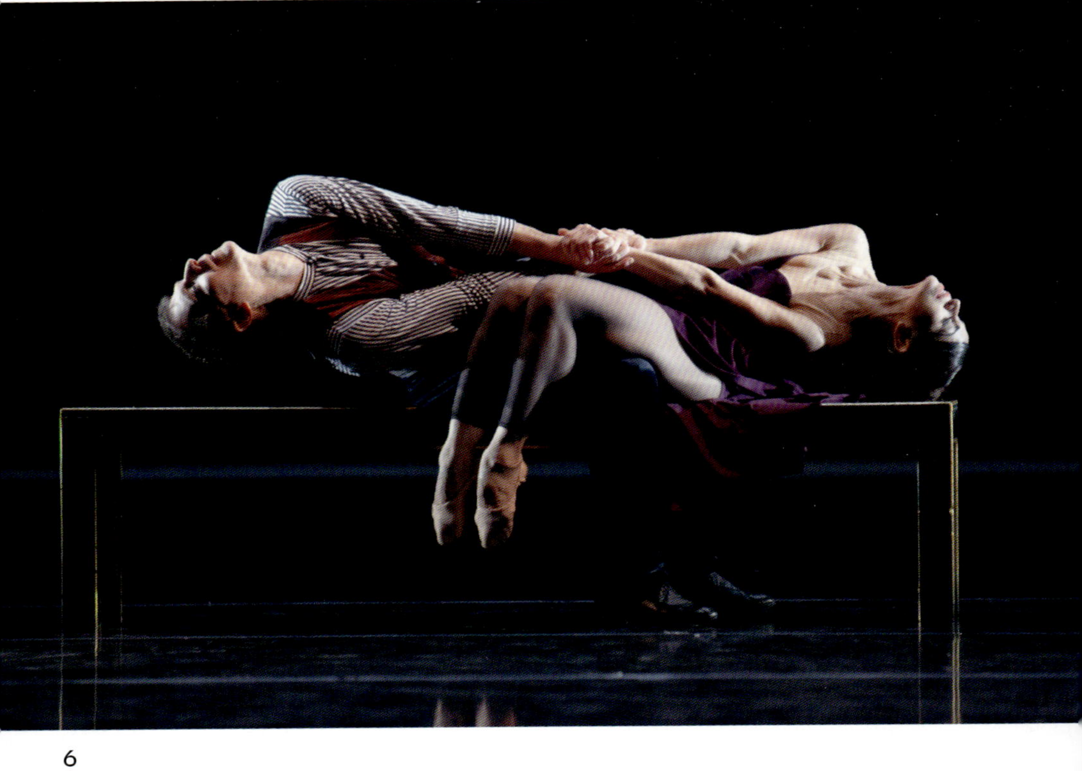

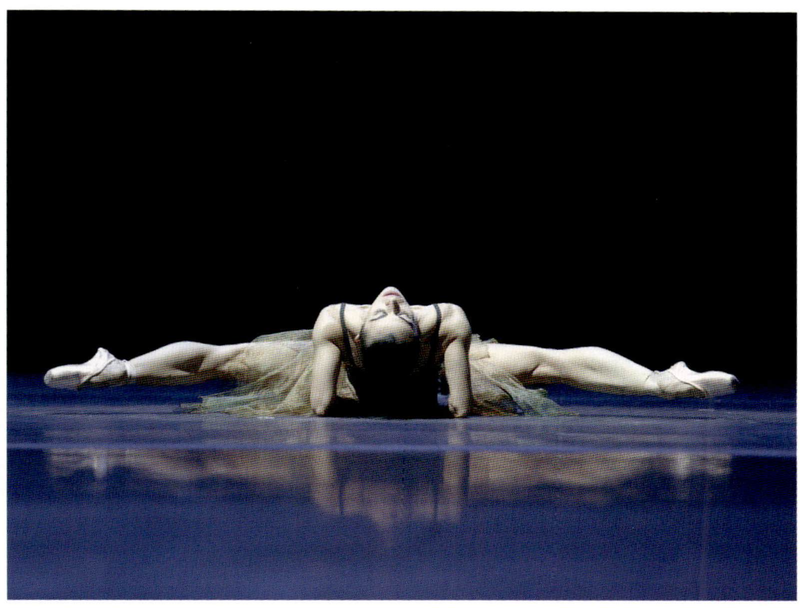

7

8

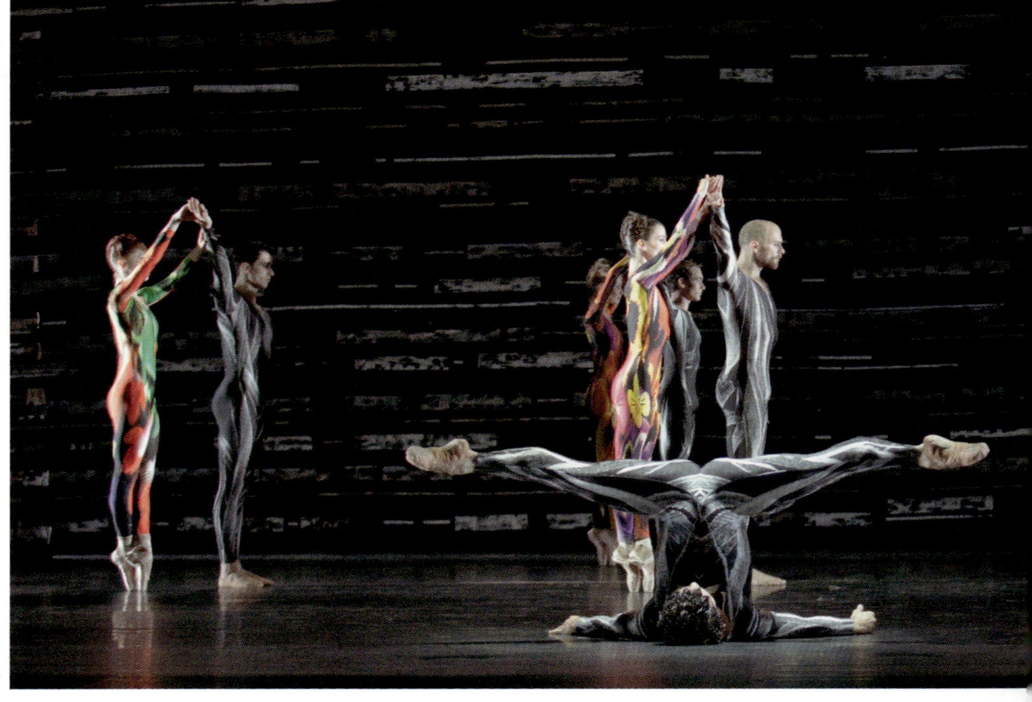

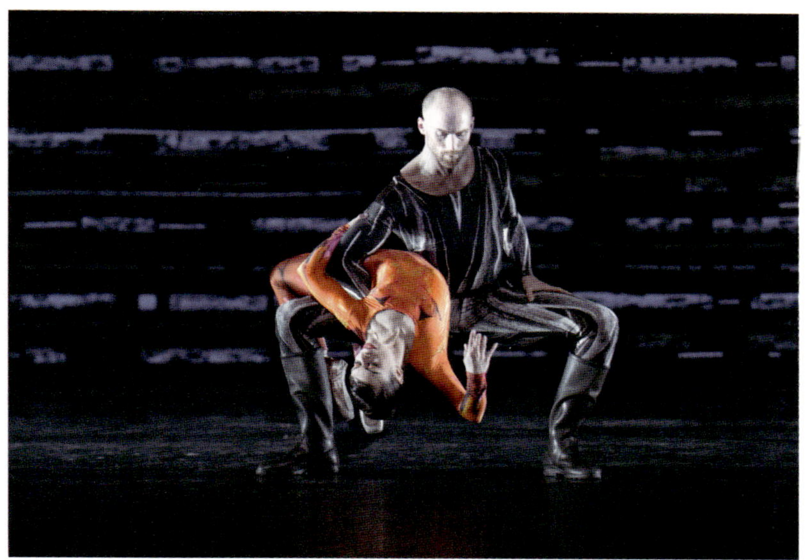

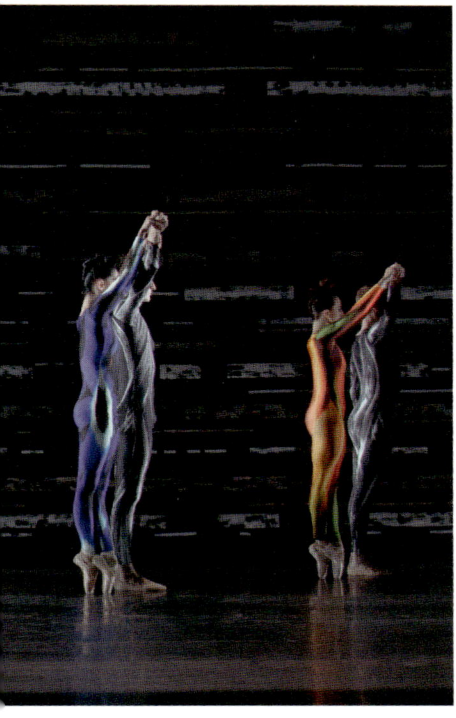

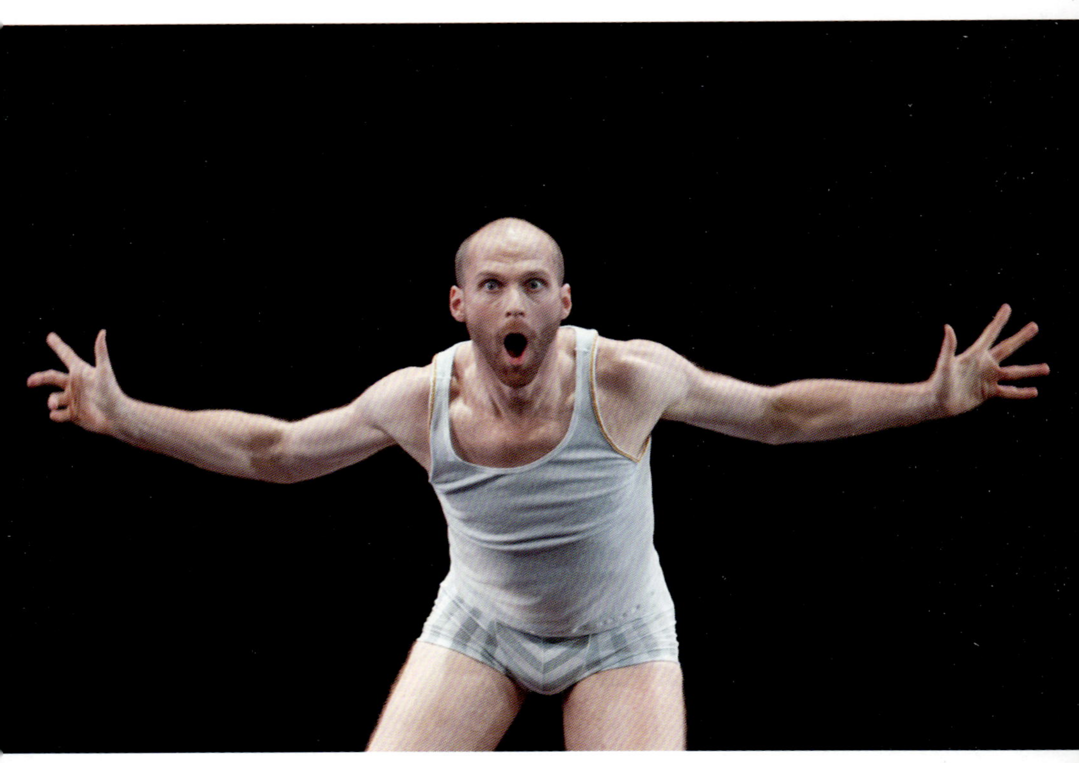

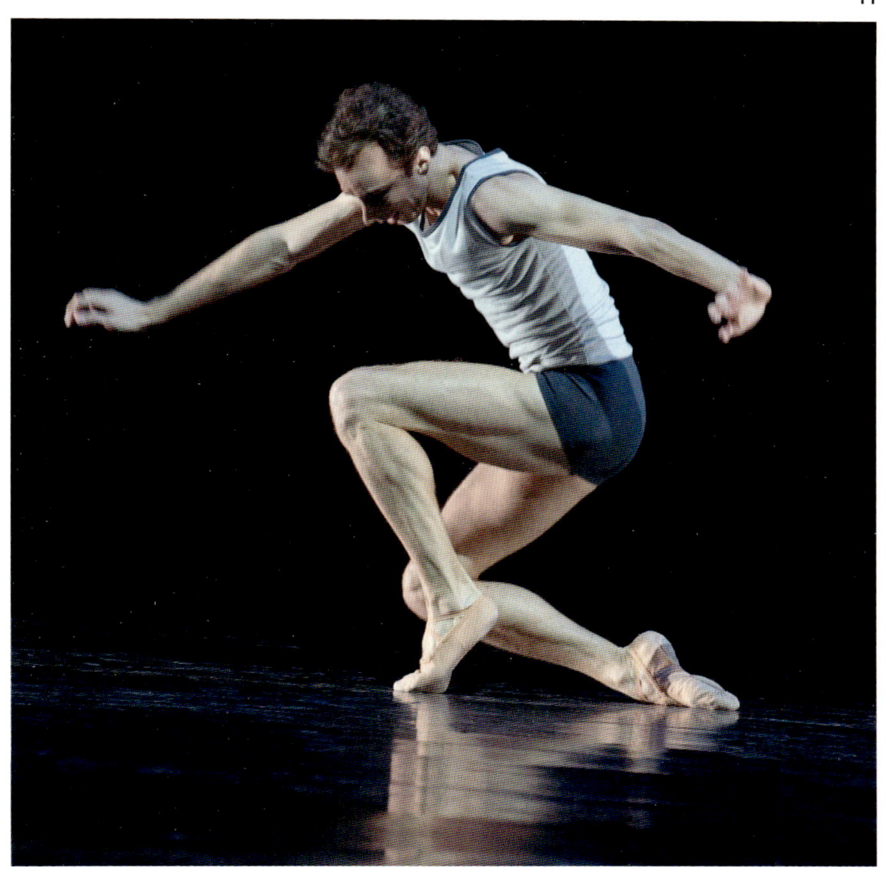

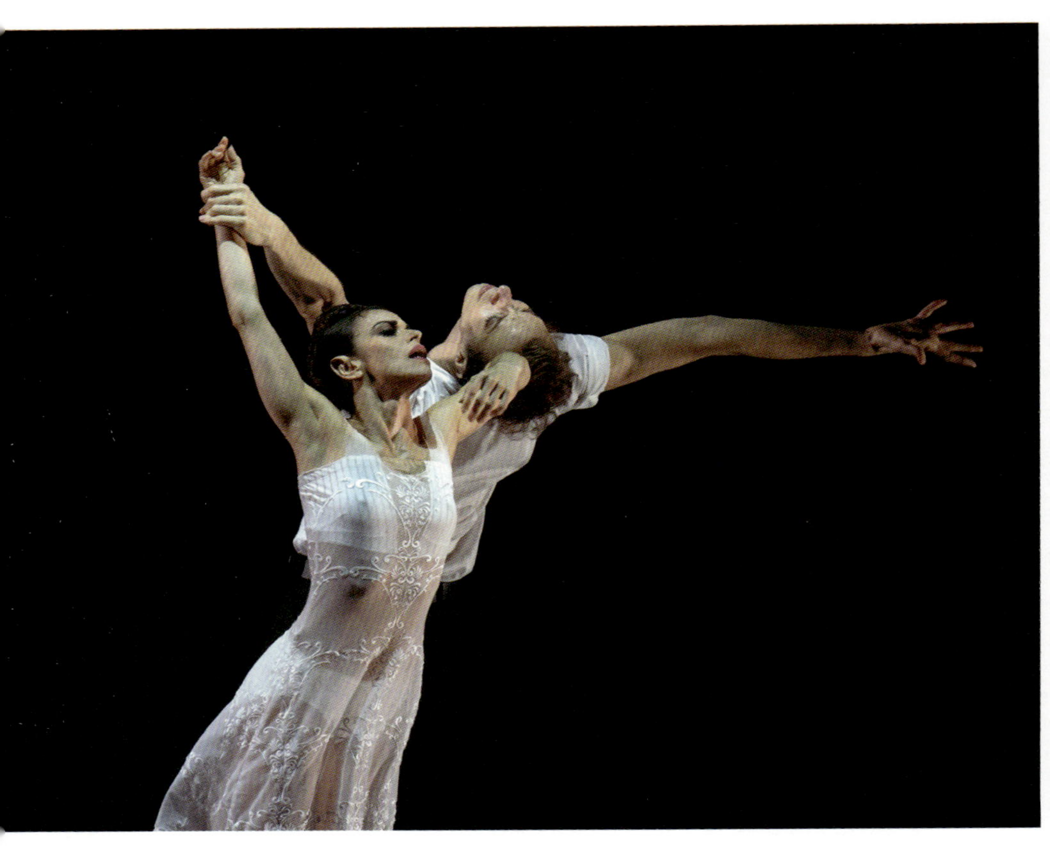

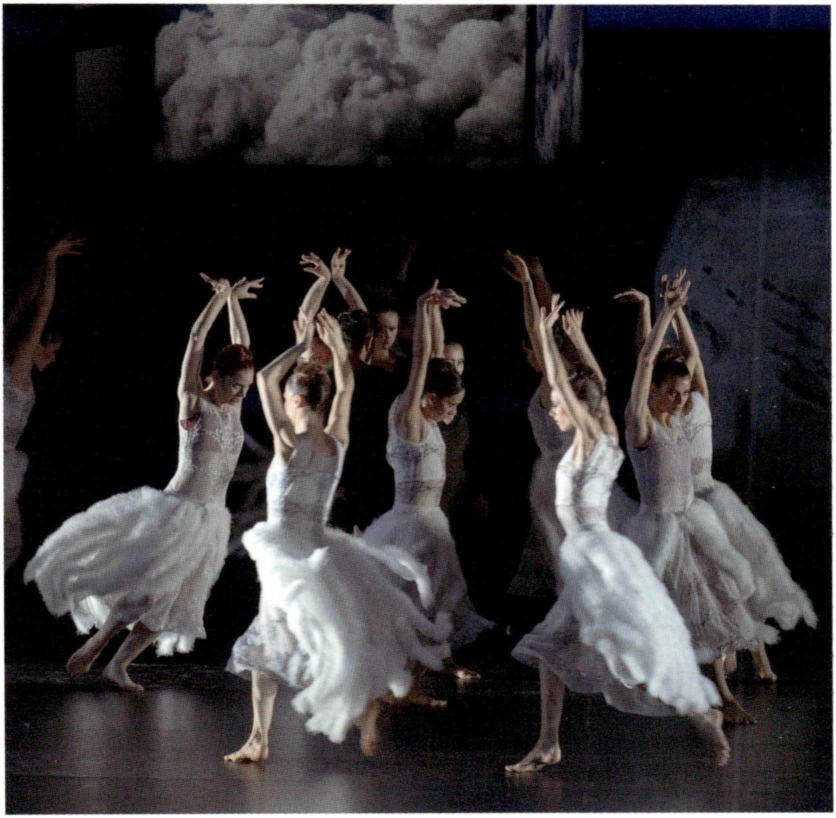

13

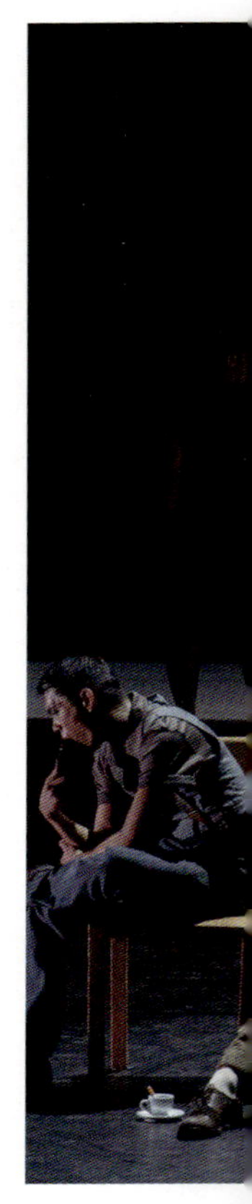

14

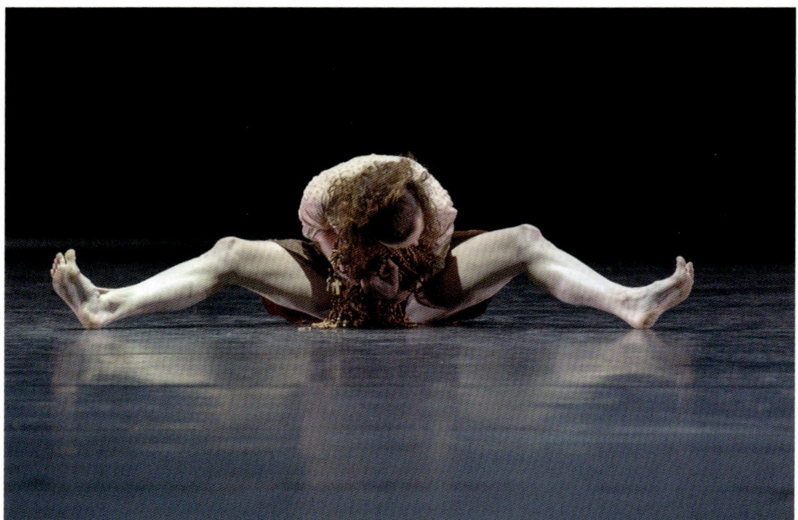

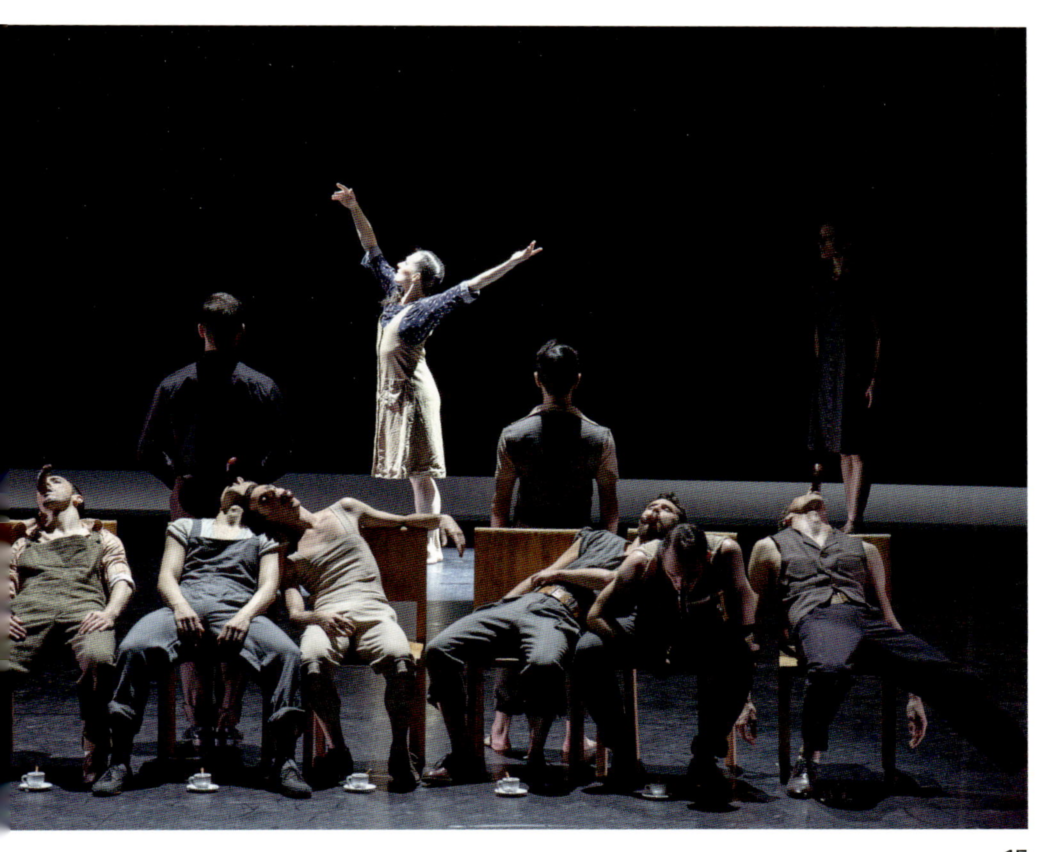

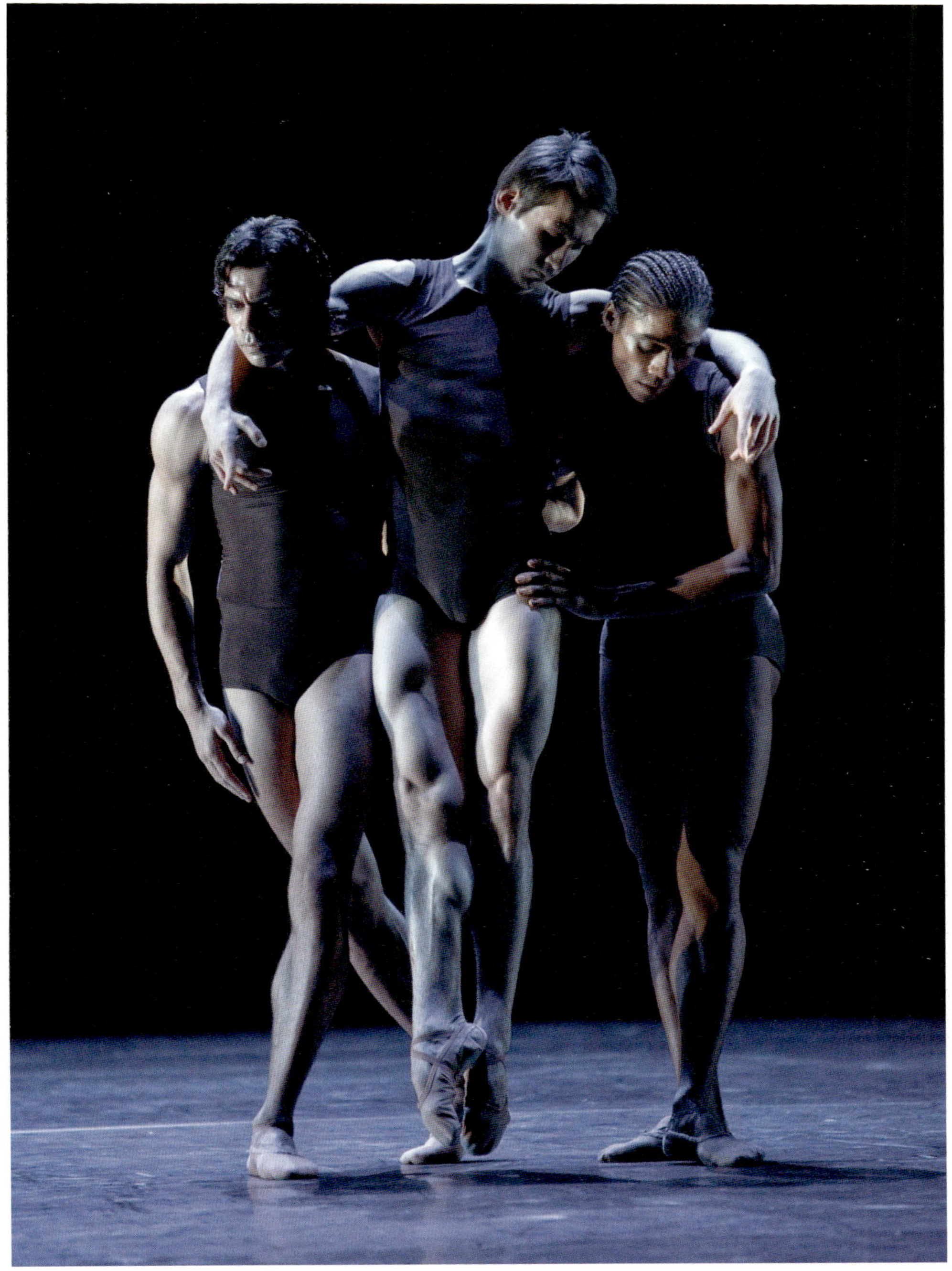

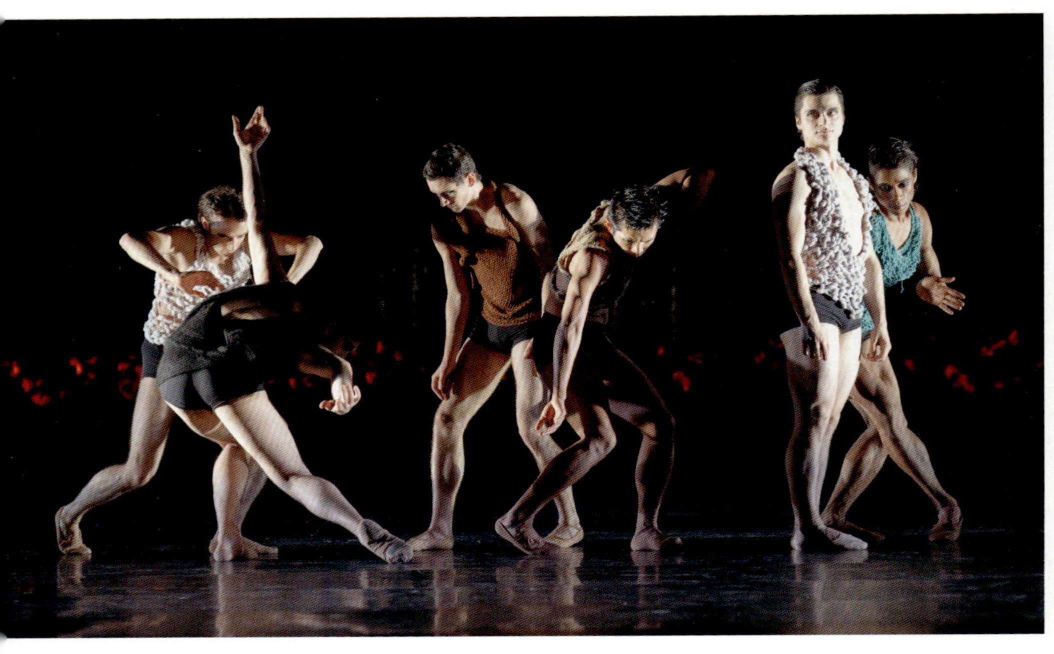

17

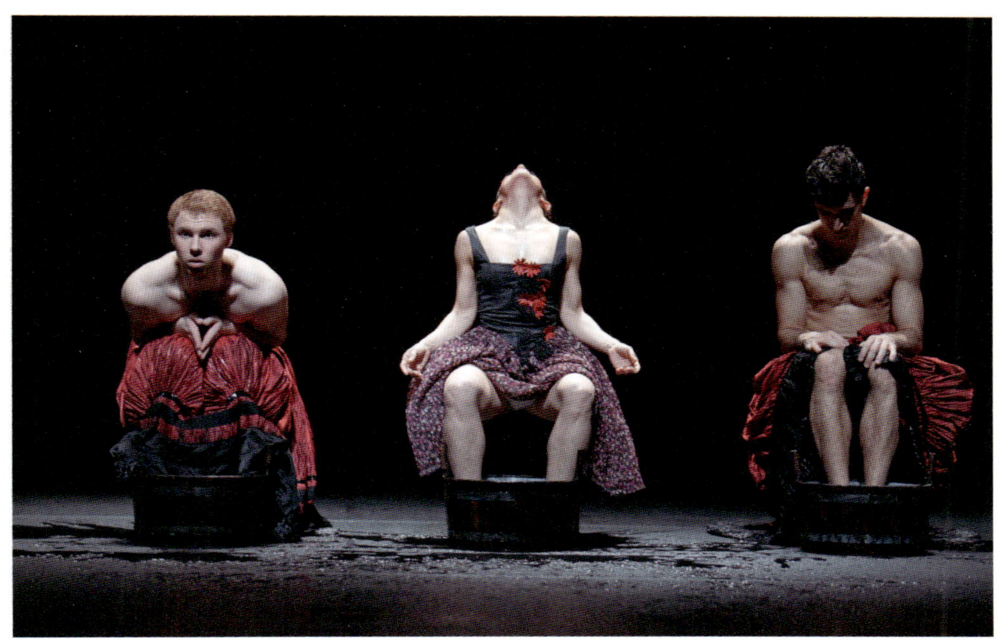

18

19

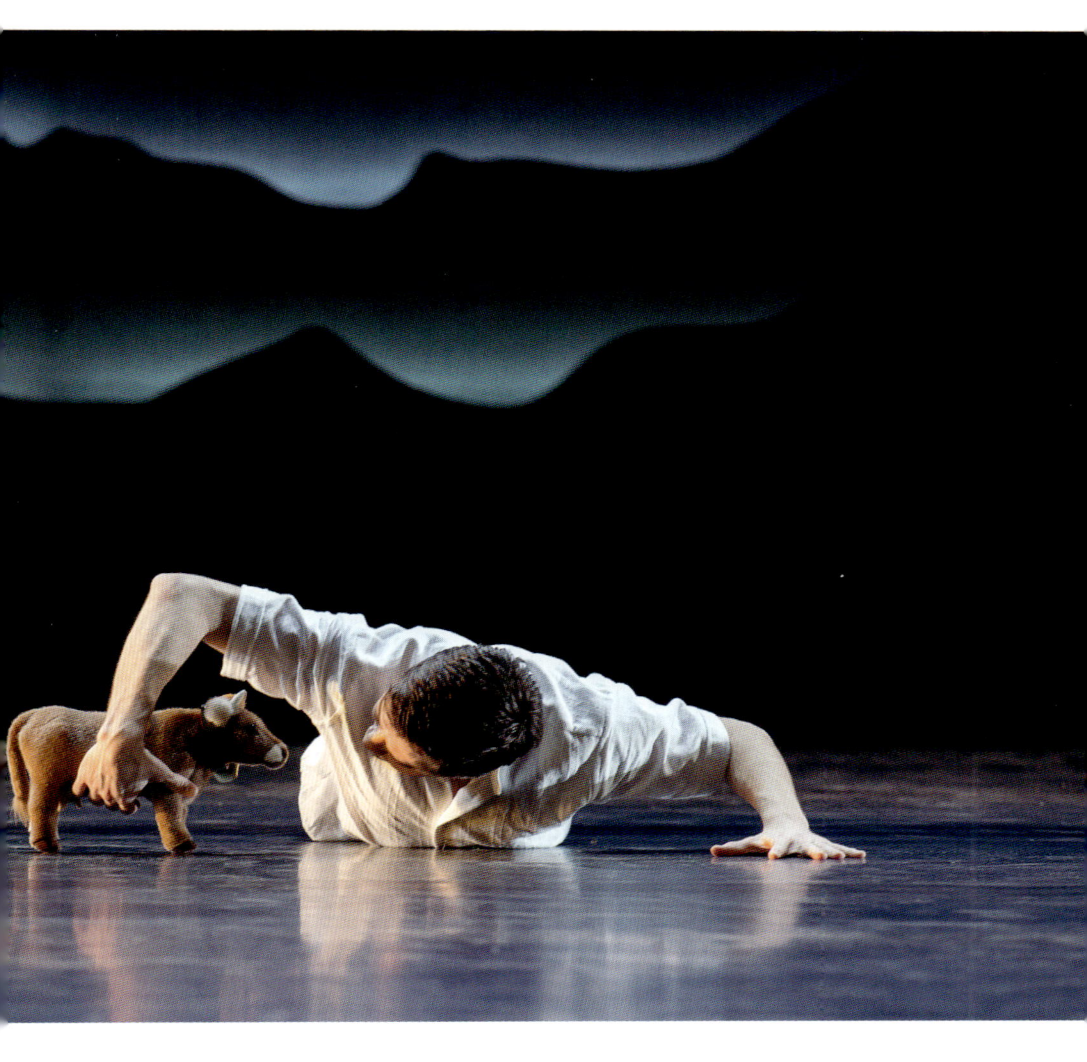

1 und 2
Bei Proben zu »Alltag« mit Hans van Manen, Düsseldorf 2014

3 und 5
Szenenfotos aus »Alltag« – die letzte Bühnenrolle als Tänzer, Düsseldorf 2014

4
Doris Becker, Alexandre Simões und Martin Schläpfer in »Alltag«, Düsseldorf 2014

6
Mit Marlúcia do Amaral in »The Old Man and Me«, Düsseldorf 2012

7
Marlúcia do Amaral in Martin Schläpfers »Ramifications«, Düsseldorf 2010

8
Ensembleszene aus »Forellenquintett« mit dem Ballett am Rhein, Düsseldorf 2010

9
Jörg Weinöhl und Marlúcia do Amaral in »Forellenquintett«, Düsseldorf 2010

10
Jörg Weinöhl als General in »Marsch, Walzer, Polka«, Düsseldorf 2009

11
Marcos Menha in »Marsch, Walzer, Polka«, Düsseldorf 2018

12
Marcos Menha und Marlúcia do Amaral in »Schwanensee«, Düsseldorf 2018

13
Damenensemble in »Schwanensee«, Düsseldorf 2018

14
Camille Andriot in »Petite Messe solennelle«, Düsseldorf 2017

15
Christine Jaroszewski und Ensemble in »Petite Messe solennelle«, Düsseldorf 2017

16
Ordep Rodriguez Chacon, Maksat Sydykov und Pontus Sundset in »Reformationssymphonie«, Duisburg 2010

17
Ensembleszene aus »3. Sinfonie«, Düsseldorf 2009

18
Alexander McKinnon, Marlúcia do Amaral und Alexandre Simões in »Sinfonien«, Duisburg 2014

19
Pedro Maricato in »Appenzellertänze«, Duisburg 2018

deres, als den Körper mit einer künstlerischen Vorstellung zu verbinden. Rückblickend ist es doch so, dass man im Leben den Hauptteil verpasst. Es ist besser, an der einen Stelle zu bleiben, wo man tief bohren möchte, anstatt zu meinen, man müsse alles machen.

Hat sich die Wahrnehmung des Körpers mit dem Choreografieren verändert? —— Als ich begonnen habe, zu choreografieren und zu unterrichten, war mein Körperbild durch die vielen Stunden des Chefseins und Herausgebens von Energie sicher ein schlechteres, ein weniger stimmiges, erfülltes. Weil ich keine Zeit für mich selber hatte und ständig übermüdet war. Das verbessert sich langsam wieder. Seit etwa einem Jahr erlebe ich eine Phase, in der ich in mir selbst zur Ruhe finde. Es ist etwas sehr Schönes, vielleicht liegt es am Älterwerden.

Behandeln Sie den eigenen Körper heute anders? —— Ja, ich muss mich sehr bemühen, ihn zu pflegen. Seit ein paar Jahren stehe ich früher auf und nehme mir Zeit für mich selber, mache auch Übungen. Früher bin ich aufgestanden und dachte nur an die Company. Aber ich muss schon dafür kämpfen, mir diese Zeit zu erhalten. Durch die Verpflichtungen in Wien oder auch derzeit in Stuttgart – neben Düsseldorf-Duisburg – ist der Brocken an To-Dos natürlich noch größer geworden.

Wie gehen Sie mit der Physis Ihrer Tänzer des Ballett am Rhein um? —— Man sagt, ich sei sehr fordernd. Aber ich bin jemand, der sehr, sehr ungern jemanden zu etwas forciert. Wenn ich sehe, wie jemand leidet, psychisch oder körperlich, nehme ich mich sofort zurück. Dann kann ich ihm nicht die Leistung abverlangen. Aber ich kann sehr wohl jemanden an seine Grenzen bringen, wenn ich sehe, dass er es auch will oder das Stück es braucht. Der Mensch, dem ich das abverlange, muss auch Lust und Freude haben, dahin zu gehen. Wenn er das nicht hat, dann ist die kreative Energie verschlossen.

Schreiben Sie vor, wie die Tänzer sich ernähren und in der Freizeit verhalten sollen? —— Überhaupt nicht. Es sei denn, dass ein Haarschnitt vielleicht zu trendy wäre. Gespräche über Ernährung führe ich nur, wenn jemand zu mir kommt und meinen Rat sucht oder wenn ich glaube, ein Problem zu erkennen. Ich bin keine Vaterfigur. Meine Tänzer genießen eine große Freiheit, eine größere als in manchem modernen Ensemble. —— Auch in Wien wird das persönliche Gespräch eine große Rolle spielen. Ich möchte möglichst viele Tänzer erreichen, damit dieser Riesenorganismus sich durchtränkt mit ›company spirit‹.

Mal vorausgesetzt, dass Sie keine einheitliche Optik im Sinne von Balanchine zum Ziel haben: Mit welchen Mitteln schaffen Sie eine äußere und innere Identität innerhalb eines Ensembles bei aller Unterschiedlichkeit der einzelnen Mitglieder, angefangen von der Nationalität über die Charaktere bis hin zu den Äußerlichkeiten? —— Ich gebe den Tänzern Informationen und Material, damit sie verstehen, was sie auf der Bühne tun. Ich gleiche sie nicht von außen an. Es ist mehr ein energetisches und dynamisches Zusammensein, jeder in seiner Individualität. Dabei ist es natürlich von Stück zu Stück unterschiedlich. Ich lasse die Tänzer beim Kreieren nicht alleine, ich rede viel, erkläre, warum ich eine Bewegung so radikal oder so intensiv möchte. Diese Informationen geben dem Ensemble, zumindest in meinen Stücken, ein Brennen, dass es sonst nicht hätte. Heat!

Drei

Publikum, Presse, Privatleben: Der öffentliche Künstler

»Ich habe sehr wenig ehrliche Zeit«

Die Auszeit in der Abgeschiedenheit der Schweizer Berge hat gutgetan. »Ich bin auf dem aufsteigenden Ast«, stellt Martin Schläpfer geradezu übermütig fest. Räumt aber wenige Atemzüge später ein, dass er nicht wirklich Abstand gewonnen habe. Die dennoch gewonnene Frische im Kopf passt zu dem farbenfrohen Hemd, das er wie einen Malerkittel offen trägt. So, wie er dasitzt, kann man sich lebhaft vorstellen, wie Schläpfer in jungen Jahren als Till Eulenspiegel über die Bühne gefegt ist.

Sie stehen seit mehr als vierzig Jahren im Licht der Öffentlichkeit. Als Tänzer, Choreograf und Ballettdirektor sind Sie präsent – auf der Bühne oder in den Medien. Empfinden Sie sich in dieser Rolle als »öffentlicher Künstler«? —— Ob ich mich als Choreograf in einer Ballettwerkstatt präsentiere, als Tänzer in einem Stück aufgetreten bin, als Ballettchef in einem Interview sitze – ich bin mir schon bewusst, dass ich in der Öffentlichkeit eine gewisse Form wahren und etwas bieten muss. Ich achte darauf, dass meine Antworten intellektuell-emotional eine Substanz haben, vielleicht auch darauf, wie ich dasitze. Meistens fühlte ich mich irgendwann frei und im Fluss. Ich verhalte mich also letztlich so, wie ich überall bin. —— Meine Kunst allerdings ist nicht öffentlich. Ich spreche davon, was ich als Tänzer oder Choreograf ausdrücken will. Mein Kunstanspruch, meine Gedanken, das Thema, ob man das Ziel erreicht, was man sich als Künstler gesetzt hat – all das ist nie öffentlich.

Aber die Öffentlichkeit zerrt doch an Ihnen. Sie will alles wissen, hakt nach, diskutiert alles, was auf der Bühne zu sehen ist. Wie empfinden Sie es, wenn Ihr Name in der Zeitung steht? —— Ich muss da differenzieren. Natürlich ist es angenehm, wenn man als Künstler Erfolg hat. Es ist ganz schwer zu ertragen – tragisch sogar –, wenn man als Mensch oder mit seinem Werk permanent Misserfolge hat oder einfach nicht gewollt ist. Dafür gibt es genug prominente Beispiele. Insofern wäre es falsch, wenn ich behaupten würde, es bedeute mir nichts. Präsenz in den Medien ist ja wichtig für die Tanzkunst an sich und die Company, nicht nur für mich. Ich denke da schon auch größer. Die Öffentlichkeit zerrt vor allem an mir als Menschen und als Ballettdirektor. In meiner Kunst bin ich eigentlich geschützt. Der immer bekannter werdende Martin Schläpfer aber ist zunehmend ungeschützt. Das hat mit unserer Zeit zu tun. Aber auch mit mir selber, weil ich in einem Gespräch auch nicht wirklich Grenzen setze.

Erleben Sie, dass diese Offenheit missbraucht wird? —— Sie wird vor allem benutzt. Aber ich sehe gar nicht ein, warum ich mich zurückhalten sollte. Wenn wir ehrlich sind, existenziell gesprochen, sind die Grundfragen der Menschheit nie privat. Die Fragen der Sinngebung sind für uns alle dieselben. Privat ist meiner Ansicht nach etwa, ob mein Körper behaart ist oder nicht. Das ist völlig uninteressant. —— Öffentlich bin ich als Tänzer nie gewesen, auch wenn ich auf der Bühne gestanden habe. Das Publikum war für mich ein Abstraktum. Der Ballettdirektor Martin Schläpfer aber muss Interviews geben, politisieren, mit Geld umgehen können. Der Choreograf ist im Werk geschützt, aber als Person natürlich nie – weil es um das Ganze geht.

… weil er sich und sein Produkt verkaufen muss … —— Ja. Es geht dabei aber vielmehr um die Company: Gibt es keine Öffentlichkeit, erhält auch das Ensemble weniger Beachtung. Ich höre oft Fragen wie »Warum arbeitest du nicht weniger?«, »Warum schreibst du nicht weniger Beiträge für Zeitschriften?«, »Warum gibst du nicht weniger Interviews?« Ich tue das alles, weil es Brennholz ist für das Ensemble und mich – aber auch für diese Kunst, die immer diskriminiert wird. Ich finde, es ist zu wenig, nur hinten im Saal zu sitzen und gut von innen nach außen zu arbeiten. Ich bin dankbar für die Medien, weil ich der Meinung bin, dass über Tanz geredet werden muss. Es ist eine nonverbale Kunst und sie wird nicht immer verstanden.

Wie viel Öffentlichkeit muss ein Künstler aushalten können? —— Die Grenze ist dort, wo mein Bauch mir sagt: »Das geht jetzt zu weit.« Und diese Grenze setze ich auch, wenn mich etwas wirklich nervt. Nie im Beruf. Aber wenn ein Fremder plötzlich auf mich zukommt und mir ohne jegliches Gefühl für Distanz einfach an den Kopf wirft, mein Stück sei unglaublich schlecht und was ich mir denn da erlauben würde. Dann mache ich einen Schnitt – inzwischen.

Haben Sie denn schon derart schlechte Erfahrungen gemacht mit dem öffentlichen Interesse an Ihrer Person?

—— Ja. Wenn heikle Dinge über mich öffentlich werden, ist es ein Problem, dass ich für Gespräche und Medien-Interviews zu wenig Zeit habe. So entstehen Missverständnisse. Ich kann gut damit umgehen, wenn Kritik auf einem hohen Niveau ist. Sie muss nicht positiv sein. Aber es muss ein Gegenüber sein, das ich akzeptieren kann. Und es muss Respekt für die Kunst dahinterstehen – für diese so gefährdete und fragile Kunst. Es ist eine Sisyphusarbeit an unseren Opernhäusern, permanent darauf zu verweisen, dass wir auch noch da sind. —— Natürlich ist es nicht immer einfach, mit gewissen kritischen Meinungen umzugehen. Man kann sich vornehmen, Kritiken nicht zu lesen. Aber es ist ein Fakt, dass die Leute sie lesen und ernst nehmen. Da fehlen manchmal gegenseitige Achtung und gegenseitiges Niveau. Ich bin tagtäglich vierzehn Stunden in diesem Metier tätig. Da muss man auch ein bisschen Respekt zeigen. —— Was mich fast überfordert, ist das Foyer nach einer Premiere. Zumindest in der rheinischen Kultur hier in Düsseldorf stehen die Menschen fast an, um mir ihre Meinung mitzuteilen – manche nahezu distanzlos. Mittlerweile habe ich es als Interesse lesen gelernt. Die Stücke lösen etwas in ihnen aus und sie möchten etwas dazu sagen. Das ist ja etwas Positives. Es ist eher ein Dilemma, dass ich mich energetisch schlicht überfordert fühle. Ich bin dann einfach kaputt. Eine Premiere ist ja – bildlich gesprochen – ein Berg für mich. Drei Wochen vorher setze ich zum Abflug an und versuche, ihn zu überfliegen. Danach kann ich ja nicht ausruhen, es steht ja sofort das nächste Projekt an. Bei einer Premiere erlebe ich immer eine menschliche Überfütterung. Für eine Produktion muss man mit den Dirigenten und Musikern reden, um die Tempi für die Tänzer hinzukriegen, mit der Kostümabteilung, und, und, und … es ist ein endloser Dialog. Dann kommt die Premiere, und dann kommt auch noch das Foyer. Da bin ich leicht antastbar, weil es in dieser Situation keine Grenzen gibt. Zumal ich eher ein introvertierter Mensch bin. —— Ich habe ein großes Bedürfnis, ein guter Künstler zu sein und eine gute Company zu entwickeln – hier möchte ich wachsen. Den öffentlichen Martin Schläpfer brauche ich persönlich immer weniger. Daran muss ich arbeiten. Denn, wie gesagt, es ist sehr wichtig, öffentlich präsent zu sein und als Ballettdirektor etwas zu sagen zu haben. Wenn das nicht stattfindet, kann das Ensemble nicht wirklich populär und in Bewegung sein.

Sie haben einmal gesagt, was den Umgang mit der Öffentlichkeit angehe, seien Sie das genaue Gegenteil von Hans von Manen. —— Ja – ich denke, ich darf das so sagen –, das stimmt. Hans genießt öffentliche Auftritte. Er schöpft sehr viel Kraft daraus, es beschwingt ihn, es beflügelt ihn. Aber er ist auch nicht in der Position des Ballettchefs. Hans gehörte in den sechziger Jahren zum Direktorenstab des Nederlands Dans Theater. Seitdem choreografiert er und kann wählen, wo und mit welchem Ensemble er arbeitet. Er ist ein großer Künstler, sehr beliebt und sehr gut angekommen bei den Menschen. Das sind alles glückliche Komponenten. Auch deshalb kann er wohl viel freier und besser genießen als ich. —— Ich schöpfe auch Kraft aus Erfolg oder dem Gefühl, eine gute Arbeit geliefert zu haben, ob die Kritiken positiv sind oder nicht. Kritiken sind dann hart, wenn du auch selbst schon weißt, dass ein Stück schwächer ist. Dann zeigt es dir die Publikumsreaktion, und die Kritik sagt es dir auch noch. Wobei beide nicht immer übereinstimmen. Man merkt es ja schon im Saal, spürt es energetisch. Das kann schmerzlich sein. Wenn ich aber davon überzeugt bin, dass ein Stück für mich gelungen ist und Publikum und Kritik reagieren gemischter, ist das weniger schlimm.

Die wichtigste Plattform für Öffentlichkeit und Dialog ist heute das Internet. Sind Sie als Marke präsent auf Facebook, Twitter und Instagram, so dass die Tanzwelt Sie direkt ansprechen kann? —— Nein, das werde ich nie sein. Ich möchte etwas in meinem Leben so erhalten, dass ich noch einen gewissen, direkten Bezug dazu habe. Meine Ballette basieren auf der Begegnung von Tänzern. Ich arbeite mit Menschen, ihren Psychen und Körpern. Genauso möchte ich im realen Leben den Menschen persönlich begegnen, von Angesicht zu Angesicht mit ihnen kommunizieren. —— Ich finde es politisch sehr bedenklich, dass wir alle so einvernehmlich darin sind, dass jeder alles einsehen kann, dass jeder glaubt, es wäre so wichtig, dass die Welt nun auch noch seinen Klick und seinen Kommentar bräuchte. Ich misstraue dem Staat nicht – oder als Appenzeller vielleicht doch ein bisschen. Aber es geht ihn nichts an, wer ich bin und was ich in meinem Leben tue. Schon deshalb bewege ich mich nicht im Netz. Ich habe auch privat keinen Computer. Allerdings kann ich diese Einsehbarkeit nicht wirklich durchbrechen, weil ich schon beruflich einen PC, ein iPad und ein iPhone haben muss, um immer erreichbar zu sein. Aber wenigstens privat möchte ich es nicht. —— Es gibt allerdings ein spannendes, transmediales Filmprojekt über meine Arbeit mit dem Titel »Mehr als ›Schwanensee‹«, das sehr wohl in diesen Medien spielt. Die Hamburger Filmemacherin Susanne Stenner wird, wenn ich in Wien arbeite, regelmäßig kleine Episoden ins Internet stellen, etwa dreißig bis fünfzig insgesamt, auf allen digitalen Kanälen. So entsteht eine Reibung mit mir und meiner Arbeit, weil ich mich auf diesen Plattformen wie gesagt sonst nicht bewege. Und auch, weil ich ja nur mit dem Körper und der Musik erforsche, ob diese Kunst noch zeitgemäß ist. Requisiten und Technik gibt es bei mir kaum. Ganz selten mal eine Videosequenz wie in »Ulenspiegeltänze« oder »Tanzsuite«. Insofern ist es interessant, dass gerade ein Filmprojekt stattfindet, das in diese Medien geht. —— Ansonsten versuche ich, in den menschlichen Essenzen zu bleiben. Nicht aus Sektierertum! Ich habe auch nie

Science-Fiction gemocht – das gibt mir einfach nichts. Auch eine Musik, die zu elektronisch oder technisch daherkommt, hat mich noch nie interessiert.

Techno! —— Ja – das tötet alle Sinne und Energien ab. Oder Heavy Metal – das ist lebensfeindlich. Ich spüre das physisch. Mit dieser permanenten Manifestation von Laut und Aggression kann ich nichts anfangen. Für mich ist das nicht Rebellion, sondern Unreife.

Adriana Hölszky ist eine international bekannte Komponistin und Pianistin. Sie wurde 1953 in Bukarest/Rumänien geboren und studierte dort sowie in Stuttgart Komposition und Klavier. Weltweit nahm sie an Kompositionsforen und Seminaren teil, so in Salzburg, Tokio, Kyoto und am IRCAM in Paris. Durch ihre weltweiten Gastspiele als Konzertpianistin, ihre Kompositionen und Professuren (Hochschule für Musik und Theater Rostock, Mozarteum Salzburg) genießt sie einen internationalen Ruf. Vielfach ausgezeichnet, ist Hölszky Mitglied der Akademie der Künste in Berlin und der Schönen Künste in München. Für Martin Schläpfer komponierte sie 2013/14 »10 Klangbelichtungen einer METAmorphose« zu seinem Ballett »DEEP FIELD« und eine »Klangchoreografie für Sopran und 8 Instrumentalisten« zu seinem Ballett »Roses of Shadow«.

Es gibt Zuschauer, die haben das gleiche von Morton Feldmans Musik zu »Neither« oder Adriana Hölszkys Komposition zu »DEEP FIELD« behauptet. Ich war Ohrenzeugin in der U-Bahn. Was würden Sie Ihnen entgegnen? —— Nun, das muss ich akzeptieren. Aber es ist zu kurz gegriffen, denn hier geht es nicht um Unterhaltung, sondern um Kunst. Allein die intellektuelle und emotionale Vorarbeit dieser Komponisten für ein Stück dauert Jahre – und ist das Ergebnis einer Lebensleistung. In Feldmans Musik zu Becketts »Neither« singt der Sopran seine Texte in einer solchen Höhe, dass sie kaum zu verstehen sind. Sie zerfallen fast in Vokale und werden unverständlich. Allein das hat schon so viel mit Beckett zu tun, dass man es geradezu als genial bezeichnen muss. Feldman hat auch mit New York zu tun und dem Intellektuellen-Künstler-Kreis um John Cage, Jackson Pollock und Robert Rauschenberg. Es war eine Zeit der Kritik am Strukturalismus in der europäischen Kompositionsweise. Wenn man sich nur länger mit Hölszky und Feldman beschäftigt, kann man stundenlang weiter argumentieren. Danach erst könnte man sie verurteilen. Adriana Hölszky – wer sie kennt und weiß, wie intensiv und radikal sie arbeitet und für ihre Musik und ihre Philosophie lebt, der wird sehr schnell still und ehrfürchtig. Wer Beckett, Feldman und Hölszky zulässt, wird danach ein anderer sein. Wer sie abwehrt, bleibt stehen. Denn im Zentrum ihrer Kunst steht der Mensch in seinem Kosmos.

Sind Sie als Privatperson oft angesprochen worden, etwa als Tänzer auf der Straße in Basel oder als Choreograf und Ballettchef in Mainz und Düsseldorf? —— Ja, als Tänzer häufig, viel öfter als jetzt als Choreograf. Damals war ich regelmäßig auf der Bühne zu sehen und auch in der Presse, daher wurde ich oft erkannt. Ich habe mich immer gefreut – im Gegensatz zu heute, wo es mich manchmal überfordert.

Waren die Menschen denn damals freundlicher als heute? —— Der Schweizer ist in der Regel distanzierter und reservierter. Ich will das gar nicht werten, weil das Verbale der Deutschen schon etwas Großartiges ist. Sie benennen die Dinge und halten nicht hinter dem Berg. Es hat mich immer gefreut, weil ich ja für das Publikum getanzt habe. —— An manchen Abenden dachte ich: Das war eine magische Vorstellung. Wenn ich Glück hatte, stand dann jemand an der stage door und sagte: »Wow«. Aber in der Regel hat man ja nur den Applaus und trifft niemanden mehr. Man hat nur das eigene Gefühl und der Chef sagt vielleicht: »Ja, ich fand es auch gut.« Aber dann geht man alleine nach Hause. Wenn man dann am nächsten Morgen oder zwei Tage später ein Geschäft betritt und jemand sagt zu einem: »Es war toll, es hat mich so berührt«, dann ist das ein schönes, direktes Feedback.

Und wie ist das heute, wenn Sie jemand anspricht? —— Ich mag es gerne, wenn mich jemand auf der Straße überrascht und es ganz ehrlich meint. Im Theater mag ich es weniger. Ich stehe meistens hinten im Zuschauerraum, weil ich mich auf die Vorstellung konzentriere. Und da möchte ich gerne für mich sein, denn ich bin nervös und weiß möglicherweise um Probleme in der Company. Da belastet es mich eher, öffentlich zu sein – oder eben, wie schon erzählt, im Foyer nach der Premiere. Gespräche mit Journalisten belasten mich selten. Die finde ich fast immer bereichernd. Aber die zusätzliche Aufmerksamkeit, die jetzt um meinen Wechsel nach Wien entstanden ist … Mein ganzer E-Mail-Account ist voll mit Bewerbungen von Leuten, die mich seit Jahren nicht angesprochen haben.

Private Bekanntschaften? —— Nein, nein. Tänzer, Choreografen … berufliche Bekanntschaften. Plötzlich, weil ich jetzt Ballettdirektor in Wien werde, saugen sie an und wollen einen Job oder dieses oder jenes. Es ist mir zutiefst zuwider. Das ist eine Öffentlichkeit, die mich sehr irritiert.

Vielleicht haben Sie ja auch schöne Erlebnisse und Begegnungen gehabt, etwa in Publikumsgesprächen nach der Vorstellung? —— Der große Tanzkenner Jack Watters, ein Schotte, hat einmal nach einer Vorstellung von »Till Eulenspiegel« in Basel auf mich gewartet. Er ist in der ganzen Welt herumgereist, um Tanz zu sehen. Sein Kompliment hat mich sehr berührt, eben weil er ein so großer Kenner war. Und nach einem Gastspiel mit dem Basler Ballett in New York schrieb mir damals ein älterer Mann nach Hause in die Schweiz, wie sehr ihm meine Vorstellung in »Belle Vie« gefallen habe. Wenn ich noch einmal in New York sei, könne ich jederzeit in seinem ›mates room‹, das war eine Mansarde, wohnen. Und tatsächlich, nachdem ich meine Basler Ballettschule delegiert hatte und für vier Monate nach New York ging, lebte ich in dieser Mansarde. Das war eine tolle Sache, er war überhaupt nicht vereinnahmend. Ich war völlig frei und konnte den ganzen Tag bei David Howard trainieren. Beglückend ist oft das Spontane, Unerwartete – wenn man danach wieder loslässt.

Sie suchen und kultivieren einerseits Ruhe und Einsamkeit fast wie ein Einsiedler. Andererseits sind Sie präsenter als die meisten anderen Choreografen und Ballettdirektoren im städtischen Kulturleben. Wie lösen Sie diesen Widerspruch auf? —— Die Einsiedelei ist ein Gegenpol zum Theaterbetrieb, zu mir als öffentlicher Person und der Energie, die ich während der Spielzeit ausschütte. Als Ballettdirektor, Choreograf und Lehrer gibt man so viel mehr Energie her als man zurückbekommt – das liegt in der Natur des Lehrerseins. Deswegen ist die Einsiedelei im Sommer ganz wichtig, damit ich wieder zu meinem Urzustand finde. So kann ich überdenken, was gut und was schlecht lief. Im Alltag arbeite ich viele Stunden am Tag und ziehe mich nur abends oder nachts zurück. Ich habe fast nie einen Gast. Es kann ein Jahr vorübergehen, ohne dass ich jemanden zu mir eingeladen und bekocht hätte. Nur deshalb überlebe ich diese starke berufliche Belastung so gut. Anders würde ich es nicht schaffen. Ich bin zwar sehr präsent im Beruf, aber ich gehe in keine Vernissage, in keine Eröffnung. Bei all den Veranstaltungen, zu denen ich in meiner Position in Düsseldorf eingeladen werde, tauche ich nicht auf. Wenn es um das Ballett am Rhein und meine Kunst geht, bin ich sehr präsent. Auch wenn es darum geht, den Tanz populär zu machen und zu verteidigen. Aber nicht als Martin Schläpfer. Ich habe sechs Düsseldorfer Freunde, die ich, wenn überhaupt, zweimal im Jahr sehe.

In einem anderen Kontext sprachen wir einmal über den Körper als letztes Stückchen Privatleben, das es vor der Öffentlichkeit zu verbergen gilt. Sie sagten, dass Sie deshalb in Düsseldorf kein öffentliches Schwimmbad mehr besuchen. Es ist eine überraschende Aussage angesichts der Tatsache, dass Sie als Körperkünstler unzählige Male mehr oder weniger bekleidet auf internationalen Bühnen standen. Wie passt das zusammen? —— Mein Körper ist der Bereich von mir, den niemand kennt. Weder meine Tänzer noch mein Team ...

Aber man sieht oder sah Sie doch auf der Bühne ... —— Ja, aber das ist etwas ganz anderes. Als Tänzer ist man doch in einem Auftrag auf der Bühne und ist geschützt durch Technik und Licht. Meinen Körper reserviere ich mir für jemanden, der mich liebt und der in einer Beziehung Zugang zu mir hat.

In meinen Arbeiten ist so viel von mir. Nicht, dass ich mich geistig auf der Bühne entleeren würde, aber meine Stücke haben so viel mit meiner Denkweise zu tun. Wie ich einen »Schwanensee« mache oder mit Partnering umgehe, das sagt doch so viel aus. Von daher bin ich mit jeder Faser exponiert. Wenn jemand gut hinsieht und sensibel ist, kennt er mich ja schon auswendig.

Wenn Sie die Zeit haben, in sich zu gehen, achten Sie intensiv auf Ihre Gesundheit. Dabei haben Sie auch einen Lebensabend in der Natur als Wunschziel vor Augen. Wie stellen Sie sich diese Zeit konkret vor? —— In der Natur zu leben, ist schon mein Traum gewesen, als ich ein Kind war. Jetzt bin ich bald sechzig Jahre alt und habe mit dem Umbau des Stalls im Tessin den ersten Schritt dorthin unternommen. Fakt ist, dass ich bald alt sein werde und diesen Beruf nicht mehr werde ausüben können. Es ist für mich persönlich ganz wichtig, dass ich den Prozess jetzt schon einleite. Wissen Sie, in der Schönheit der Natur ist man ja nie alleine. Die Sinnfrage annulliert sich, weil alles Sinn macht. Man kann da endlos sitzen und nie ist ein Tag wie der andere. Es ist schon erbaulich zu sehen, dass es noch genug Tiere und genug Wasser gibt. —— Ich habe auch noch den Wunsch zu schreiben – damit meine ich nichts Literarisches. Aber ich möchte über Tanz schreiben. Das kann ich nur, wenn ich viel Zeit habe. Und ich möchte auch einfach einmal Freunde einladen und es wirklich so wollen – ohne den Druck einer bevorstehenden Premiere. Eigentlich bin ich ein ganz netter Mensch. Aber diesen ganzen Ballettbetrieb zu schultern, ist nicht immer einfach. Dazu muss ich mich permanent in diesem Klima aufhalten und habe von daher wenig ehrliche Zeit. Wenn ich diese Zwänge nicht habe, bin ich ein ganz anderer. Ich möchte später ohne all das sein können.

Vier

Was die Menschen bewegt:

Wie viel Politik steckt im Tanz?

»Hoffnung bedeutet nicht, dass alles wieder gut wird«

Der zeitgenössische israelische Tanz und die klassische Ballettkunst von Martin Schläpfer haben eine Gemeinsamkeit: Die Politik tanzt immer mit. Eine Beobachtung, die sich bei der Vorbereitung auf dieses Gespräch bestätigt. Es gibt kaum ein Werk des Schweizers, das nicht wenigstens durch die Auswahl der Musik eine politische oder religionskritische Haltung einnimmt, so zum Beispiel in den »Ulenspiegeltänzen« von 2019. Sergej Prokofjew komponierte in seine 7. und letzte Sinfonie, die unter der Diktatur Josef Stalins entstand, eine vordergründige Leichtigkeit, unter der eine verzweifelte Melancholie spürbar wird. Schläpfer ließ sich dazu eine Schelmerei aus filigraner Schrittkunst einfallen – aber der Überwachungsstaat sitzt den tanzenden Narren immer im Nacken.

Wir leben in einer Welt radikaler Umbrüche. Dreißig Jahre nach Ende des Kalten Krieges bilden sich neue Fronten: Auslöser sind auch Migration und Flüchtlingsbewegungen, Nationalismus und Rassismus erstarken. Allgegenwärtig ist zudem der Klimawandel, der das Leben auf der Erde bedroht. Kann Kunst in dieser Zeit überhaupt noch unpolitisch sein? —— [überlegt sehr lange] Ich glaube schon, dass es legitim ist, wenn Kunst nicht politisch begründet ist. Aber dann muss sie unbedingt andere Dinge ansprechen. Sie muss etwas aufzeigen oder heilen, was den Menschen in dieser politischen und gesellschaftlichen Situation abhandenkommt. Es kann Poesie sein, es kann eine Form von Erhöhung sein. Sie muss einfach Komponenten anklingen lassen, die die Menschen verzaubern, sie anders nach Hause gehen, weicher werden lassen – einfach berühren. Damit ist der Zuschauer auch befriedet. Ja, es ist möglich, heute unpolitische Kunst zu machen. Aber sie muss dann so schön sein, dass sie fast göttlich ist. Oder sie muss Hoffnung geben. Wobei Hoffnung nicht bedeutet, dass alles wieder gut wird. Hoffnung kann auch eine poetische Dunkelheit sein. Theater ist natürlich immer stärker im Drama. —— Für mich persönlich, es kommt immer auf das Stück und den Komponisten an, ist es für einen Choreografen von heute zu wenig, rein abstrakt mit dem Körper im Raum beispielsweise die Musik zu porträtieren wie im Neoklassizismus. Man kann dem sicher widersprechen. Ich bin nun nicht so politisch wie ein Johann Kresnik. Aber ich komme aus einem sehr politischen Elternhaus, daher ist mir die Politik sehr wichtig. Im Grunde ist ja alles politisch. Eine Company zu leiten, ist hochpolitisch. Wie man mit Geldgebern, dem Publikum und der Presse umgeht, hat mit Politik zu tun – im positiven Sinne. —— Ich bin sehr politisch motiviert, wenn ich einen Kunstversuch mache. Das kann sich darin ausdrücken, wie ich mit der Muskulatur umgehe oder mit dem Spitzenschuh. Oder darin, dass ich immer sehr starke Frauen zeige. Zum einen, weil sie es einfach sind, zum anderen, um einen Laut nach außen zu senden, weil sie diskriminiert werden. Da gibt es viele Bereiche.

Wie intensiv beschäftigen Sie sich als Privatmensch mit der Weltpolitik? Und aus welchen Quellen beziehen Sie Ihre Informationen? —— Wenn ich abends oder nachts nach Hause komme, schalte ich das Radio ein. Und wenn ich früh aufstehe, höre ich zwei unterschiedliche Sender, je nach Moderator oder Moderatorin pendelnd. Natürlich höre ich Nachrichten, sonntags den Presseclub – solche Sendungen liebe ich. Primär informiere ich mich über das Radio, manchmal auch im Fernsehen. Nachrichten zu hören empfinde ich aber als dichter als die »Tagesschau« zu sehen.

Sie schauen nicht ins Internet? —— Ich bin jemand, der bis vor kurzem noch fünf Zeitungen im Abonnement hatte ...

Die liegen herum und schreien einen an: »Lies mich!« —— Ja, schon, aber es ist hochinteressant, die Feuilletons zu vergleichen. In der letzten Zeit bedeutete es allerdings nur noch Stress, weil ich gar nicht dazu kam. Momentan habe ich keine Zeitung mehr abonniert. —— Ich lese sehr gerne Bücher. Viel Politisches, aber auch Literatur – irgendein Ballettbuch liegt immer dabei. Nachts wechsle ich zwischen ein paar Werken hin und her, nur in einer Auszeit bleibe ich durchgängig bei einem Buch. Im Moment lese ich Mercé Rodoredas »Der Garten über dem Meer«, Dag Solstads »T. Singer«, Arno Geigers »Unter der Drachenwand« und Fontanes »Stechlin«. Und dazu Texte über Mahler und Schostakowitsch.

Als Künstler treiben Sie politische und gesellschaftliche Entwicklungen um. Sie haben viele Ballette kreiert, die auf die Weltpolitik reagieren. In »Ungarische Tänze« zu Johannes Brahms von 2013 etwa kritisieren Sie die Rolle Ungarns in der Europäischen Union. Oder auch die Pressezensur der rechten Regierung, indem Sie einen

Zeitungsleser umschlungen mit Seilen abführen lassen. »Roses of Shadow« zu einer Komposition von Adriana Hölszky 2018 ist eine Vision unserer Welt nach dem Klimawandel, »Konzert für Orchester« zu Witold Lutosławski aus dem Jahr 2016 beschäftigt sich mit dem Deutschland der Gegenwart. Was gibt es Ihnen, politische Ereignisse künstlerisch zu verwandeln? —— Es ist nicht so, dass ich das Ereignis in der Realität darstellen will. Wenn Sie jetzt das »Konzert für Orchester« nehmen, gibt es am Schluss eine Gruppe von drei Männern. Sie robben am Boden entlang wie Krabben. Und dann gibt es eine Gruppe, die martialisch daherkommt und windschief wirkt. Diese Szene hat natürlich mit den Flüchtlingen im Mittelmeer zu tun. Es ist kein Stück über Flüchtlinge, aber in »Konzert für Orchester« fließt ganz, ganz viel ein. Das hat auch mit dem Leben des Komponisten [Lutosławski] zu tun. Bei »Ulenspiegeltänze« zu Prokofjew verhält es sich analog. —— Was mich antreibt, ist auch häufig die Art und Weise, wie mit Minderheiten umgegangen wird. Oder wie heute die Religionen wieder so dümmlich ausgelegt werden. Viele glauben bald wieder an einen personifizierten Gott. Oder der Umgang mit Frauen. Ich würde mir wünschen, dass man die Gleichberechtigung der Frauen endlich hinkriegen würde. Das ist mir persönlich fast noch wichtiger als der Umgang mit Homosexuellen. Wobei beides nicht voneinander zu trennen ist, da es hier wie dort um Toleranz, Anerkennung und Gleichberechtigung geht. Solche Themen spielen hinein. Auch meine Beobachtungen von jungen Leuten – es können auch meine Tänzer sein. Wie viele – ich will es nicht verurteilen – fast süchtig mit den neuen Medien umgehen. Sie bewegen sich kaum unplugged über die Straße. Oder wenn man liest, wie sich Menschen begegnen, welche absurden Hoffnungen sie haben, eine Liebe zu finden – all solche Gedanken fließen mit ein, zum Beispiel in »Roses of Shadow«. Hier aber vor allem die Klimakatastrophe. Ich bin schon immer ein zutiefst negativ – ich nenne es realistisch – eingestellter Mensch gewesen, was die Zukunft dieses Planeten angeht. Dieses Stück hat sehr stark damit zu tun. Auch mit dem Umgang der Menschen miteinander. Da werfen sich Tänzer zehn Minuten lang Gesten entgegen, die »geh weg«, »ach, was soll's« bedeuten oder »ach, doch nicht du«, »aber komm doch, ich hab' Sehnsucht, aber so nicht«. Also dieses Verlorensein ist darin. Ich hoffe, es ist nie erzieherisch. Am Schluss gibt es dieses Pärchen, das über die Diagonale kommt und ein Überleben unserer Gattung darstellt. Das ist auch poetisch gemeint, es soll ja nicht ohne Schönheit sein. Ich finde es fast unmöglich, auf der Bühne den Schmerz und die Realität nachstellen zu wollen. Man muss ihn in eine Distanz zur Realität bringen, so dass er wieder berühren kann. —— Für mich hat es auch etwas Politisches, dass ich ungern Handlungsballette mache mit leidenden Frauen. Ich hätte lieber einen anderen Entwurf. Obwohl »Romeo und Julia« eine so großartige Partitur ist, dass die Menschen immer noch bewegt sind und es immer noch aktuell ist, irritiert es mich, dass Frauen so oft Opfer sind, dass sie leiden und häufig aus Liebeskummer sterben. Das ist auch einer der Gründe, warum ich die romantischen Stoffe nicht so mag oder mochte. Denn es stimmt ja nicht, Frauen sind nicht die Opfer – sie werden dazu gemacht oder erzogen.

Auf dem Tisch hier liegen auch zwei Frauenromane mit einem solchen Schicksal: Theodor Fontanes »Effi Briest« und Leo Tolstois »Anna Karenina«. Was haben Sie damit vor? —— »Effi Briest« hat mir mein Bruder empfohlen. Ich wusste gar nicht, dass dieses Buch existiert. Ich bin auf der Suche nach einem Stoff, der mich lockt für ein mögliches Handlungsballett, das es noch nicht gibt. Es wäre dann für Wien, aber letztlich ist es ja für mich. »Krieg und Frieden« habe ich auch noch nie wirklich gelesen.

Da spräche dann wieder die Politik ein Wörtchen mit. Apropos: Eine Politisierung Ihrer Arbeit hat sich erst mit dem Beginn der Düsseldorf-Duisburger Ära ab 2009 – nach ersten, leisen Untertönen zuvor in Mainz – deutlich her-

»In meiner Kunst bin ich eigentlich geschützt.«

1

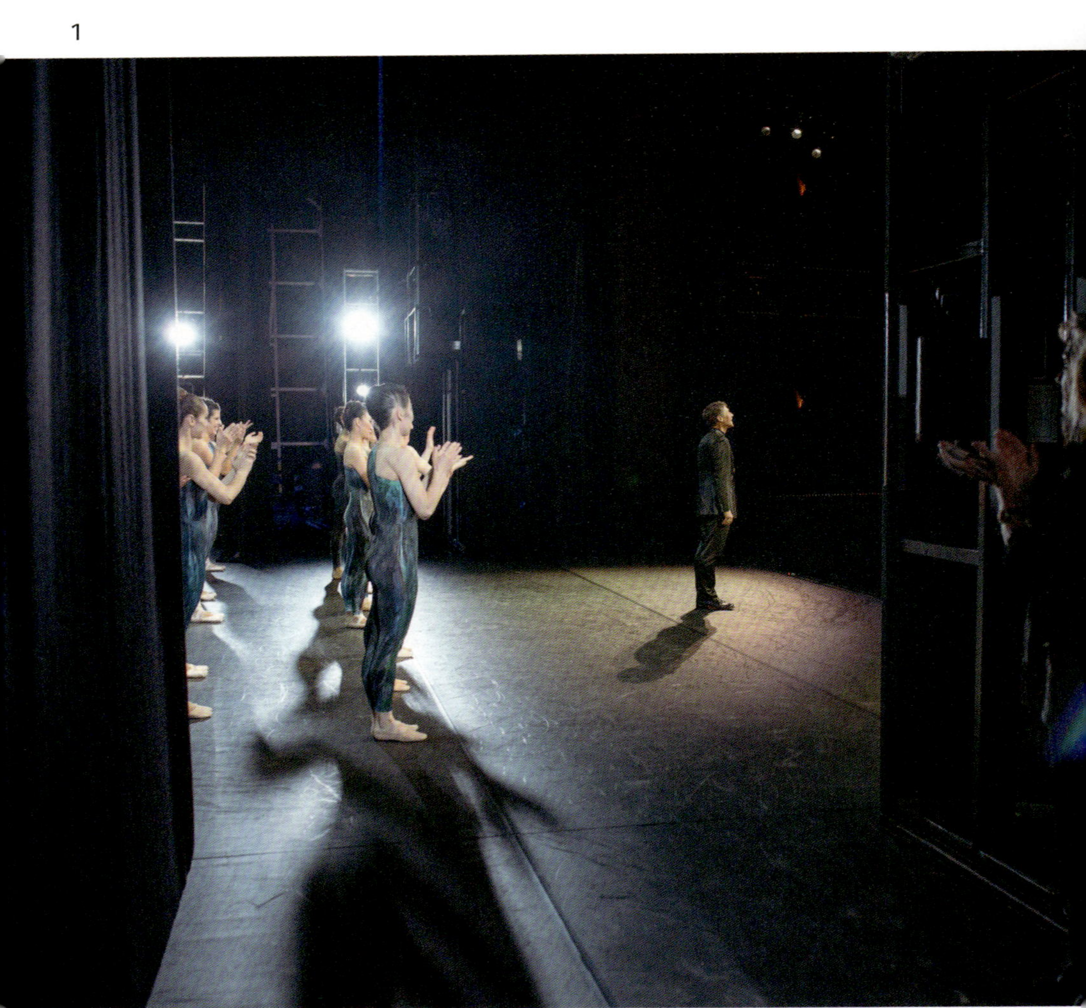

2

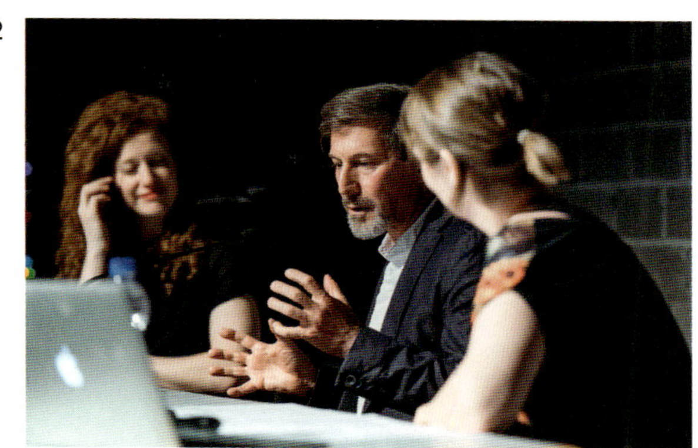

3

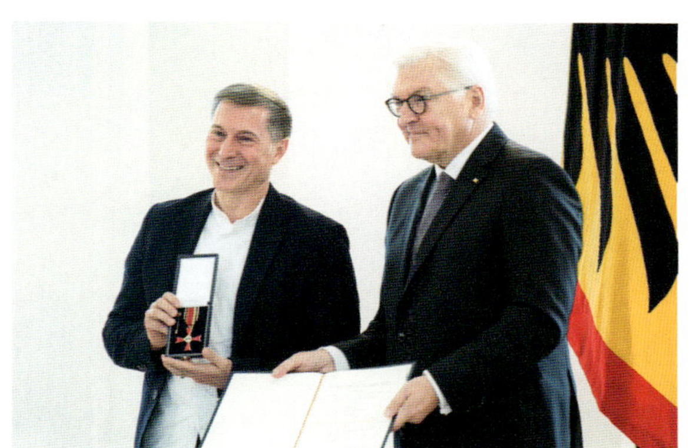

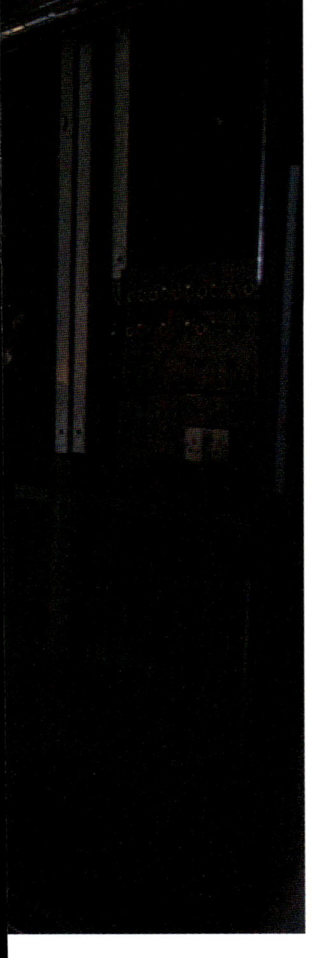

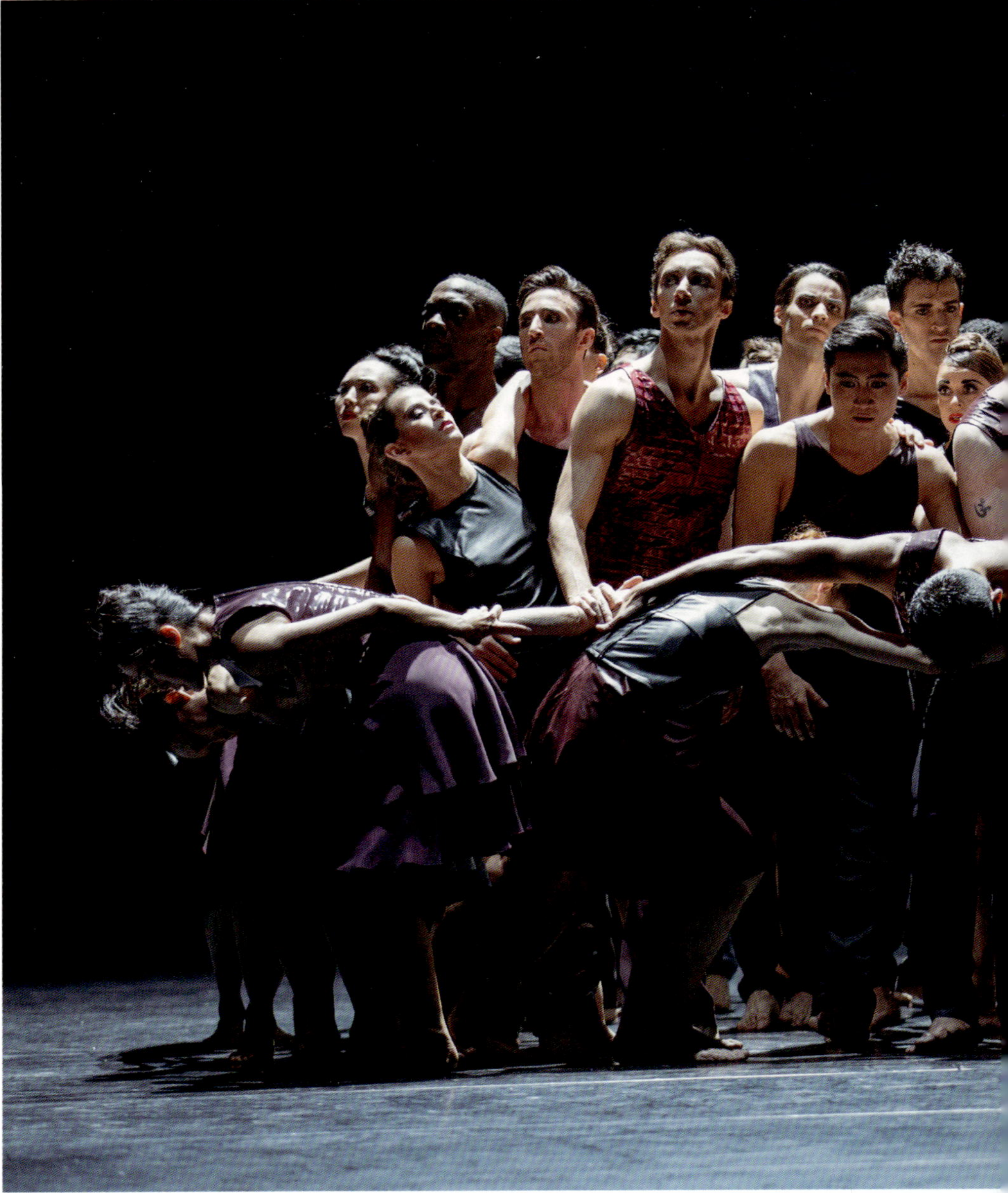

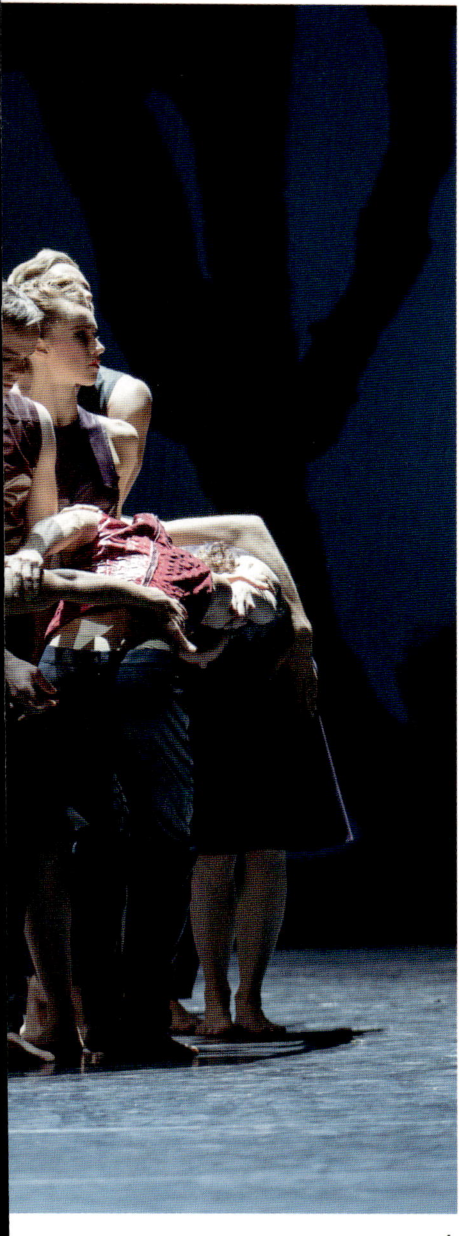

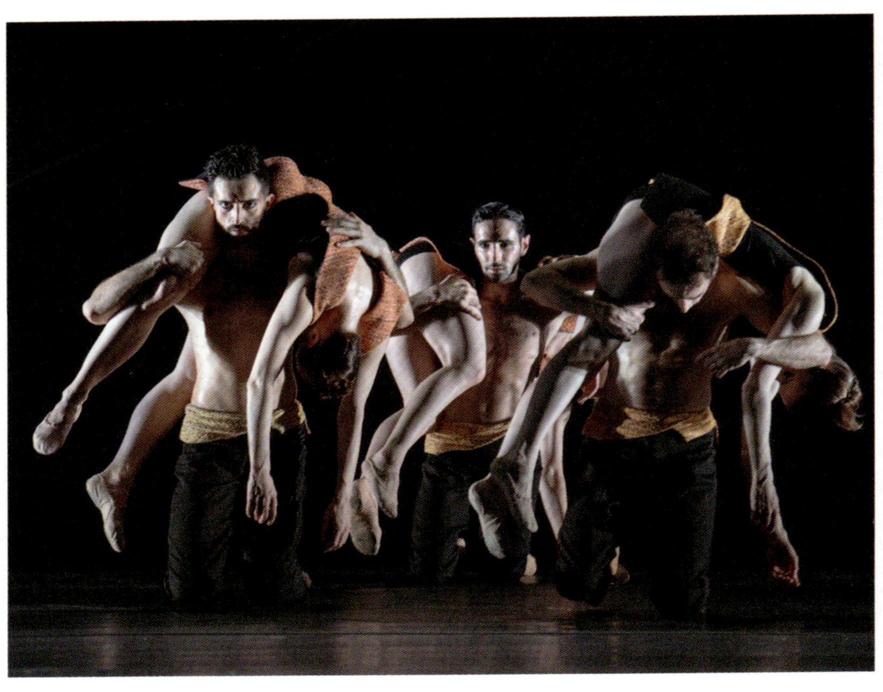

5

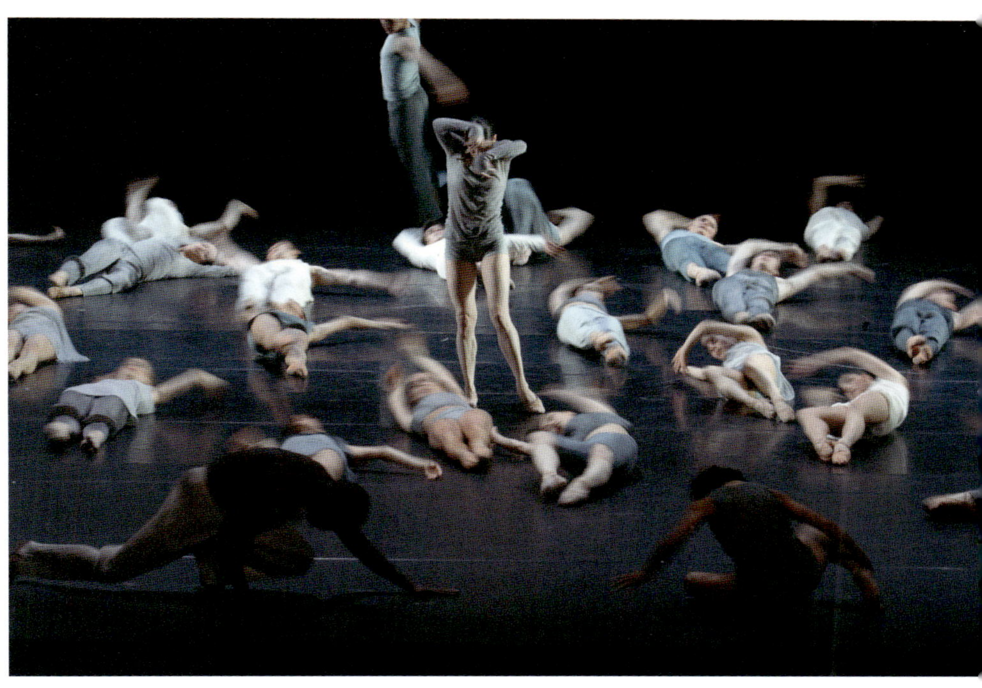

6

7

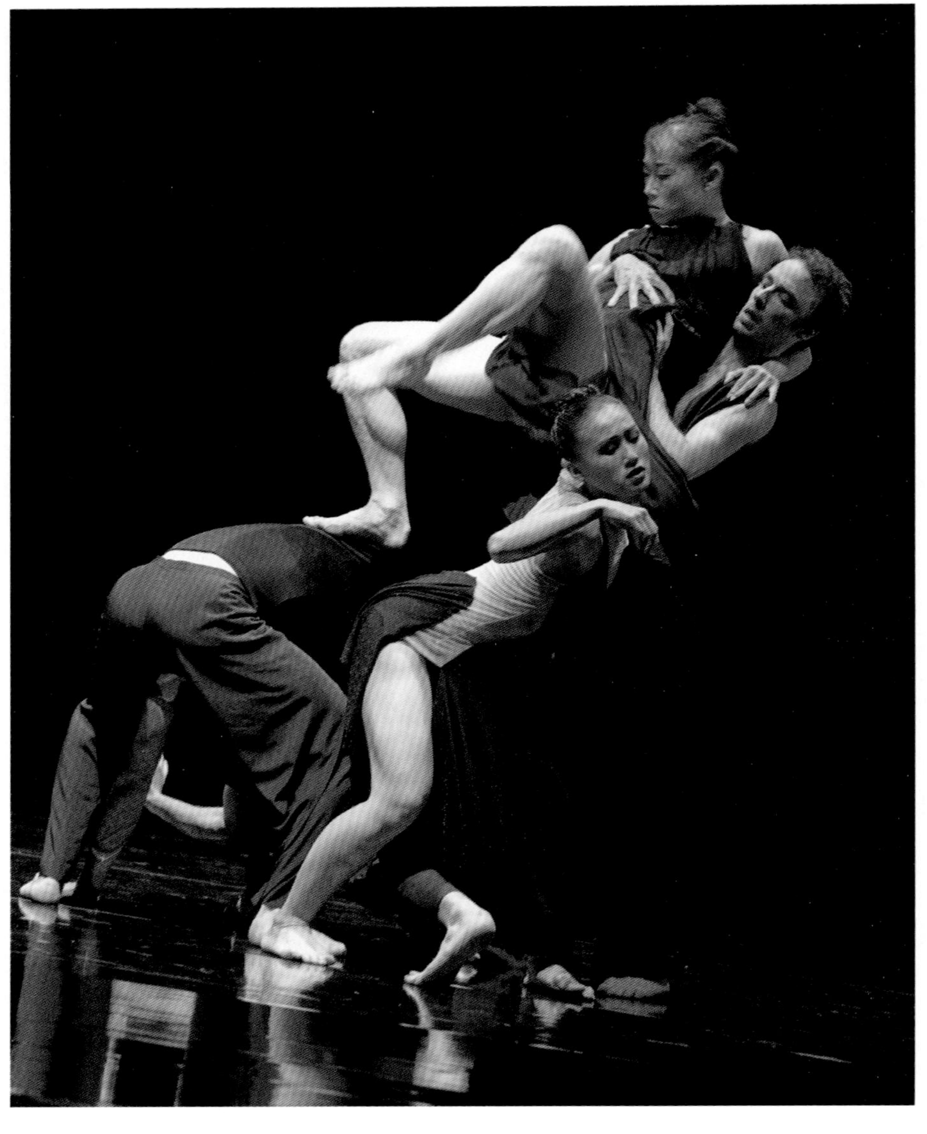

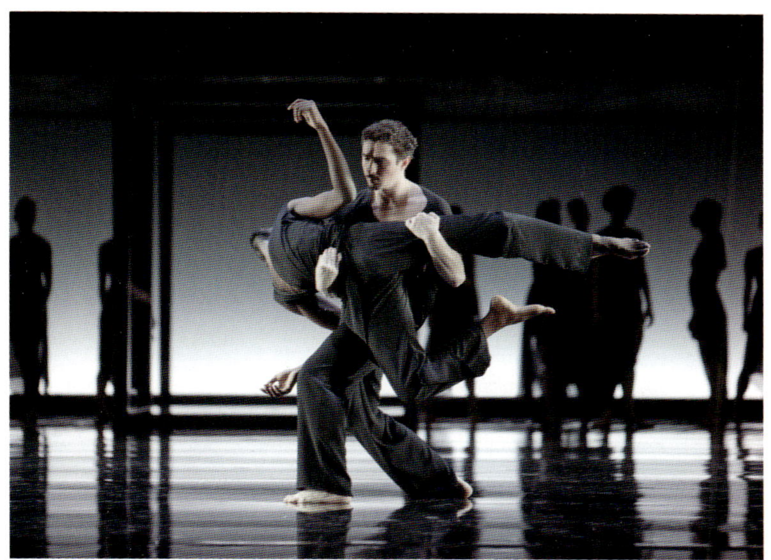

8

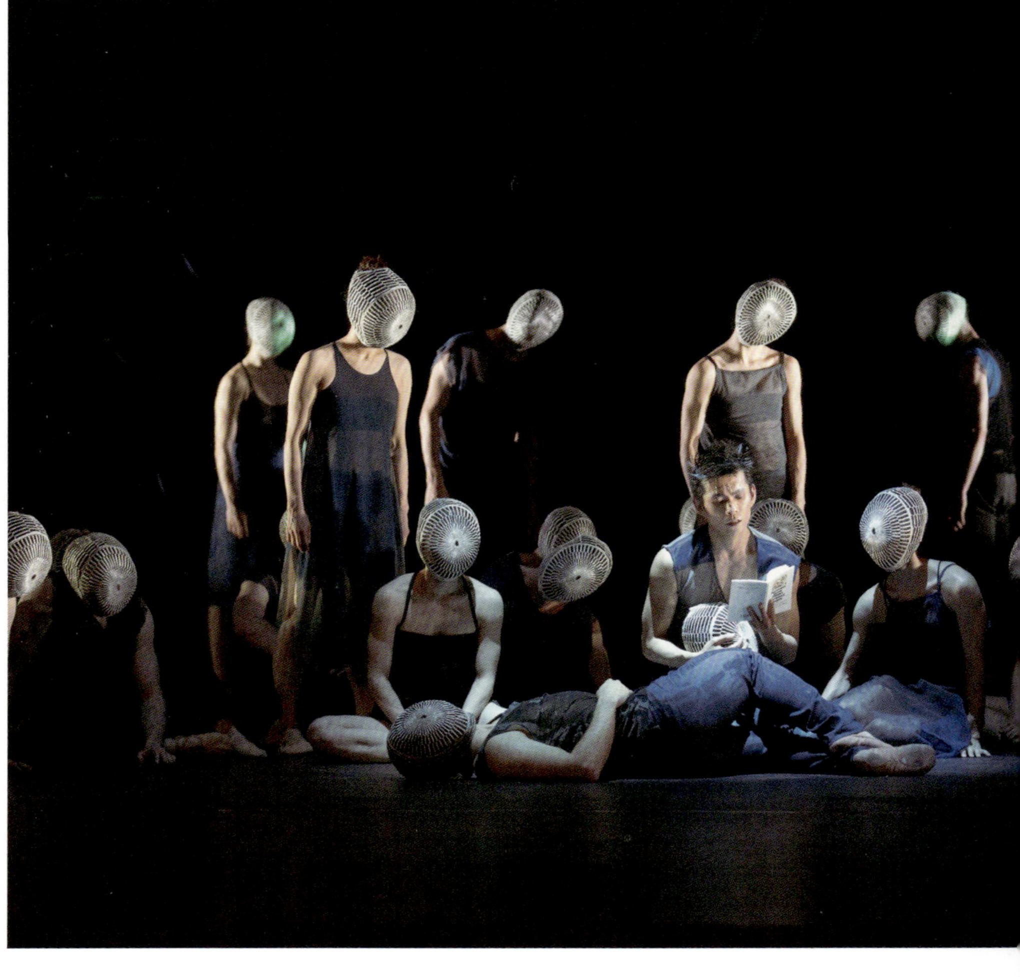

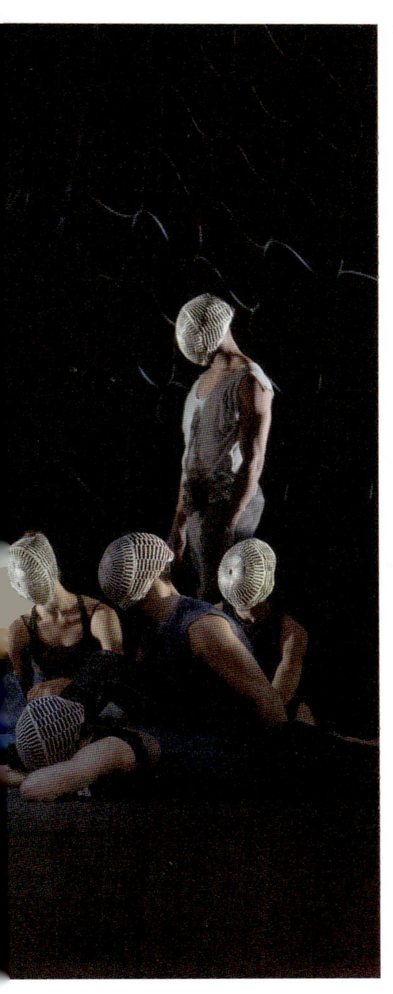

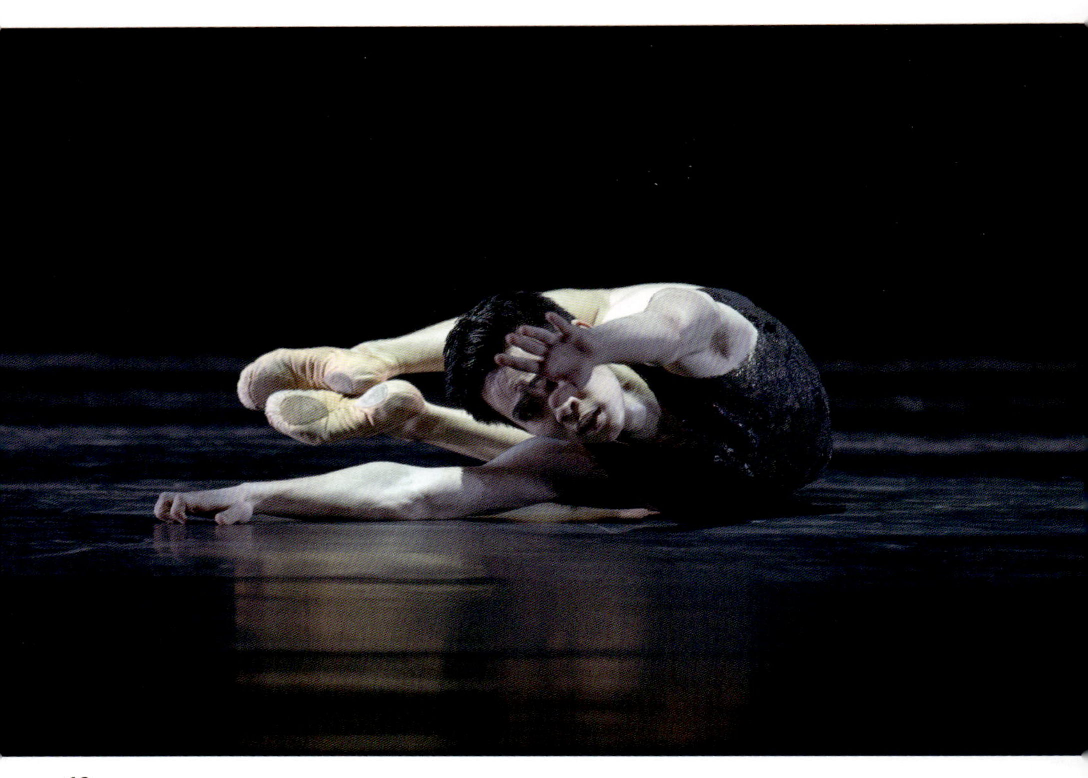

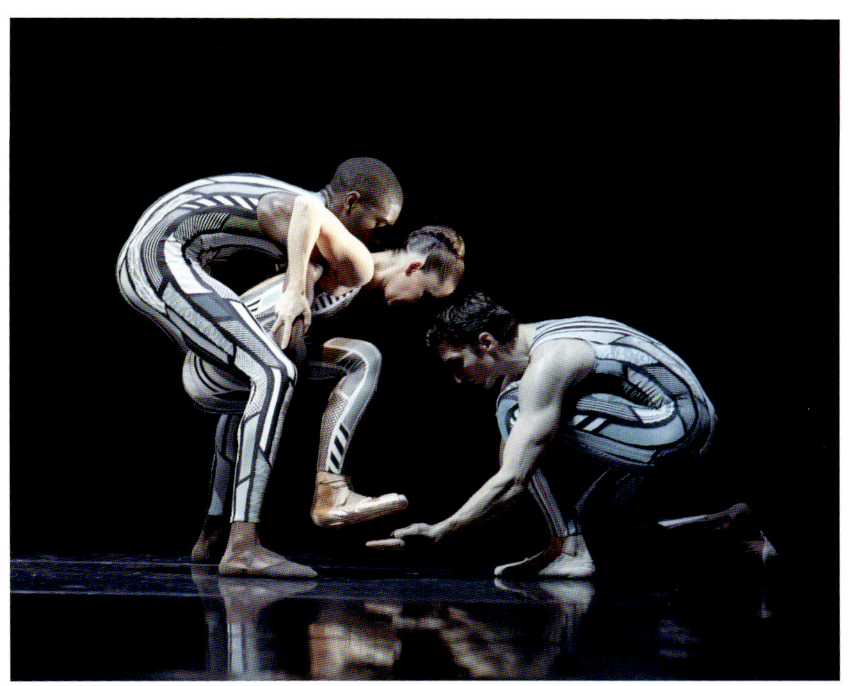

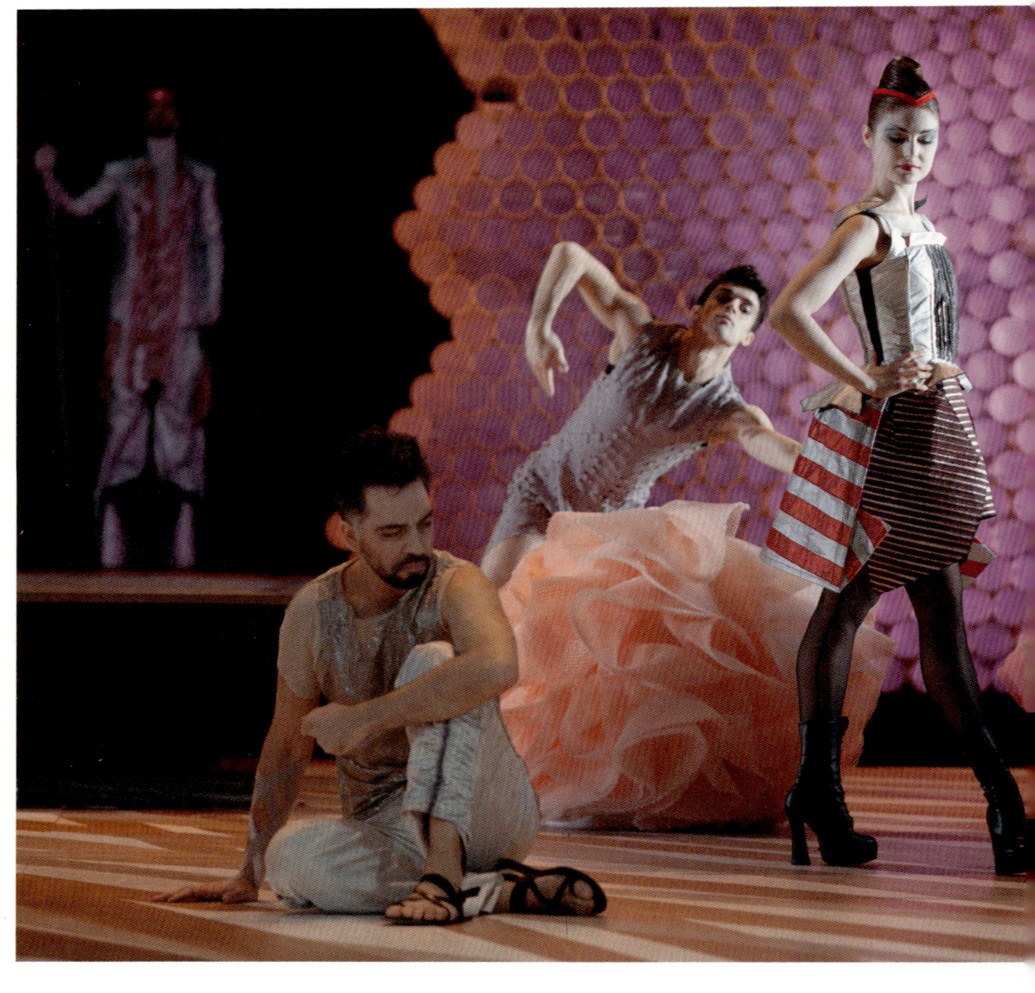

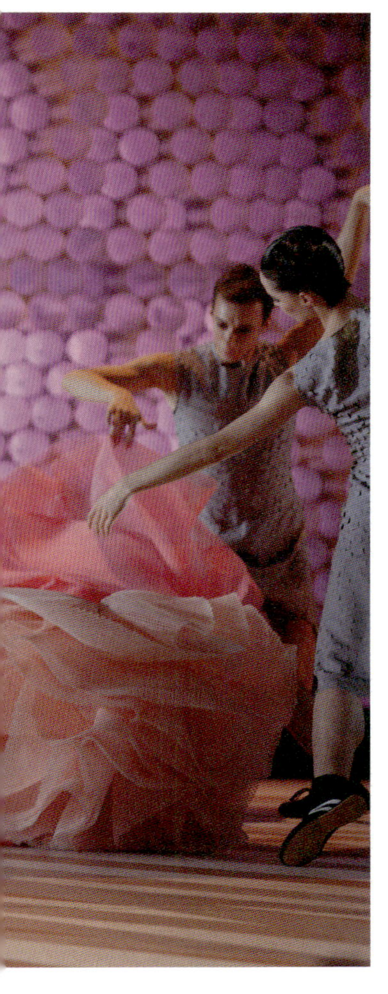

12

1
Schlussapplaus nach dem Ballett am Rhein-Gastspiel im Royal Opera House Muscat, Oman 2014

2
Dienstagsgespräch im tanzhaus nrw mit Paula Rosolen, Martin Schläpfer und Constanze Schellow, Düsseldorf 2018

3
Verleihung des Verdienstkreuzes der Bundesrepublik Deutschland durch Frank-Walter Steinmeier im Schloss Bellevue, Berlin 2018

4
Ensembleszene aus »Konzert für Orchester«, Duisburg 2016

5
Ensembleszene aus »Roses of Shadow«, Düsseldorf 2017

6
Ensembleszene aus »Neither«, Düsseldorf 2010

7
Bruno Narnhammer, Wun Sze Chan, Yuko Kato und Boris Randzio in »Ein Deutsches Requiem«, Düsseldorf 2011

8
Marquet K. Lee, Martin Chaix und Ensemble in »Ein Deutsches Requiem«, Duisburg 2012

9
Sonny Locsin und Ensemble in »DEEP FIELD«, Düsseldorf 2014

10
Marcus Pei in »Obelisco«, Düsseldorf 2017

11
Marquet K. Lee, Julie Thirault und Andriy Boyetskyy in »Lontano«, Düsseldorf 2012

12
Günes Gürle, Feline van Dijken und Ensemble in »Castor et Pollux«, Düsseldorf 2012

ausgebildet. Bleiben Sie dabei, politische Inhalte auf die Bühne zu bringen, oder reizt Sie für die Zukunft mehr das Erzählballett – gerade mit Blick auf Ihre neue Aufgabe in Wien? —— Es geht nicht nur darum, was Martin Schläpfer persönlich beschäftigt, sondern auch darum, was die Menschen und uns als Gesellschaft bewegt, damit ein Stück überhaupt ein Publikum erreichen kann. Ich beobachte an mir, dass ich wieder vorsichtiger geworden bin mit Meinungsäußerungen. Mit der Radikalität und Intensität der Problematiken arbeite ich eher daran, weicher zu sein als auch noch auf die wunden Stellen zu drücken, weil ich gar keine Antworten habe. Ich möchte die Menschen dazu bringen, sich auch zu verändern – zumindest für den Moment. Ich glaube natürlich nicht daran, dass Kunst die Welt verändern kann wie früher ein Buch es konnte. Aber sie kann im Kleinen durchaus ein Individuum anders durchs Leben gehen lassen. Ich frage mich natürlich gelegentlich, ob es relevant ist, was ich tue. Ist es noch relevant, ein Ballett zu machen? Aber ich glaube schon, dass es im Kleinen wichtig ist, weil es für Menschen ist, und ich versuche damit in Kommunikation zu treten. —— Ich spüre auch, dass ich milder werde. Vielleicht hat es mit dem Alter zu tun. Vielleicht aber auch damit, dass ich sehe – weil ich mich so viel informiere –, wie heutzutage jeder seine Meinung kundtut und denkt, dass sie maßgebend sei. Das macht mich eher stiller. Insofern ist Ihr Gefühl richtig, was die »Ulenspiegeltänze« betrifft. Obwohl es politische Aspekte hat, ist es eine schelmische und subtile Spielerei. Diese Spielerei hat damit zu tun, dass ich glaube, dass Humor und Leichtigkeit wichtig sind. Nur mit dem Schweren kommen wir nicht gut durchs Leben. Nur schuldig zu sein, macht mürbe. Wenn der Mensch mürbe wird, tut er auch nichts mehr für den Planeten.

Wie viel Politik verträgt der Tanz, bevor die Freude an Schönheit und Ästhetik gestört wird? —— Ich halte es für ungeheuer wichtig, dass der Choreograf sich während seines Tuns selbst hinterfragt. Er muss sich prüfen, ob es nur um seine

Wut und seine Sicht geht – also darum, seinen Kopf zu leeren –, oder ob sein Thema wirklich durchdacht und gesellschaftlich relevant ist. Bühnenkunst darf keine Sackgasse sein. Es gibt immer auch noch die Schönheit. Es gibt auch im schlimmsten Krieg Liebe. Wenn man das realisiert, ist es fast arrogant, immer nur auf den Amboss zu hauen. Ich glaube nicht, dass das Leben früher besser war. Aber jetzt sind wir dabei, unsere Lebensgrundlagen zu zerstören. Und das Schlimmste daran ist, wenn wir das zulassen, wird es keinen Gott geben, der uns rettet. Viele Leute rennen wieder in den Radikalismus hinein, weil sie Halt brauchen. Sie schauen zu einem Despoten auf. Jede Ethik und Wertigkeit gehen verloren. Ob einer lügt oder nicht lügt, ist völlig egal. Hauptsache, einer behauptet, dass er etwas tut. Die Qualität des Tuns, also der Inhalt, spielt aber kaum eine Rolle. Es ist wahnsinnig interessant, dass alle Parteien behaupten, es ginge um Inhalte. In Wahrheit fahren die Leute ab auf Personen. Und die sind auch wichtig. Aber wir brauchen charismatische Persönlichkeiten, die Werte binden, und keine, die narzisstisch gestört sind.

Die Kunstform des klassischen Balletts diente mit ihrer Anmut ursprünglich dem Amüsement des Hofes. Von daher ist sie lange eine Art politikfreier Bühnenraum gewesen. Ist der akademische Tanz nicht eigentlich ungeeignet für politische Aussagen – zumal ihm die Präzision und die Deutlichkeit des Wortes fehlen? —— Ja, das ist etwas, was ich immer versuche herauszufinden. Kann die akademische Tanztechnik politische Inhalte ausdrücken oder bleibt es apollinisch-fliehend, poetisch-leicht? Daran forsche ich permanent. —— Ich glaube daran, dass sie es kann, aber eben immer mit einer gewissen Schönheit. Natürlich ist es für rohe Contemporary-Technik auf den ersten Blick viel einfacher, Archaik, Brutalität und Themen des Alltags auf der Bühne zu zeigen. Aber für mich ist eine gewisse Spiritualität wichtig – oder vielmehr die Sehnsucht nach dem Göttlichen im Menschen. Nicht nach Gott. In

Brahms' »Requiem« bin ich ja auch unten beim Menschen geblieben. Am Schluss hängen diese Seile, nach denen viele Tänzer greifen. Dieses Bild kann ausdrücken, dass sie mit etwas Höherem verbunden sind. Es gibt auch Seile, die einfach leer schwanken. Eine Frau robbt heraus – sie will mit alledem nichts zu tun haben. Was heißt, dass man tolerant sein soll. Ob nun jemand atheistisch, buddhistisch, christlich oder jüdisch ist, spielt keine Rolle. Man muss versuchen, einander zuzulassen. Religion ist in meinen Augen verantwortlich für die schlimmsten Konflikte auf der Erde. Sie wird vereinnahmt und missbraucht. Eigentlich ist sie das Gift schlechthin.

Sie äußerten im Jahr 2006 vor der Uraufführung von »Tanzsuite«, Sie seien sich »schmerzlich bewusst, dass die Klassik in dieser Form nicht mehr Ausdruck dieser Zeit« sei. Gilt das heute noch? —— Ja, das gilt noch. In dem Sinne, dass eine großartig getanzte »Giselle« – ein dramaturgisch fantastisch angelegtes Stück – durchaus die Menschen bewegen und erhöhen kann. Aber die Romantik mit ihrem Frauenbild und ihren gesellschaftlichen Hierarchien, mit der Demut gegenüber der Hoheit, das kann – kritiklos – für ein heutiges Stück nicht gelten. Klassik bedeutet für mich, dass etwas von ewigem Wert ist. Insofern ist im Tanz für mich ein Jiří Kylián ein Klassiker oder ein William Forsythe. Damit meine ich nicht, dass sie altmodisch geworden wären, sondern dass ihr Werk von einer solchen Substanz ist, dass es Jahrhunderte überlebt.

Wie verhält es sich denn mit dem Tanztheater einer Pina Bausch oder eines Johann Kresnik? Es hat die breiteren darstellerischen Möglichkeiten und insofern scheint es auf den ersten Blick geeigneter für politische Statements. Oder läuft diese Kunstform zu schnell Gefahr, plakativ zu werden? —— Ich kenne das Werk von Kresnik zu wenig. Das gilt eigentlich auch für Bausch. Es sind genial zusammengestellte Bilder – sie hat ja fast nie ein Musikstück durchgängig interpretiert, sondern spielt mit Collagen und Stimmungswechseln. Die Menschen erkennen sich in ihren Stücken mit ihrem eigenen Leben wieder. Aber abgesehen davon kann ich den Frauen mit den langen Kleidern und den langen Haaren nicht viel abgewinnen – es ist auch ein spezielles Frauenbild. Ich sage das als Ballettmacher, weil es mich irgendwann langweilt. Die Stücke selbst nicht. Ich mag aber auch einfach Ballerinen mit hochgesteckter Frisur auf Spitze. —— Ich habe wegen Pina Bausch nie »Le Sacre du Printemps« choreografiert. Dabei habe ich ihre Choreografie nie live gesehen, nur im Fernsehen. Nicht weil ich Angst habe zu versagen, sondern weil ich dann eine ganz andere Ebene finden müsste. —— Ich bin nur ein Ballettmacher, ein stolzer Ballettmacher, aber ich nehme schon wahr, dass ein großer Teil der deutschen Bevölkerung sich dem Ausdruckstanz und dem Tanztheater viel näher fühlt. Ich würde die beiden Disziplinen niemals gegeneinander ausspielen wollen, es ist nur eine interessante Beobachtung. Die Ursache mag darin liegen, dass wir nicht in Frankreich, Dänemark oder England leben, wo die Ballettkunst eine viel längere Tradition hat, angebunden an die Königshäuser und von ihnen gefördert und geliebt. Das Tanztheater um Pina Bausch, Johann Kresnik, auch Susanne Linke und Reinhild Hoffmann ist ein typisch deutsches Phänomen. Dazu haben die Menschen natürlich einen Bezug und sind stolz darauf. Das Ballett hat es schwerer. Damit will ich nicht sagen, dass die großen klassischen Companies in Deutschland keinen Erfolg hätten. Aber letztlich fehlen doch die innere Verbindung und die Rückkoppelung in die bürgerliche Bevölkerung. —— Es ist unbestritten, dass Pina Bausch ein ganzes Spektrum an Künstlern inspiriert und geprägt hat. Es ist beeindruckend, dass ein Stück von Pina Bausch immer sofort ausverkauft ist – und gleich die ganze Serie. Darüber rätsele ich noch und ich meine es ganz neidlos. Dafür muss ich einen »Schwanensee« machen.

Sie ist einfach eine Kultfigur – immer noch. Es ist schon die nächste Generation herangewachsen … —— Ja. Und ihre Stücke können permanent die ganze Welt bereisen. Das ist schon faszinierend. Es hat zweifellos mit der Substanz ihrer Kunst zu tun.

Faktisch ist es der zeitgenössische Tanz, der am häufigsten Politik und auch generell aktuelles Zeitgeschehen auf die Bühne bringt. Ist das einer der Gründe, warum klassische Choreografen immer wieder betonen, dass der akademische Bühnentanz heute noch seine Existenzberechtigung hat? —— Er wird nicht aussterben, weil er ein europäisches Kulturphänomen ist. Diese Tanztechnik ist fantastisch. Sie birgt ein großes Repertoire an Wahrheiten und Symbolen. Nichtsdestotrotz liebe ich auch guten Contemporary Dance. Ich glaube, dass viele Leute das Gefühl haben, der zeitgenössische Tanz sei politischer und näher an der Gesellschaft, weil die Tänzer darin viel mehr sie selber sein können. Er ist in der Regel ein Amalgam der Techniken von Tai-Chi über Yoga bis Akrobatik und Ballett – und er ist auch performativ geworden. —— Die zeitgenössischen Tänzer müssen nicht wie in der Klassik diesen Akt erbringen, sich fast selbst zu überschreiten. Es geht nicht um Turnouts oder die perfekte Pirouette. Die jungen Menschen sehen, dass der zeitgenössische Tanz direkter mit ihnen zu tun hat. Insofern suggeriert er – ohne inhaltlich immer überzeugend zu sein – mehr Coolness, mehr Sex, mehr ›attitudes‹, also heutige Umgangsformen. Und das rockt natürlich eher, schon weil es tanztechnisch leichter machbar ist und auch viel mit Effekten gearbeitet wird. Ballett hat ja auch immer mit Erhöhung zu tun, dieser poetischen Sehnsucht nach Verbindung mit etwas Göttlichem. Es ist eben näher an einem Gedicht als an der Prosa.

Fünf

Musik, Sprache, Bilder: Von der Idee über die Methodik zum Tanzstück

»Ein Stück ist erst ein Stück, wenn es eine Psyche hat«

Große Kunst entsteht meist aus Leidenschaft oder Leidensdruck. Und aus dem Willen zur Perfektion. Martin Schläpfers Tänzer stöhnen jenseits des Ballettsaals gerne über seine fordernde und unermüdliche Energie. Marcos Menha erzählte einmal von Proben zum Opus »verwundert seyn – zu sehn«. Nassgeschwitzt sei er gewesen, von Kopf bis Fuß. Doch Schläpfer habe weitermachen wollen. »Da habe ich vorgeschlagen, dass ich in der nächsten Szene nur in einer Ecke sitze und über das Leben nachdenke«, schmunzelte er. Der Choreograf habe genickt und gesagt: »Ja, das versuchen wir.« Schläpfer hatte verstanden. Denn ein Einpeitscher ist er nicht. Nur ein Kunstbesessener.

Wir sprechen darüber – trotz später Stunde und Schläpfers arger Erkältung –, wie seine Ballette entstehen zwischen Perfektionismus und Humanität. Der Zeitpunkt ist gut gewählt: Der scheidende Chefchoreograf »baut« gerade seine letzte Premiere am Rhein: »Cellokonzert«.

Es gibt viele Wege zu einer neuen Kreation: eine Muse, eine Musik, vielleicht ein persönliches Erlebnis, eine gesellschaftliche Entwicklung oder ein kulturelles Sujet. Manche Choreografen lassen eine Idee über Jahre reifen, andere arbeiten aus einer plötzlichen Inspiration heraus. Sie haben in fünfundzwanzig Schaffensjahren dreiundsiebzig Ballette kreiert – ein beachtliches Werk. Welche Anfänge nehmen Ihre Stücke? —— Ich bin kein Tanzschöpfer, der von sich aus Stücke machen möchte. Das hat damit zu tun, dass das Choreografieren nie mein Berufswunsch war. Ich bin da hineingewachsen. Als ich Ballettdirektor in Bern war mit einem sehr kleinen Budget, musste ich choreografieren. Nein, ich laufe nicht mit einer Idee herum, die ich gerne verwirklichen möchte, sondern brauche gewisse Pfeiler. —— Da ist zunächst einmal ein Ensemble mit seinen Interpretinnen und Interpreten, die mich inspirieren. Oder es ist eine Musik. Wobei diese sich meistens aus meiner Zusammenstellung eines Tanzabends heraus ergibt. Bei den gemischten Programmen werden erst die Gastchoreografen mit ihren Werken geplant und dann entscheide ich mich für etwas als Gegenpol – tanztechnisch oder musikdramaturgisch. Wenn die Gäste beispielsweise nur die Streicher beschäftigen, wähle ich eine Komposition, die den ganzen Orchesterkörper integriert. In Düsseldorf-Duisburg darf ich mit zwei sehr guten Orchestern arbeiten, den Düsseldorfer Symphonikern und den Duisburger Philharmonikern, und ich möchte, dass sie inspiriert sind, auch für den Tanz zu spielen. In der Regel gebe ich den Visionen kreierender Gastchoreografen völlige Freiheit. Meine – schon bestehenden – Stücke wähle ich dramaturgisch aus. Es kann auch sein, dass ich danach schaue, welche Arbeit der Company, dem Publikum oder den Medien gut tut. Oder was dem Abend eine angemessene Internationalität gibt. Manchmal muss es auch Neuland oder ein Risiko sein.

Aber das sind ja ganz und gar pragmatische Erwägungen! —— Ja, das ist häufig so. Natürlich gibt es auch eigene Wünsche wie

Mahlers 7. Sinfonie, das Brahms-Requiem, Bachs »Kunst der Fuge«, Tschaikowskys »Schwanensee«, die Ligeti-Projekte, Morton Feldmans »Neither« oder die Kompositionsaufträge für Adriana Hölszky. Das ist große Musik, die ich ganz klar platziere. Das sind meistens abendfüllende Programme ohne Gäste – oder nur mit einem. —— Aber bei den gemischten Programmen bin ich passiv und reagiere erst einmal auf die Stücke der Gäste. Es kann auch sein, dass ich choreografisch etwas erforsche, zum Beispiel eine Form, wie man mit dem Spitzenschuh anders umgehen könnte. Dann mache ich Stücke in Serie, die das ausloten. Oder ich stelle mir die Aufgabe, wie jetzt für meine letzte Düsseldorfer Arbeit »Cellokonzert«, für alle Tänzer zu schaffen. Ja, in der Regel sind die Anfänge meiner Ballette eher pragmatischer Art, die Inspiration kommt später. —— Und dann sind da noch die Auftragsarbeiten. Natürlich möchte ich mich nicht mit Bach oder Händel vergleichen. Aber aus solchen Aufträgen entstand oft fantastische Musik. So kann es auch im Tanz sein, denn die Freiheit ist ja da! Man kann sich entscheiden, zu einer Sinfonie oder einem Kammerkonzert zu choreografieren – wobei ich immer zur Kammermusik tendieren würde. Kleine Tänzerbesetzungen sind mir lieber, weil sie einfacher zu handhaben sind. Ich kann im Saal psychologisch viel leichter arbeiten und muss nicht auf alle eingehen. Es ist nicht so ein Gezerre. —— Als Ballettdirektor ist es natürlich meine Aufgabe, große Ensemblestücke zu kreieren, damit die gesamte Company das Gefühl hat, gebraucht zu werden. Aber sobald man als Künstler eine Aufgabe bekommt, entsteht eine Freiheit. Innerhalb dieses Geheges ist die Welt offen. Da muss es ja nicht immer die Musik sein, die einen umhaut. Die »Reformationssymphonie« von Mendelssohn Bartholdy war für mich schlicht eine Arbeit. Ich habe sie mir mehrmals angehört und finde sie teilweise berührend, aber doch manchmal auch mittelmäßig. Es ist eben ein Anfangswerk von ihm – was nicht bedeutet, dass man nicht ein gutes Tanzstück daraus machen könnte. Im künstlerischen Prozess dann, im Recherchieren, im Austausch und im Alleinsein mit der Musik kommt dann schon das Wollen. Es ist nicht nur trocken. Manchmal ist etwas, das sperrig ist, aber das Orchester integriert oder den Abend in seiner Grundfarbe aufhellt oder verdunkelt, insofern gut, als es andere Ebenen im Ich mobilisiert. —— In diesem Theaterbetrieb, der einem fünf Wochen Zeit gibt für die Vorbereitung einer Premiere, kann man es sich nicht leisten, auf eine Inspiration zu warten – oder darauf, dass man nicht müde ist. Es ist einfach eine Arbeit, etwas, was man eben tut. Man kennt diese künstlerische Pflicht so auch von den Schriftstellern. Thomas Mann hat beispielsweise immer morgens geschrieben. Selbst das Brahms-Requiem, mit dem ich seit meiner Jugend Hand in Hand gegangen bin, war letztlich doch eine pragmatische Entscheidung. Es war im Frühsommer – die Premiere sollte am 1. Juli 2011 sein –, und ich fragte mich, wie ich bloß das Haus vollkriege. Damals machte ich noch keine Handlungsballette. Dabei dachte ich jetzt nicht im billigen Sinne an ein Event, sondern an ein deutsches Kulturgut. So kam ich auf »Ein Deutsches Requiem«. Mir ist es immer wichtig, erst einmal angstfrei gut musikalisch und dramaturgisch zu programmieren, bevor ich mir Gedanken um die Umsetzung mache.

Musik spielt bei Ihnen eine zentrale Rolle, Sie sind ein Entdecker von Musik für den Bühnentanz. Ihre Auswahl ist extrem vielseitig, sie reicht von der Alten bis zur Neuen und zeitgenössischen Musik, von Pop über Volksmusik bis zur Klangcollage mit Kuhglocken. Und es geht längst nicht nur um Wohlklang, sondern durchaus um das Experimentelle und um tiefere Bedeutungsebenen. Welche Funktionen kann eine Komposition in Ihrem Werk haben? —— Zunächst ist mir Musik als Mensch, aber auch als Künstler, eine Lehrmeisterin. Die zeitgenössische Musik, nehmen wir Lutosławski und das »Streichquartett« mit der Aleatorik, haben mich gelehrt, mit Musikalität anders umzugehen. Es war ein langsamer Prozess. —— Der Tanz war ja immer ein bisschen hinterher. Das Dekonstruieren, die Reduktion und das Zertrümmern von Strukturen, was William Forsythe im Ballett betrieben hat, gab es in der Musik und in der Malerei schon viel früher. György Ligeti legte nur noch Klangteppiche übereinander, nicht mehr rhythmische Strukturen. —— Ich habe gelernt, dass Musikalität im Tanz nur zu einem kleinen Teil Puls-Beantwortung ist. Auch eine primär emotionale Herangehensweise kann auf der Bühne musikalisch wirken. Wir können im Tanz durchaus einen Bruch mit der Melodie oder dem Rhythmus herbeiführen. Musikalität bedeutet aber genauso, die Atmosphäre der Musik zu treffen. Man kann immer changieren: Mal will man brechen, mal will man malen wie die Melodie, mal will man in die Nähe der Atmosphäre kommen. Es kann neben der Musik sein, über oder unter ihr. Der Tanz muss gar nicht immer direkt mit der Partitur zu tun haben. Das alles kann auf der Bühne musikalisch sein. Das klingt jetzt alles so einfach, aber für mich war es ein jahrelanger Prozess, weil ich Autodidakt bin. Man kann all das, was ich versuche zu sagen, auch in anderen Künsten studieren: in der Filmkunst, in der Literatur, in der gestaltenden Kunst oder der Malerei. —— Die Musik ist für mich schon ein endloses Bassin an Möglichkeiten, fast wie das Unbewusste im Menschen. Natürlich ist der neoklassische Versuch, mit dem Körper Musik im Raum darzustellen, sehr lobenswert und Balanchine in seinen besten Balletten grandios gelungen. Aber wenn wir ganz ehrlich sind, müssen wir neunzig Prozent der Partitur fallen lassen. Wir können nicht jede Note und all diese unglaublichen Verläufe – wenn ich allein an Bachs polyphone Formen denke – im Tanz beantworten. —— Beim Ballett und beim Theater – ein Ballett ist ja letztlich auch ein Theaterstück – kommt es heute gar nicht mehr nur darauf an, dass man das tut. Es kann aufregend sein, auf der Musik zu reiten, ihre Komplexität im Körper und im Menschen visuell darzustellen. Doch es geht ja nicht darum, sich mit der Musik zu verbrüdern. Es geht nur darum, mit einer Musik mal eine Einheit zu bilden, dann aber auch wieder von ihr wegzugehen und irgendwie auf der Bühne eine andere Ebene zu finden als im Orchestergraben. Diese beiden Ebenen müssen in Kommunikation sein – wie elektrische Schläge. Aber auch nicht immer. So nähert sich die akustische Ebene der visuellen. Wie beim Pingpong. Einmal ist die eine dominant, mal die andere. Einmal sind sie zusammen und einmal sind sie weit voneinander entfernt. Es geht um Klangwelten, um Cluster und um eine große Offenheit in der Notation. Und plötzlich kann die zeitgenössische Musik mehr als nur Musik sein! —— Was heißt das? Es heißt, sie ist wie unser Leben heute. Auch wir können keine Regeln anwenden, um unsere Probleme zu lösen. —— Ich glaube, früher im Biedermeier oder in Preußen war es klar, wie man zu leben hatte. Man kannte seine Pflichten, wusste, was richtig und was falsch war. Aber heute ist alles offen. Ich kann mir vorstellen, dass Sie als Mutter täglich entscheiden müssen, wie man erzieht. Man muss ständig reagieren, weil die Situationen in der Welt, innen wie außen, permanenten Veränderungen unterworfen sind. Wir werden bombardiert mit Möglichkeiten. Und Tatsachen. Damit kann man auch nicht immer so einfach umgehen. —— Und jetzt sind wir wieder bei der Politik. Denn unsere Sehnsucht ist natürlich, dass alles klar und einfach wäre. Genau deshalb wendet sich die Masse wieder den Despoten zu, daher die Tendenz zum Rechtsruck. Weil wir die Unsicherheit und die Offenheit einfach nicht aushalten. Ich glaube, dass das zumindest eine der Ursachen ist.

Wenn man zu viel Freiheit hat, gibt es keinen Halt mehr ... —— Nein, nein, und man muss sie vor allem einfach aushalten. —— Wenn früher im Ballettsaal ein Handy geklingelt hat, wurde ich wütend. Heute verschwende ich nicht mal die Energie. Auf der anderen Seite musste sich auch der Schläpfer verändern, denn bei uns ist mittlerweile alles digital. Wenn die Tagespläne auf das Handy der Tänzer geschickt werden, ist es natürlich klar, dass alle ihre Geräte angeschaltet haben. Mir gefällt es nicht, aber ich muss es akzeptieren. Oder ich müsste anordnen, dass wir wieder Pläne aus Papier aushängen. Ich fände es schön, aber andererseits kann man eine Veränderung im Tages- oder Probenablauf digital sofort vornehmen und an alle verschicken.

Haben Sie die Liebe zur Musik beim Geigenunterricht als Kind entdeckt? Wie haben Sie sich Ihre fundierten musikalischen Kenntnisse angeeignet? —— Ich hatte eine unglaubliche Freude am Geigenspiel, vor allem bei meinem ersten Lehrer, einem Ungarn. Er ist er dann leider weggezogen. Damals war ich sieben oder acht Jahre alt. Aber meine ersten musisch wirklich prägenden Erfahrungen machte ich bei meinem Primarlehrer Theodor Holzer. Er hat immer viel mit uns gesungen und uns auf das Eiskunstlauffeld mitgenommen. In der Schule konnte ich immer Soli singen und spielend die zweite Stimme. Ohne nachzudenken. Etwas, was heute gar nicht mehr da ist. —— Die Liebe zur Musik – also ich komme aus keinem Elternhaus, das Musik gehört hätte. Es war halt ein politisches, naturverbundenes, gar kein kunstaffines Haus. Gut, man hat das Neujahrskonzert aus Wien eingeschaltet mit der Eurovision. —— Die ersten zwei Schallplatten bekam ich geschenkt, als ich schon Ballettunterricht nahm: Klavierkonzerte von Chopin. Das war es eigentlich. —— Als ich 1977 nach London an die Royal Ballet School ging, hatte ich schon einen kleinen Rekorder. Ich begann, mir viele Kassetten und ab und an auch Schallplatten zu kaufen. Die erste war »Nina Simone – Baltimore«, dann das Brahms-Requiem mit Elisabeth Schwarzkopf. Ansonsten habe ich viel romantische Musik gehört, ich war ja noch in der Pubertät – ich war halt spät! Damals begann die Musik, mir etwas zu bedeuten. Vorher, als junger Mensch, auch in der Schule, war Musik noch kein bewusster Teil meines Lebens.

Hatten Sie keinerlei Interesse an Rock- oder Popmusik? Bands wie Deep Purple, Led Zeppelin, Santana und Pink Floyd haben die Jugend doch damals in Aufruhr versetzt! —— Nein, auch nicht die Beatles, nicht die Bee Gees, nothing. Diese Art von Musik lernte ich erst ein bisschen kennen, als ich Tänzer in Basel wurde. Da habe ich mir viel Musik gekauft. Vor allem Aretha Franklin und Esther Phillips. Ich war sehr auf Soul: Carmen McRae, Rickie Lee Jones, Joan Armatrading. Aber auch Klassik, zum Beispiel Benjamin Brittens »War Requiem«. Alles war neu ...

Chi Coltrane? —— Oh ja, auch. Aber das war damals noch zu intellektuell-jazzig für mich. Ich ging, ganz naiv, bei meiner Musikauswahl auch nach den Covern. Wenn die Musik dann aber ein Reinfall war, habe ich die Platte entsorgt. Es gab viele Hinweise von den Kollegen. So habe ich herausgefunden, was mir gefiel. —— Ich habe als Tänzer, aber erst viel später mit sechsundzwanzig Jahren, ein Jahr lang Klavier gespielt. Ich habe auch gesungen, bei einer Gesangslehrerin in Basel. Der Unterricht, daran erinnere ich mich noch, fand in einer Art Hexenhäuschen statt.

Welche Stimme haben Sie gesungen? —— Die Lehrerin, Ursula Bässler-Ventura, sagte, ich sei ein Tenor. Ich behaupte, ich bin ein Bariton gewesen. Nur konnte ich meinen Bauch nicht loslassen, weil ich so stark trainiert war. Er war zu fest, um so tief zu atmen. Deshalb hatte ich nicht das nötige Volumen. Also hieß es für mich: Ballett oder Singen. Und da ich damals immer nur das machen wollte, worin ich gut werden konnte, gab ich das Singen wieder auf. —— Das Studium der Musik wurde wieder wichtig, bevor ich die Ballettschule in Basel aufmachte. Bei Harriett Cavalli studierte ich sehr seriös Tanzbegleitung für das Unterrichten. Und dann, mit jeder Choreografie, verstand ich mehr, was ein Musikstück ausmacht. Anfangs zählte ich akribisch alles durch – Martinůs 3. Sinfonie oder Bartóks Divertimento in Bern. Heute zähle ich gar nicht mehr. Die Gefahr, dass man nur auf einen Rhythmus reagiert und die verschiedenen Schichten und Welten einer Musik deswegen nicht berücksichtigt, ist zu groß. Erst als Choreograf habe ich mich wirklich tief mit Musik auseinandergesetzt. —— Je länger ich choreografiere, desto weniger Musik höre ich. Heute gibt es für mich nur noch die Musik, zu der ich choreografiere – zuhause schalte ich fast gar keine andere mehr an. Es sei denn, ich suche ein Stück. Ich habe lieber die Stille oder ein Radio-Feature. Im Moment bin ich ganz angetan von diesem verrückten Hörbuch über James Joyce, »Ein Porträt des Künstlers als junger Mann« – wunderbar. —— Ein tieferes Wissen über die Musik kam erst mit dem Choreografieren. Sagen wir, als ich »Kunst der Fuge« 2002 in Mainz gemacht habe. Ich habe so viel recherchiert! Zu Bachs Zeiten war es nur Hausmusik. In den zwanziger Jahren des letzten Jahrhunderts ist diese Musik plötzlich zum Heiligtum erklärt worden. Heute gibt es ganze Bücher über die Reihenfolge der verschiedenen Kontrapunkte, die man zum Kosmos von »Kunst der Fuge« zählt. Damals hatte man ja nur ein paar Fugen nach Lust aneinandergefügt und gespielt. Und sicher nicht alles zwei Stunden lang, wie in Stein gemeißelt, ohne Pause durchgespielt. Bach war gegen Ende seines Lebens nicht mehr populär, weil er als affektiert galt. Dieses Hintergrundwissen hat mir den Mut gegeben, »Kunst der Fuge« umzusetzen. So lernte ich mehr und mehr. Trotzdem habe ich die Musik nie über die Tanzkunst gestellt. —— Deshalb wähle ich gerne sehr gute Kompositionen. Absturzmusik! Etwas, was nichts verlangt. Das Brahms-Requiem oder ein Mahler bedürfen ja nicht des Tanzes.

Was, bitte, ist denn Absturzmusik? —— Ich meine Musik, die so schwierig, so groß, so meisterlich ist, dass das Ballett dagegen abstürzen könnte. Und damit einfach auch gefährlich ist. Es ist immer meine Behauptung gewesen, dass der Tanz ebenbürtig ist. Es geht ja nicht darum, in einen Wettstreit mit der Musik zu treten oder sie zu deuten, sondern darum, eine Theaterebene zu diesem Meisterstück zu finden.

»Bis zur ersten Probe wiegt man ein Ballett im Unterbewusstsein.«

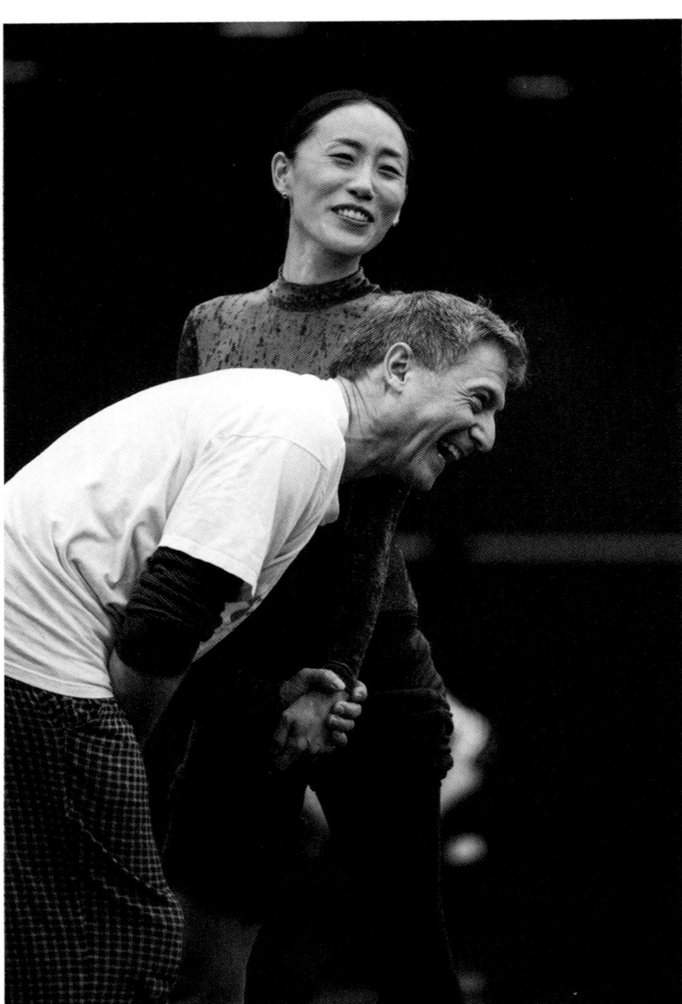

1

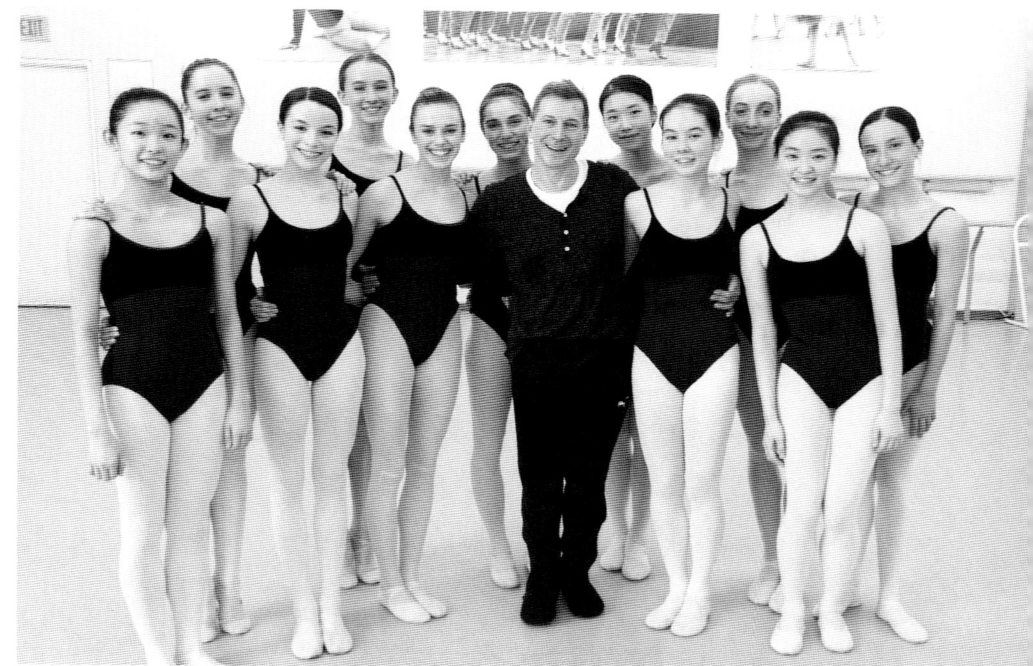

2

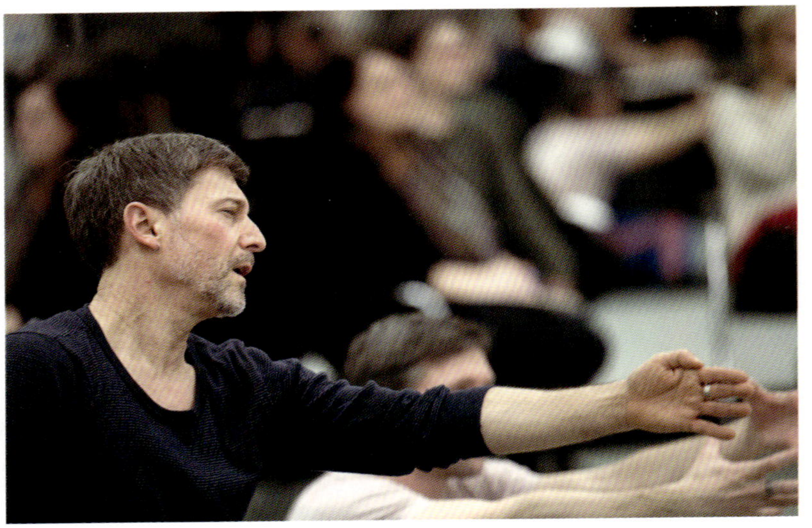

3

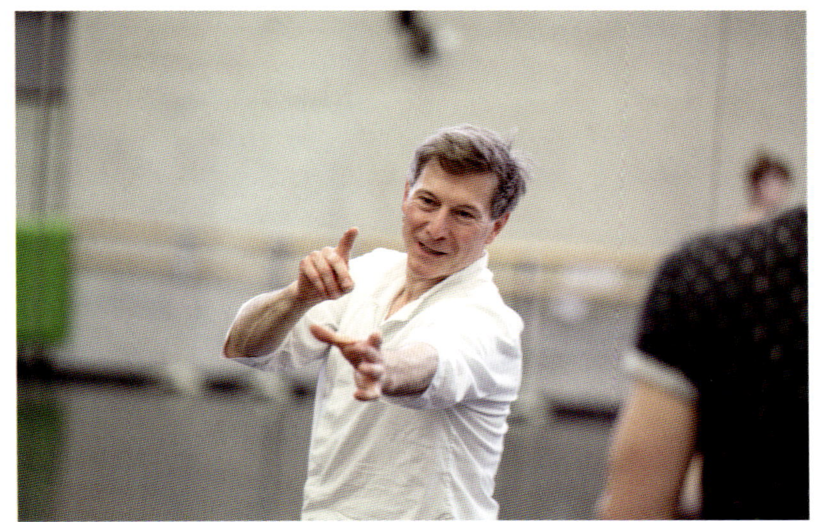

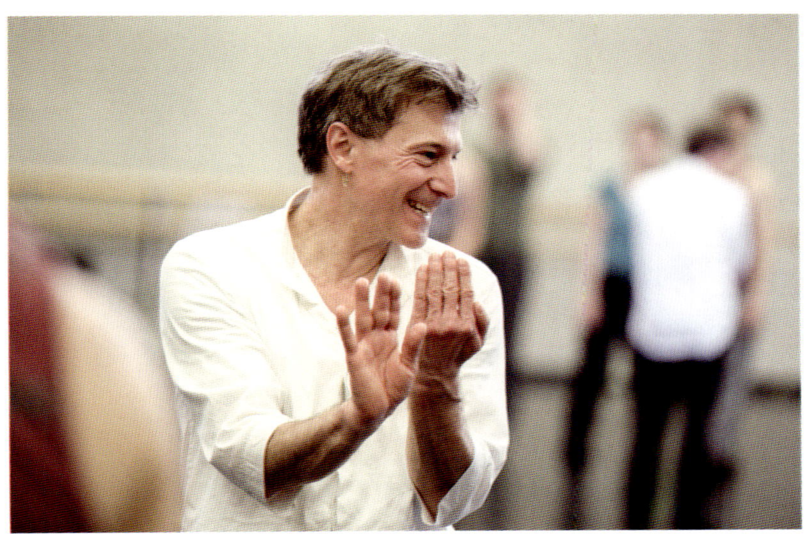

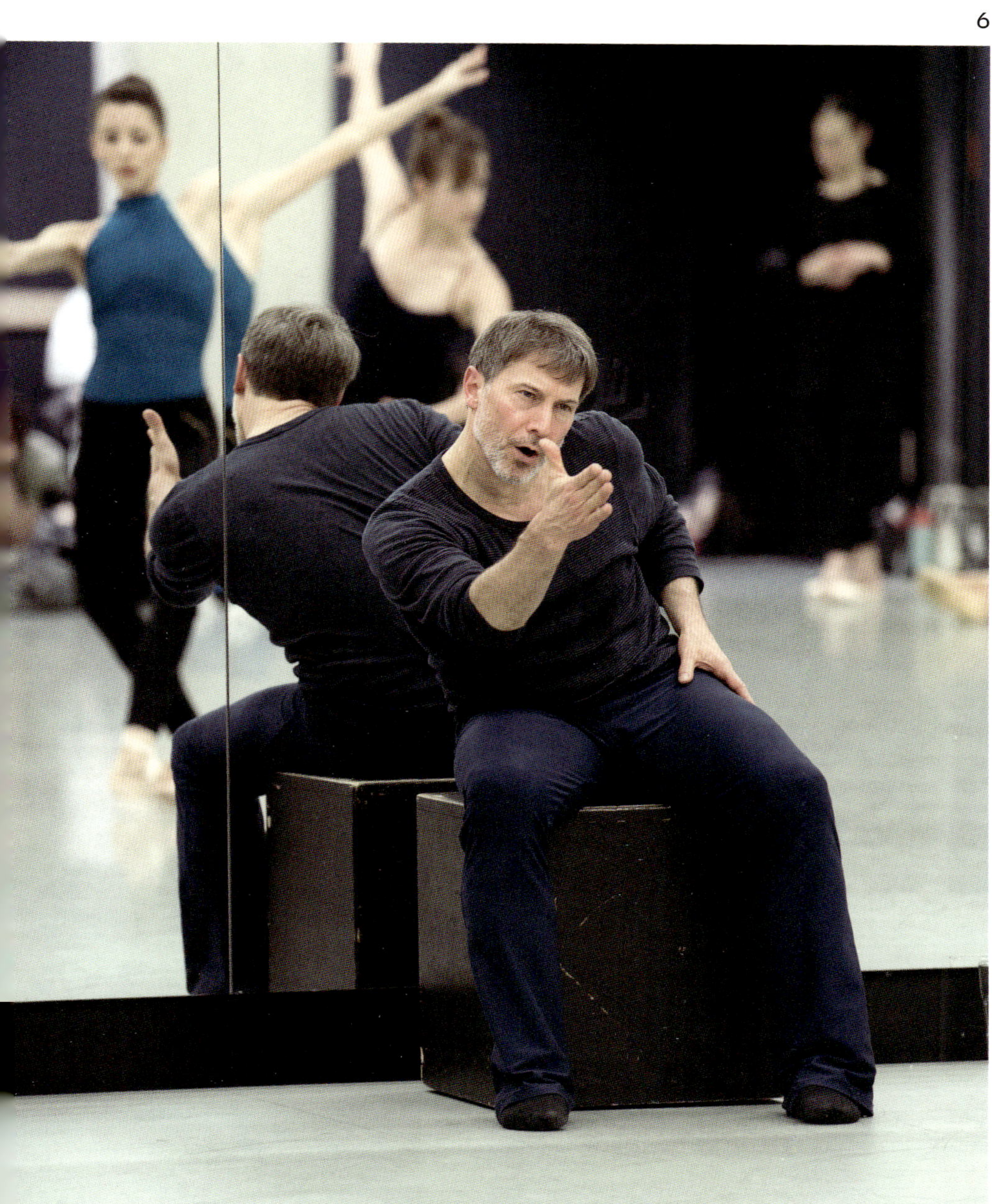

7

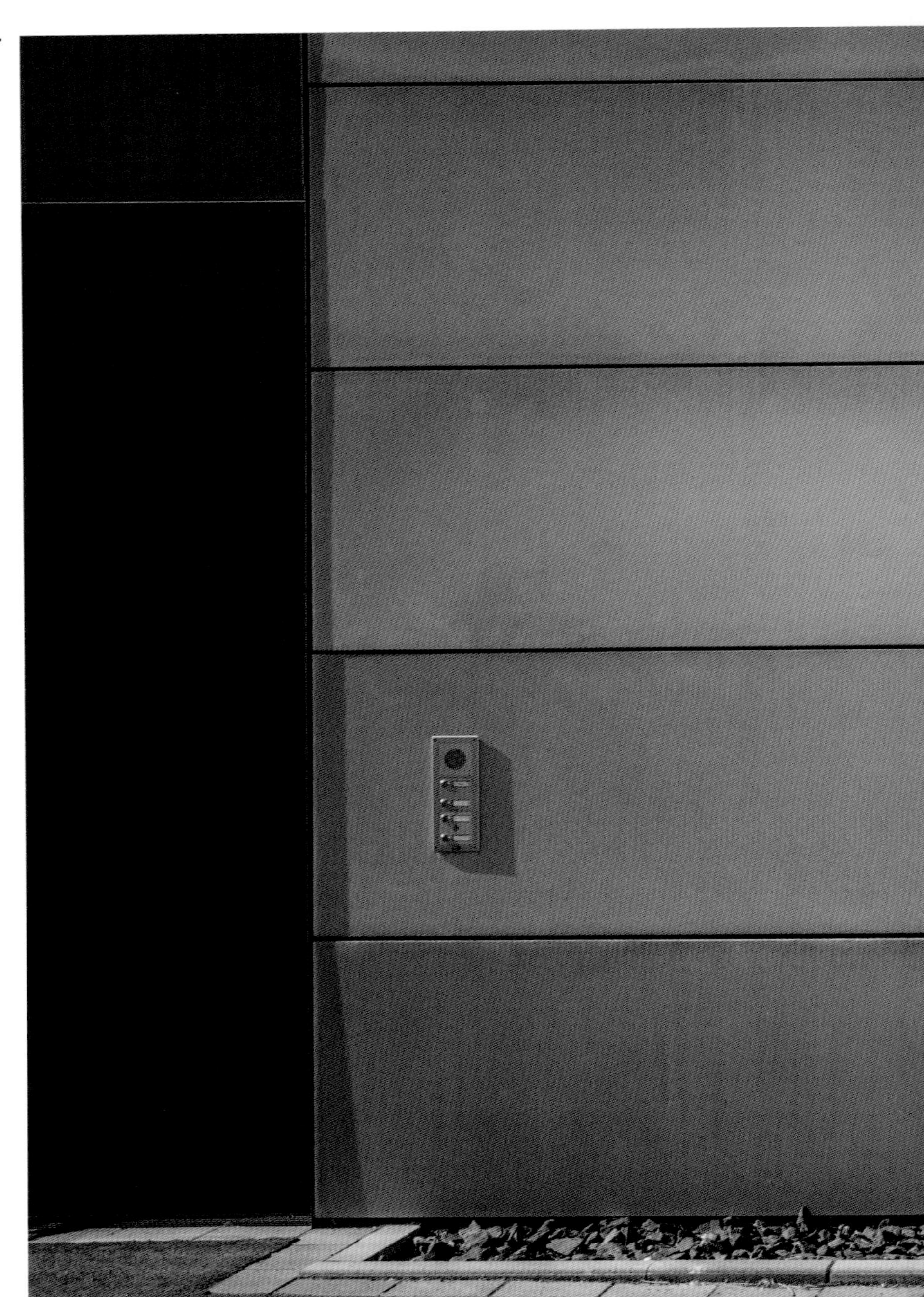

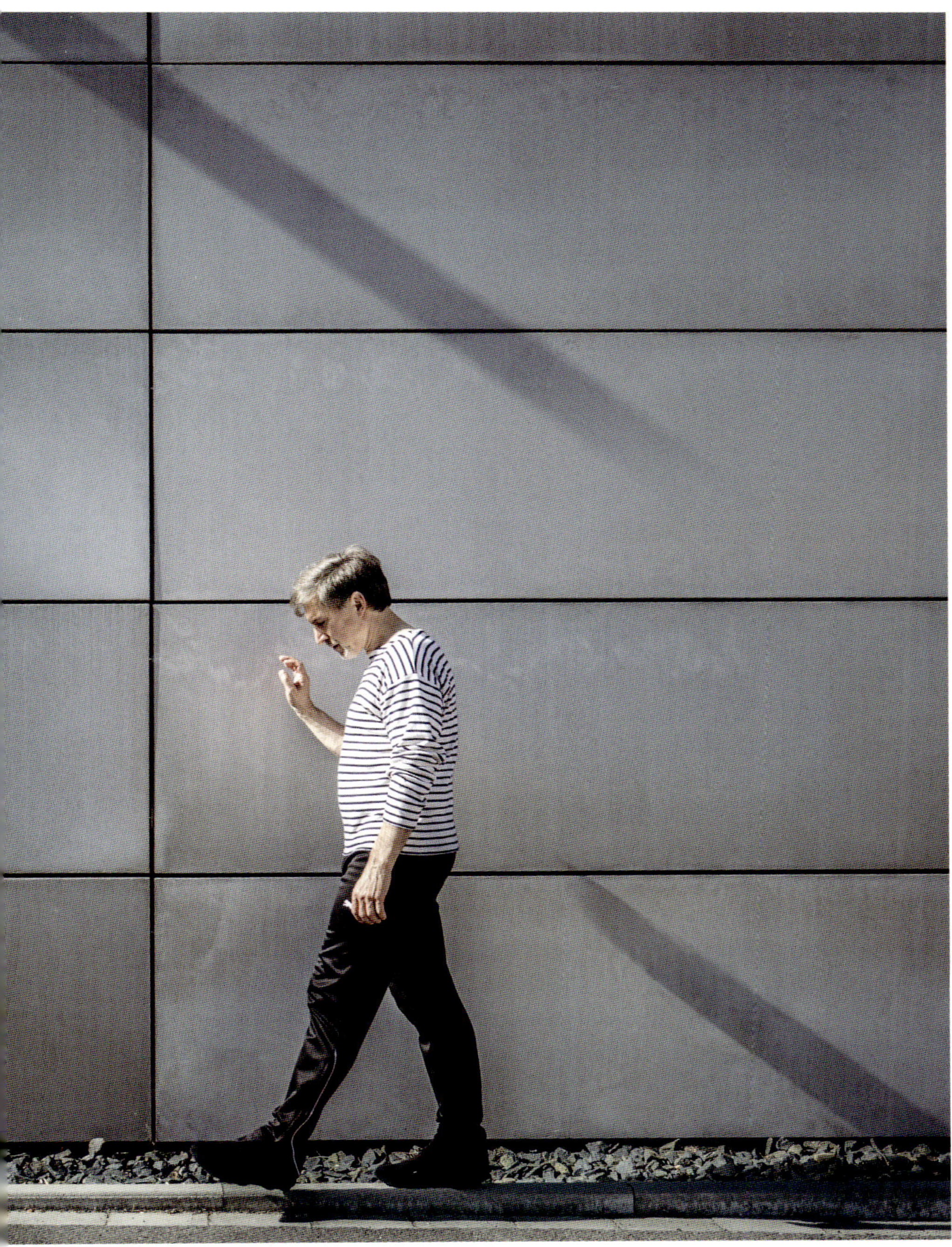

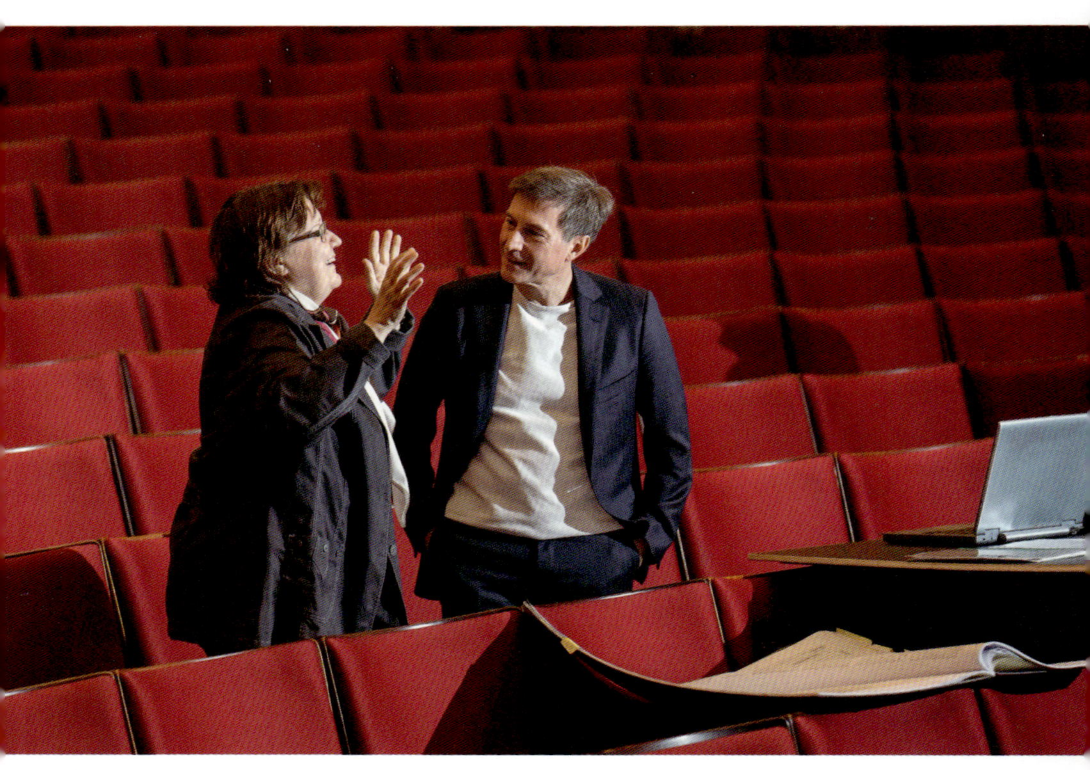

9

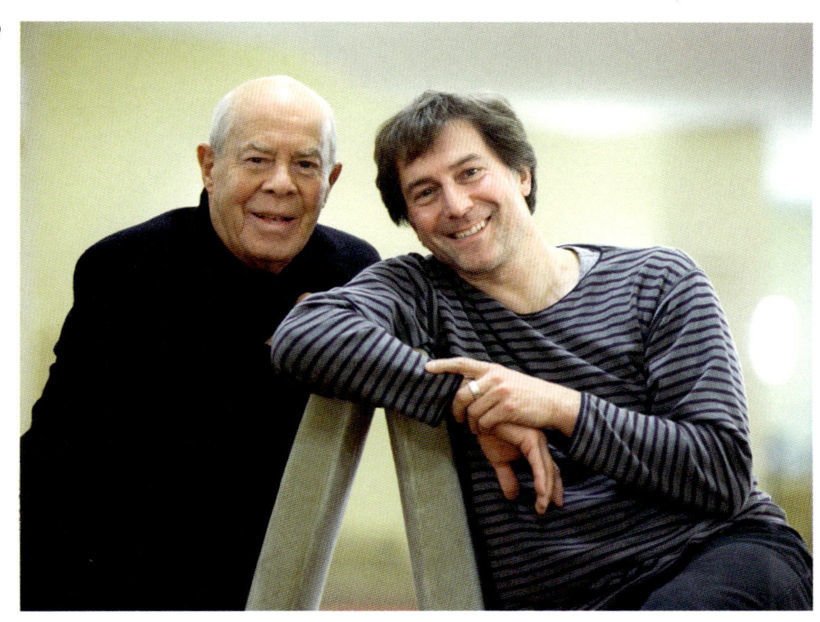

1
Mit So-Yeon Kim während einer Probe zu »Ulenspiegeltänze«, Düsseldorf 2019

2
Mit Schülerinnen von Canada's National Ballet School, Toronto 2017

3
Probe zu »Variationen und Partiten« mit Ballettmeister Callum Hastie, Düsseldorf 2016

4 und 5
Proben zu »Petite Messe solennelle«, Düsseldorf 2017

6
Probe zu »Variationen und Partiten«, Düsseldorf 2016

7
Vor dem Balletthaus, Düsseldorf 2018

8
Mit Adriana Hölszky bei einer Probe zu »DEEP FIELD«, Düsseldorf 2014

9
Mit Hans van Manen, Düsseldorf 2009

Das gilt auch für Themen wie »Schwanensee«. Sobald man den Schlüssel dazu gefunden hat und weiß, warum man es machen möchte, ist es in Ordnung. Es geht ja nicht darum, das Original zu verdrängen. —— Häufig wähle ich auch deshalb große Musik, damit ich rein konzertant schon ein Event schaffe und Publikum binde. —— Bei Rossinis »Petite Messe solennelle« hieß es, dass ich wegen Wagners »Ring« für meine Premiere nur eine kleine Orchesterbesetzung haben könne. Ich wollte eigentlich »Eine Alpensinfonie« von Strauss machen. Da wurde ich wütend und habe ganz bewusst das Orchester ganz rausgehauen. Meine Wut-Entscheidung verlangte nur nach zwei Klavieren, einem Harmonium, einem Chor und vier Sängern. Auch so entstehen Tanzabende ...

Sie vertrauen in den meisten Balletten auf die universelle Sprache des Tanzes und der Musik. Kostüme und Bühnenbilder spielen meistens eine untergeordnete Rolle. Das gesprochene Wort sowie Technik wie Video oder Computeranimation findet man kaum – mal einen Laut, mal einen Filmschnipsel. Warum verwenden Sie diese künstlerischen Mittel so sparsam? —— Weil der Tanz für mich etwas Hochspirituelles ist. Ich möchte versuchen, rein mit den Dingen zu arbeiten, die den Menschen ausmachen: dem Kopf, dem Körper, den Gefühlen, dem Geist, von mir aus der Psyche. Das andere interessiert mich eigentlich gar nicht. Ich empfinde diesen Steinbruch als endlos. Ich suche, ach, das tönt so geschwollen, nach etwas Göttlichem in all dem. Es muss genug sein, mit zwei oder zweiunddreißig Menschen zu arbeiten, denn jeder ist unermesslich in seiner Komplexität, seiner Psyche, seiner Konditionierung. Und auch im genetischen Pool. Schon das ist ein solcher Kosmos, dass ich persönlich das andere wirklich nicht brauche. Diesen Kosmos zu erforschen, interessiert mich immer noch. Im Tanz geht es eben um das, was nicht benennbar ist: Was passiert zwischen zwei Menschen? —— Auch als Tänzer habe ich nie ein Begleitinstrument gewollt. Nur mit dem Körper und der Stange habe ich mich in Form gebracht. Auf Maschinen bin ich nie gegangen. Das ist bis heute so. Ich möchte mit dem echten Material in Kontakt kommen. —— Ich bin nicht technikfeindlich. Aber schlussendlich, wenn wir abends ins Bett gehen, geht es um die Essenz, darum, ob wir schlafen können.

Wie entsteht ein Schläpfer-Stück, gibt es eine ritualisierte Vorgehensweise? Anders gefragt: Läuft der kreative Prozess permanent im Kopf ab und fließen die Einfälle bei alltäglichen Verrichtungen oder beginnt das Gehirn des Choreografen erst im Ballettsaal zu rattern? —— Das ist von Stück zu Stück verschieden. Beim »Schwanensee« beispielsweise muss man mindestens zwei bis drei Jahre im Voraus dramaturgisch die Besetzungen abstecken, die Rollen des Prinzen, der Odette/Odile, des Großvaters festlegen, am Libretto arbeiten. An ein Handlungsballett muss man sehr konzeptionell herangehen. Schon weil man die Kostüme den Rollen zuordnen muss. Will man eine große Besetzung? Will man zwei Besetzungen? In einem Opernbetrieb kann man nicht prozessartig arbeiten und kurzfristig sagen: »Oh, ich benötige doch nur drei Tänzer.« Wenn doch, wäre es eine ziemliche Katastrophe. —— In der Regel ist es so, dass das Intensive mit Beginn der ersten Probe des neuen Stückes einsetzt. Bei »Cellokonzert« zu Schostakowitschs Konzert für Violoncello und Orchester Nr. 2 habe ich mich auf der Japan-Tournee in einer freien Stunde in den kreativen Prozess hineingeworfen und begonnen. Bis zur ersten Probe wiegt man ein Ballett im Unterbewusstsein. Du hörst die Musik, Bühne und Kostüme sind bekannt – man muss ja die Entwürfe schon abgegeben haben, damit sie in den Produktionsablauf passen. Unterschwellig begleitet einen eine Erwartungsangst, bis die erste Probe beginnt. Man ist innerlich pausenlos mit dem Kommenden beschäftigt – aber eher ›brütend‹.

Wovor haben Sie Angst? —— Vor diesem Nichts! Ich habe ja keine Ahnung, ob mir etwas einfällt, ich lege vorher nichts fest. Ich sage ja nicht anhand der Partitur, dass ich hier eine Gruppe, dort ein Trio oder einen Pas de deux will. So etwas mache ich nicht – nie im Leben! Das ist für mich keine Vorbereitung, sondern ein Kopfprodukt, eine Sicherheit für den Fall, dass nichts käme. Ein Konzept ist für mich nur dann hilfreich, wenn man es zum richtigen Zeitpunkt wieder verwerfen oder ummodellieren kann. Ich beginne mit einer langfristig vorbereiteten Grundidee, weiß aber manchmal erst zwei Tage vorher, mit welchen Tänzern ich arbeiten werde. Da reagiere ich oft darauf, wer gerade frei ist. Oder ich wähle eine äußerliche Kombination, die spannend sein könnte: zweimal schwarze Haare oder zweimal bleiche Haut. Es gibt ganz unterschiedliche Gründe, warum ich zwei Tänzer zusammenbringe – das kann ganz schnell gehen. Aber dann bin ich permanent im Stück drin, auch zuhause. Es sei denn, ich schlafe. Jetzt gleich, nach unserem Gespräch, lege ich noch den Tagesplan für morgen fest. Denn aus den heutigen Proben ergibt sich erst, mit wem ich am nächsten Tag weitermache. Es ist ein Geschenk, dass ich morgens in der Regel weiß, wie es im Stück weitergeht. So ist es auch bei den Herausforderungen als Ballettdirektor – die Lösungen purzeln einfach in mich hinein. —— Heute ist ja alles hochstrukturiert. Früher durften die Choreografen bei ihren Kreationen einfach alle Tänzer bestellen. Bei Heinz Spoerli ist man als Tänzer den ganzen Tag geblieben. Wenn er dann soweit war, kam man an die Reihe oder eben nicht. Für mich sind exakte Tagespläne ein Zeichen von Respekt gegenüber den Darstellern, die auch ein Leben außerhalb der Bühne und des Probensaals haben. —— Ein Ballett entsteht wie ein Gemälde. Du beginnst mit einer Farbe oder einer Form. Und aus diesem Anfangspunkt triffst du Entscheidungen. Aus dem nächsten Strich entwickelst du das weitere Vorgehen. Es passiert auch, dass ich fünf Minuten vor der Probe ein Bild im Kopf habe und plötzlich genau weiß, was ich mache. Oder ich sehe irgendwo etwas, was mich inspiriert. Ich weiß zum Beispiel seit vorgestern, wie das Ende von »Cellokonzert« aussehen wird. Es kommt, wie eben die Gedanken fließen – ohne jegliches Gesetz.

In die Entwicklung sind auch andere Künstler eingebunden wie Komponisten, Kostüm- und Bühnenbildner, Lichtdesigner. Inwiefern findet da ein Austausch statt, nehmen diese Einfluss auf das Werk – oder arbeiten sie nur nach Ihren Vorstellungen? —— Je älter ich werde und desto ruhiger, desto besser kann ich die anderen Künstler integrieren. Da hat sich etwas verändert. Ich bin intensiver im Austausch geworden, weil der Prozess ja das Interessante ist. Bei den Kostümen habe ich früher oft gesagt: »Ja, ist schon gut. Wir sehen es am Schluss.« Heute bin ich viel genauer. Die Kostüme und das Bühnenbild geben mir ja Futter. Ich bin auch jetzt in einem regen Austausch mit dem Cellisten.

Sie machen den Ausstattern also keine konkreten Vorgaben, sondern sagen ihnen nur, ich mache dieses oder jenes Stück, mach mir bitte dazu einen Entwurf? —— So beginnt es. Und dann treffen wir uns und alle Ideen werden eingewandet. Ich kann aber nur sagen, welche Richtung ich möchte, denn ich bin ja nicht der Meister der Bühne und der Kostüme. Bei »Cellokonzert« habe ich gesagt, dass ich ein Gruppenstück möchte, also keine zu starke Individualität, aber eine Noblesse. Dieser Schostakowitsch ist ja unglaublich erwachsen. Ich möchte eine Harmonie, weil ich Lust habe auf eine Befriedung. Ich möchte Trennungen überwinden. So gebe ich natürlich Anhaltspunkte für das Kostümdesign. Oder Florian Etti, mit dem ich regelmäßig arbeite, kommt mit acht Vorschlägen, die er alleine entwickelt hat – aber doch im Austausch nach dem Lesen von Material und einem langen ersten Treffen. Und dann entscheiden wir uns für einen. —— Erst öffne ich immer das Feld. Denn wenn ich nur von mir ausgehe, hat man tendenziell immer das Gleiche. Ich will doch noch lernen und nicht nur das tun, was mir am besten gefällt.

Tänzer spielen bei jedem Choreografen eine andere Rolle. Für den einen sind sie schlicht Material oder ein Instrument, für den anderen wesentlicher Teil des Entstehungsprozesses, zum Beispiel durch Improvisationsaufgaben. Wie viel Mitsprache haben Tänzer bei Ihnen während der Proben? —— Bei mir sind sie ein ganz, ganz großer Teil des Prozesses. Auch wenn ich nicht improvisiere. Ich bin unglaublich schnell, wenn ich einmal in den Fluss komme. Ich gebe Material vor oder eine Richtung, wo es hinsoll, und beobachte, was passiert. Daraus entwickele ich das Weitere. Manchmal sage ich: »Halt, super! Der Fehler ist gut, weil es keiner ist. Keep on moving.« Ich bin total abhängig davon, wer vor mir ist und wie er mitkreiert. Und wie er nicht nur meine Gedanken und Ideen umsetzt, sondern sich in aller Offenheit da hineinstürzt. Denn aus diesem Sich-Hineinstürzen kann ich sofort sagen: »Nimm diesen Teil weg«, oder: »Hier geh bitte tiefer und extremer in die Bewegung.« —— Was ich ganz akribisch mache, ist das Coachen, nachdem ich eine Szene gestellt habe. Die Tänzer müssen wissen, warum sie etwas tun – und warum sie körperlich so sein müssen. Sonst machen sie ja nur Schritte.

Haben Sie ein Beispiel, vielleicht von den heutigen Proben, wie Sie eine Szene entwickeln? —— Ich sage immer, dass ich einen Schlüssel brauche, um die Tür zu öffnen. Erst muss ich leise für mich suchen. Es ist wie ein Aufsatz, ich muss zunächst den Satz formen. —— Heute haben wir verschiedene Sequenzen gemacht. Bei Marlúcia und Sonny [Locsin] musste ich nicht viel sagen, weil es ein sehr sinnlicher Teil ist und allen klar war, wohin die Reise geht. Da habe ich die Bewegung gesucht, die für mich stimmt. Marcos, im zweiten Satz, hat etwas Faunartiges, auch im Sinne von Nijinskys Faun. Da gab es kurz eine klare Ansage, dass er auch etwas Erotisches haben muss. Nichts Geiles, aber Sinnliches, Potentes. —— Eine Szene mit Rashaen [Arts] und einigen Männern handelt vom Umgang mit Minoritäten – hier geht es um Schwarze. Die Männer kommen sehr abstrakt in Arabesken hereingerannt und umarmen sich. Am Schluss bilden sie eine Arena, in die Rashaen hineinkommt. Er wird dann einfach abgelaufen. Die anderen bilden einen Club oder einen Verein von Leuten mit einer politischen Meinung, die glauben, sie wären im Recht. Da muss ich schon erklären, was das alles bedeuten soll, damit die Tänzer nicht denken: Oje, was macht er jetzt? Sie brauchen den Kontext, damit es zieht! —— Wenn wir uns länger kennen, die Tänzer und ich, und wir uns gut spüren, dann muss ich nicht mehr viel sagen – oder erst nach der Entwicklung des Schrittmaterials. Es hängt vom Stück ab. Bei »Schwanensee« habe ich sehr viel geredet, weil fast jeder Tänzer seine eigene Vorstellung davon hatte, wie dieses Ballett auszusehen hat. Ich erinnerte alle permanent daran, dass man diese Bilder loslassen muss, damit die Neuproduktion kein Zwitter würde. —— Auch bei Stücken mit einem intellektuellen Klima muss ich sehr viel erläutern. Bei »Cellokonzert«, im ersten Satz, erkläre ich zum Beispiel die Atmung. Wann ist sie eher vergeistigt, wann ist sie eher ein Auskotzen. Wann ist sie wie eine Segnung des Bodens, gemeint ist der Planet. Jetzt ist es gestellt, und jetzt kann ich den Leuten Nahrung geben. —— Heute, da mein Körper älter ist, sitze ich viel, beobachte und sage an. Aber ich gehe auch rein, ich komme sehr nahe, vor allem bei Kollektiven und großen Gruppen.

Ihre Ballettabende bestehen ja oft aus diesen gemischten Programmen, also aus drei oder vier Stücken verschiedener Choreografen. Was mich schon immer einmal interessiert hat: Wie funktioniert eigentlich dieser Markt? —— In Bern war es für mich als Anfänger sehr schwierig. Ich hatte weder einen Namen noch Geld. Ich war ein junger Direktor und kannte niemanden und niemand kannte

Der Balanchine Trust wurde 1987 gegründet, um das Werk George Balanchines zu schützen und sein Erbe zu bewahren. So hält er die Urheberrechte und vergibt die Lizenzen für die Aufführung seiner Ballette. Der Trust trägt auch die Verantwortung für die Wahrung der künstlerischen Standards des Œuvres.

mich. Meine Tänzer waren auch nicht besonders virtuos. Als ich zum ersten Mal einen Balanchine machen wollte, kam John Clifford, ein ehemaliger Tänzer des New York City Ballet, aus Los Angeles eingeflogen. Der Balanchine Trust hatte ihn geschickt, um zu evaluieren, ob das Ensemble überhaupt geeignet ist. Bei »Der Grüne Tisch« von Kurt Jooss war es ähnlich. Anna Markard kam zwei- oder dreimal nach Bern, um mit Jörg Weinöhl an der Rolle des Todes zu arbeiten. Irgendwann hat sie zugestimmt unter der Bedingung, dass ich den Schieber tanze. Ich hab's gemacht, obwohl ich nicht mehr in Form war und geraucht habe.

Wie bitte? Sie als großer Naturfreund haben geraucht? —— Ja, wie ein Schlot damals! Als Direktor habe ich begonnen zu rauchen ... Ich wurde ein extremer Raucher wie mein Vater. Er starb mit neunundfünfzig Jahren an einem Bronchialkarzinom. Irgendwann habe ich gespürt, dass ich aufhören musste oder nicht mehr lange zu leben hätte. Noch wichtiger war, dass das Rauchen meiner Intuition und meinem Kopf die Schärfe nahm. Mein Körper spürt alles – das Gute wie das Schlechte. Er ist ein Messgerät. Das Aufhören fiel mir schwer. Der Kampf dauerte etwa drei Jahre, es ging immer hin und her. Heute empfinde ich das Inhalieren nach wie vor als etwas sinnlich Befriedigendes. Und ich vermisse es. Ich bin dem Rauchen gegenüber sehr liberal eingestellt. Diese ganze Hetze finde ich unerträglich, deswegen wird keine Gesellschaft gesünder. Die Sucht gehört zum Menschen, sie ist eine Sehnsucht nach einer Erhöhung oder nach einem anderen Ort. Rauchen hat etwas Symbolisches.

Zurück zum Ballett-Marketing ... —— Ja. Heute bin ich natürlich viel besser vernetzt als damals in Bern. Es ist die Programmierung, die beispielsweise einen Paul Taylor diktiert. So gab es mal diese Spielzeit hier in Düsseldorf mit Bournonville,

Ashton, Tudor. Man baut ein dramaturgisches Feld und beginnt dann anzufragen. In der Regel hat man Glück. Es gibt aber auch No-Gos: entweder zu teuer oder ausgebucht. An Crystal Pite zum Beispiel komme ich seit Jahren nicht ran. Solche Leute klopfen nicht an. Ich hatte auch noch nie einen Trust, der ein Stück angeboten hätte. Es ist ganz unterschiedlich. Viele Choreografen, die frei arbeiten, bewerben sich, um eine Arbeit zu kreieren. Ab und an melden sich auch Agenturen …

Welche Kriterien müssen erfüllt sein, damit Sie einem Ballettchef einen Schläpfer anvertrauen? —— Wunsch! Sie müssen es wollen. Es hängt natürlich davon ab, welches Stück gewünscht ist. Wenn ich ein schon bestehendes Ballett von mir weitergebe, geht es mir nicht darum, dass es die beste Company ist. Ich möchte, dass es sich irgendwo anders weiterentwickelt und dass das Ensemble oder das Publikum etwas daraus ziehen können. Wenn die neuen Tänzer aus meiner Arbeit etwas lernen, ist das schon fast genug. Ich gehe nicht nur an Orte, die Weltklasse sind. Das finde ich uninteressant.

Sie haben beispielsweise auch am Staatstheater Oldenburg das »Violakonzert« einstudiert … —— Ja. Ich unterrichte auch gerne an Schulen. Das ist vielleicht der Einfluss von Hans von Manen, der mich in dieser Weise geprägt hat. Er hat mir auch immer Stücke gegeben. In Bern war es »Große Fuge«, obwohl wir sicher nicht bereit dafür waren. Das war sehr generös!

Aber es läuft doch sicher auch sehr viel über Beziehungen … —— Ja, ja, natürlich. Andere Choreografen sind da strenger oder haben ihre Vorlieben. Mats Ek geht derzeit fast nur noch nach Paris. Da ist jeder anders. —— Wenn ich aber jetzt eine Kreation für Stuttgart mache, ist das wieder ein anderes Feld. Ich muss dort herausfinden, wohin ich mit dem Stuttgarter Ballett gehe.

Es gibt also nicht wirklich Kriterien dafür, dass Sie ein Stück herausgeben? —— Nein. Ich weiß nicht so recht, wie ich es erklären soll. Ich muss spüren, dass jemand wirklich ein Stück von Martin Schläpfer will. Und zwar nicht, weil er jetzt immer bekannter wird und im Ranking einen Platz höher gekommen ist.

Aber meistens geht es doch um Aufträge für eine Uraufführung, oder? —— Leider, ja. Ein bestehendes Stück ist natürlich immer einfacher. Trotzdem braucht es schon viel, um eine Einstudierung zum Blühen zu bringen. Es ist toll, ein Stück neu zu ›stagen‹ und zu evaluieren, ihm neu zu begegnen und zu erfahren, dass es ein gutes Stück ist. Bei jeder Einstudierung muss man sich in jeder Sequenz in sich selbst zurückversetzen und fragen, was man damals damit – körperlich oder emotional – wollte. Das ist das Spannende daran. Und das ist auch meine Debatte mit den Ballettmeistern. Natürlich haben sie immer zu wenig Zeit. Man sollte den Zeitpunkt des Schöpfens auf Video aufnehmen. Denn ein Stück ist erst ein Stück, wenn es eine Psyche hat. Man müsste also – übertriebenerweise – jeden verdammten Satz aufschreiben, den ich zu einer Sequenz sage. Und nicht das Stück nur filmen und meinen, die DVD sei dann das Stück. Das ist erst die Hülle des Stücks. Ein gutes Bausch-Stück kann man nur wieder aufnehmen, wenn die Ballettmeister noch etwas über Bausch wissen. Oder es muss so viel Zeit dazwischenliegen, dass wieder etwas ganz Neues entsteht. Auch jeder Satz, den John Neumeier über ein Stück sagt, müsste aufgeschrieben werden. —— Irgendwann gehen die Informationen verloren. Deshalb ist es so wichtig, dass ich selbst die Proben leite. Ich kann dem Stück die Schraube geben, die Informationen, das Extreme. Ich kann dem Tänzer erklären, worin sich eine Bewegung begründet. —— Deshalb besteht Mats Ek immer so hartnäckig darauf, selbst zu proben. Auch bei Hans van Manen ist es so, selbst wenn er nur für vier, fünf Tage kommt. Ein Ballett bekommt einfach einen ganz anderen Spirit. —— Das ist ein Dilemma – zum Beispiel für das Werk von Balanchine. Noch sind wir in der Post-Ära. Der Trust schickt seine Leute, aber sie werden immer älter. Und die jungen Ballerinen wie Darci Kistler oder Kyra Nichols sind offensichtlich nicht in diesem Pool für Einstudierungen. Das könnte meiner Ansicht nach irgendwann ein echtes Problem werden. —— Es ist ein endloses Thema. Die Geister scheiden sich daran, wie ein Bühnenkunstwerk am besten lebendig und »brennend« erhalten wird. Manche verteidigen das Original akribisch, andere plädieren für einen kreativen Umgang damit. Es gibt wahrscheinlich kein gültiges Rezept. Wichtig ist: Der Einstudierende sollte ein Künstler sein, nicht nur ein Schritte-Analytiker.

Sechs

Künstliche Intelligenz und Menschsein: Chancen, Risiken, Widersprüche

»Wir entfernen uns vom Urgeheimnis Leben, das wir nicht ergründen können«

Im Oktober 2018 wurde in New York im Auktionshaus Christie's das Bild »Edmond de Belamy« für umgerechnet rund 380 000 Euro versteigert. Das Werk stammt von einem Roboter, gemalt mit Künstlicher Intelligenz (KI). Für Aufsehen sorgte auch das Projekt »The Next Rembrandt« an der Universität Delft: Malmaschinen erschaffen Gemälde im Stil des Alten Meisters. Auch im Tanz ist die KI längst angekommen – der Computer als Choreograf. Wie hält der Schweizer es in der Kunst und im Alltag mit dieser sich rasant verbreitenden Technologie?

Die Künstliche Intelligenz kann schon heute viel mehr als das zu reproduzieren, was Algorithmen vorgeben. Sie schreibt Drehbücher, komponiert Musik, schafft Tanzstücke. Insbesondere asiatische Choreografen lehren Roboter künstlerische Bewegung und lassen computergenerierte Körper auf menschliche Performer treffen. Ist es für Sie vorstellbar, gemeinsam mit einer Maschine ein Ballett zu erschaffen oder mit technologisch modifizierten oder optimierten Körpern zu arbeiten? —— Für mich persönlich ist das unvorstellbar. Ich kann verstehen, dass Menschen mit einer mentalen Offenheit für diese mögliche Zukunft ein Interesse daran haben, dieses Feld zu erforschen. Aber ich kann Bewegung nicht ohne den Menschen sehen. Und mit dem Menschen meine ich seine Psyche, seine Lebenserfahrung, seine Geschichte. In meinem Verständnis von Tanz kann ich das alles nicht abkoppeln. Ich suche immer nach einem Grund, einem Text, nach einer Begegnung zwischen Menschen oder Publikum und Tänzern. Wenn etwa ein Intendant oder ein Auftraggeber eine solche Arbeit von mir verlangte, würde ich sofort das Theater verlassen. Ich glaube, dann würde ich diesen Beruf aufgeben.

Haben Sie schon mal eine derartige Vorstellung besucht? —— Nein. Vielleicht liegt es an meiner Sehnsucht nach Erhöhung, nach Werten – aber nicht nach einer Rückkehr in die Vergangenheit. Ich bin der Meinung, dass wir nur eine Zukunft haben, wenn wir essenziell menschliche Gesetze nicht nur wieder wahrnehmen, sondern auch wieder in unser Leben integrieren. Das mag eine eigene, kleine Sicht sein. Ich habe ja auch noch nie einen Science-Fiction-Roman gelesen oder einen »Star Wars«-Film gesehen. Diese Entwürfe sind für mich vollkommen uninteressant. Da fehlt mir das Rituelle, die Fragestellung nach Gott, Liebe, Poesie, Sinnlichkeit. Merce Cunningham hat ja seine späteren Stücke am Computer kreiert – sie haben sich sehr verändert. Trotzdem hat er direkt mit den Menschen gearbeitet. Das ist noch etwas ganz anderes. Es macht mir keine Angst, aber ich möchte keine solche Vorstellung sehen.

Eine solche Welt kann durchaus Magie entwickeln: ein Bühnenraum aus Laserstrahlen mit auf Tänzer-Leiber projizierten Bildern. Es ist ein Spiel mit Menschen, Avataren und Motion Capturing mit faszinierenden, virtuellen Effekten – das hat schon etwas. Ich habe neulich im Tanzhaus NRW eine solche Performance des japanischen Künstlerkollektivs Rhizomatik Research / Elevenplay erlebt. Aber letztlich sind solche Produktionen für mich persönlich mehr Technologie als Tanzkunst. —— Vielleicht fällt es mir auch schwer – und das geht wohl vielen anderen auch so –, mich für ein Feld zu begeistern, das in die Zukunft weist, weil wir es gleichzeitig nicht schaffen, Hunger und Kriege zu vermeiden und die ganze menschliche, für mich vor allem ökologische Misere auch nur ansatzweise zu lösen. Ich finde es einfach hirnrissig, sich auf einen solchen Weg zu begeben, aber gleichzeitig nicht den Planeten retten zu können oder einen einigermaßen ethischen Umgang im Alltag miteinander hinzukriegen. Im Gegenteil, es wird immer roher. Wir Menschen sollten lieber hierhergucken und etwas verändern anstatt wegzugucken. Schon aus diesen ethisch-politischen Gründen verweigere ich mich da. Wenn wir hier zugrunde gehen, ist es für mich vollkommen uninteressant, ob man den Mars erobern könnte. Wir versagen hier unten kläglich. In der Forschung und in der Wissenschaft ist es legitim, in die Zukunft zu schauen, aber in der Kunst kann ich mich nicht damit anfreunden.

Erwächst denn mit der Künstlichen Intelligenz grundsätzlich Konkurrenz für den menschlichen Choreografen? —— Es kann natürlich gut sein, dass computergenerierte Produktionen irgendwann Arbeiten wie meine phasenweise verdrängen werden. Im Konsum wird Kunst ja immer mehr mit Alltag und Kultur vermengt. Es ist bei den Zeitungen ähnlich.

»Ich glaube, dass wir irgendwann wieder zum Wesentlichen zurückkommen müssen, zu einer Ehrlichkeit, zu einer Ethik.«

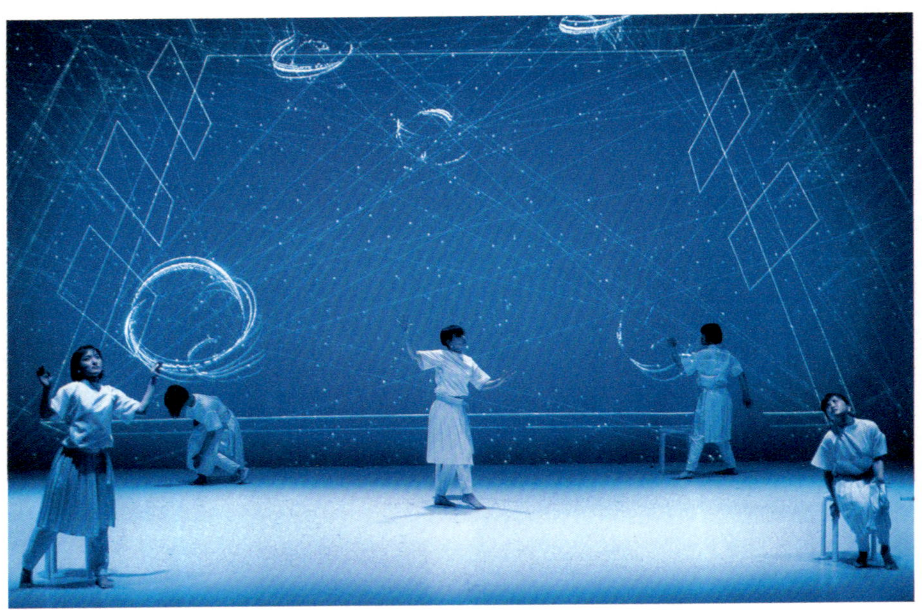

1

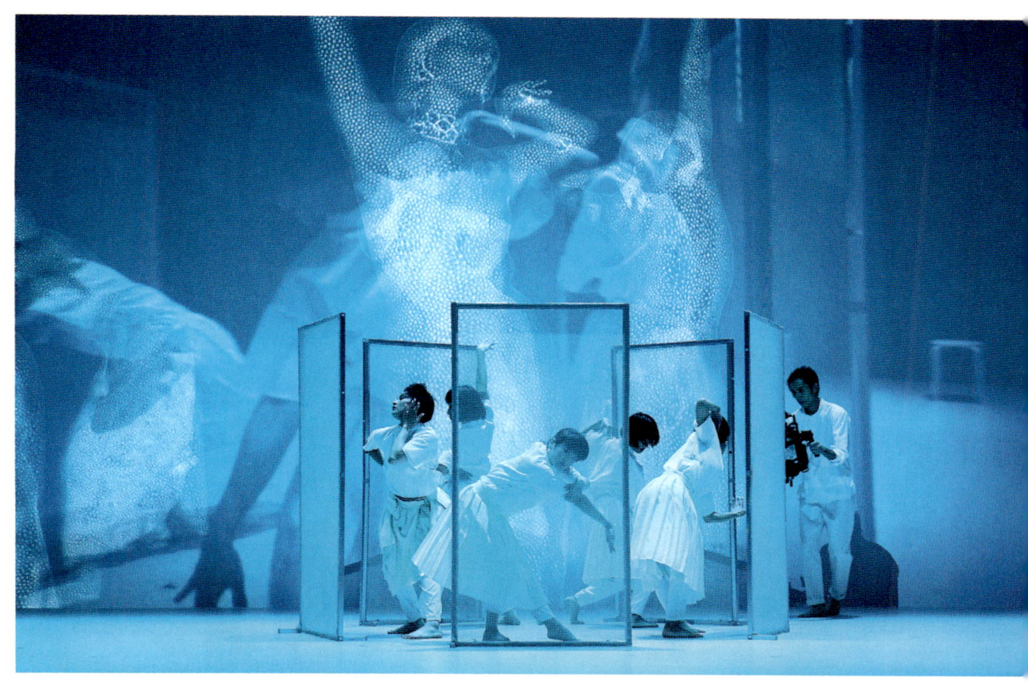

2

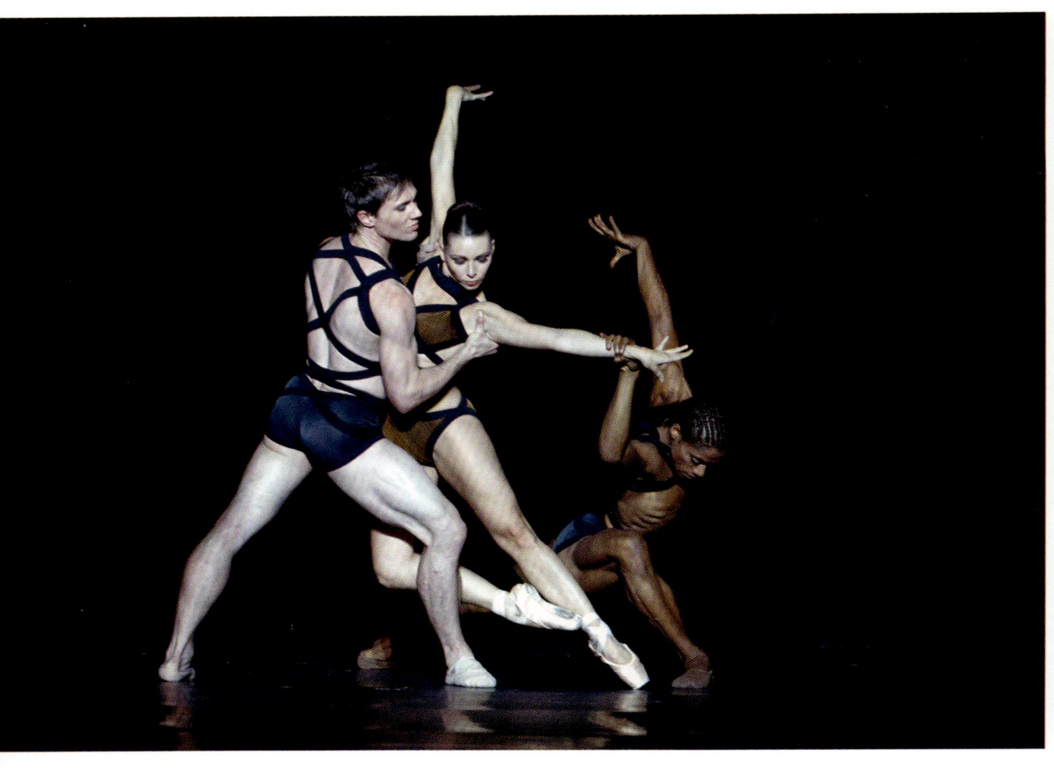

3

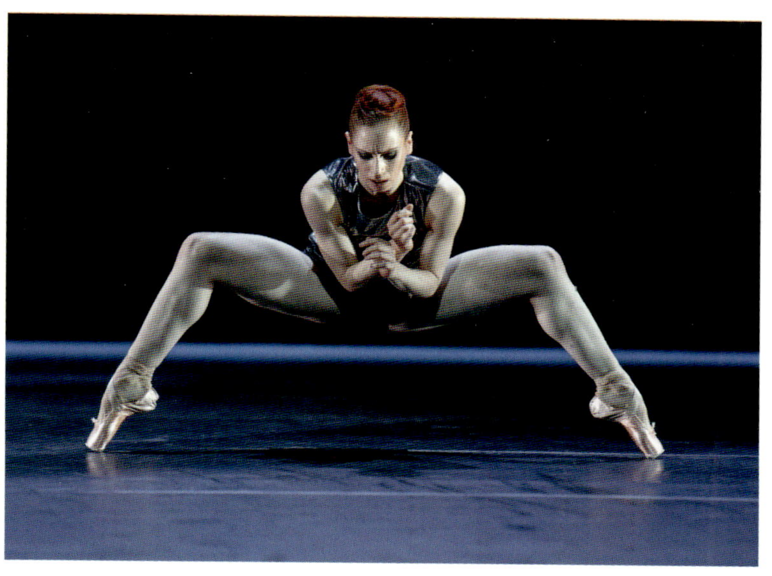

4

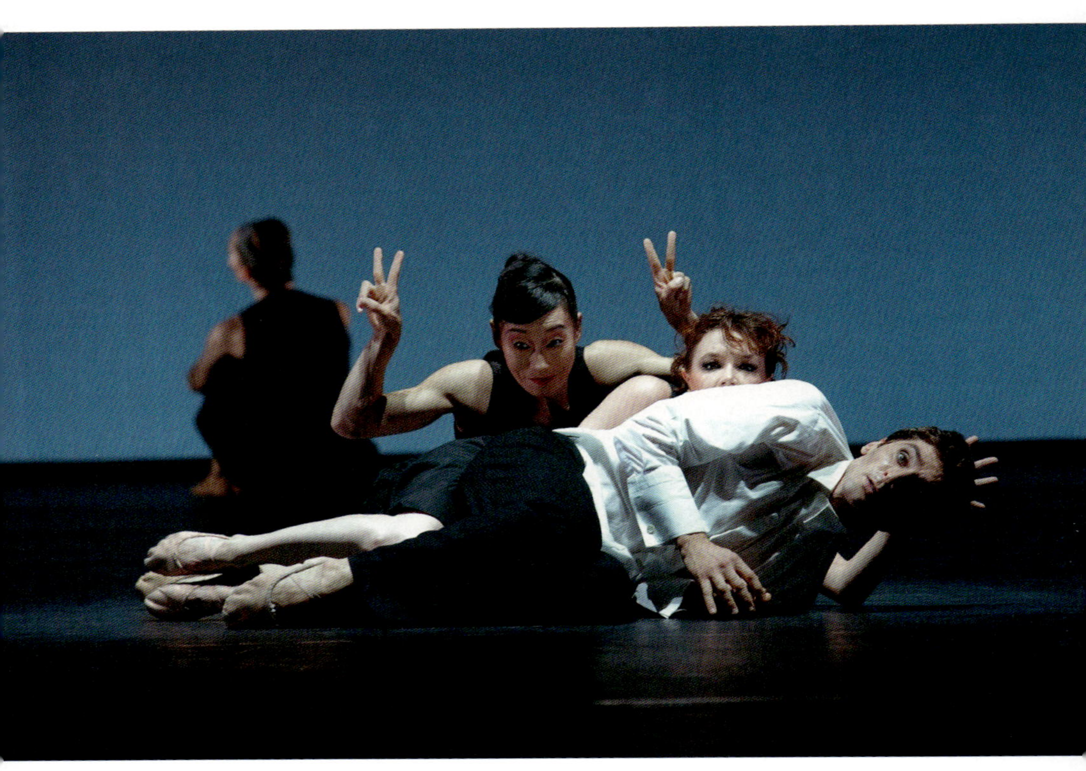

5

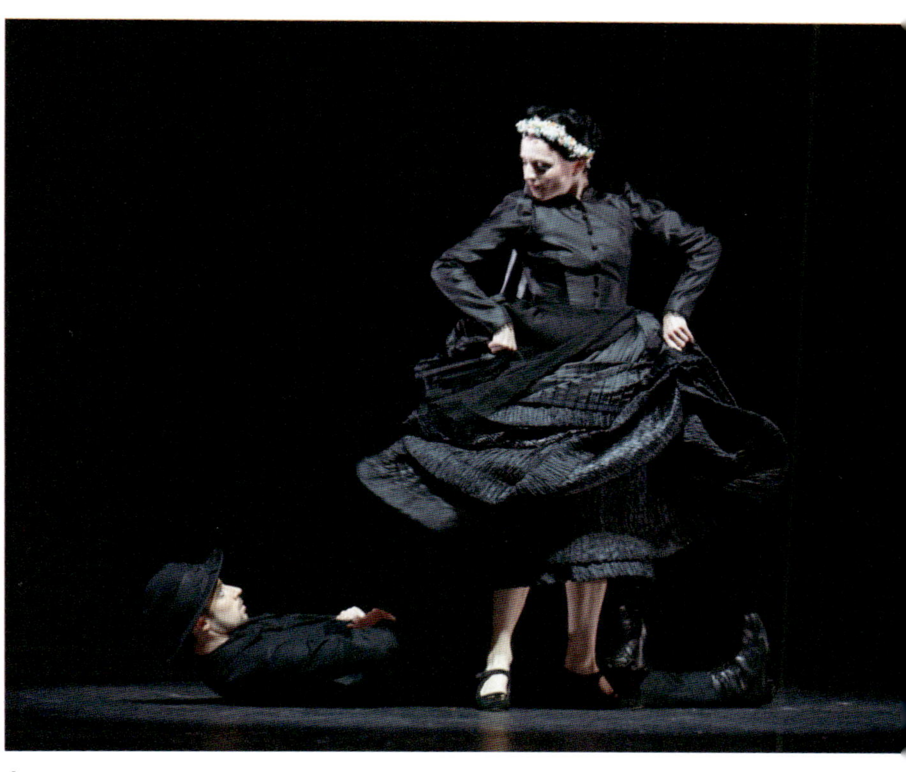

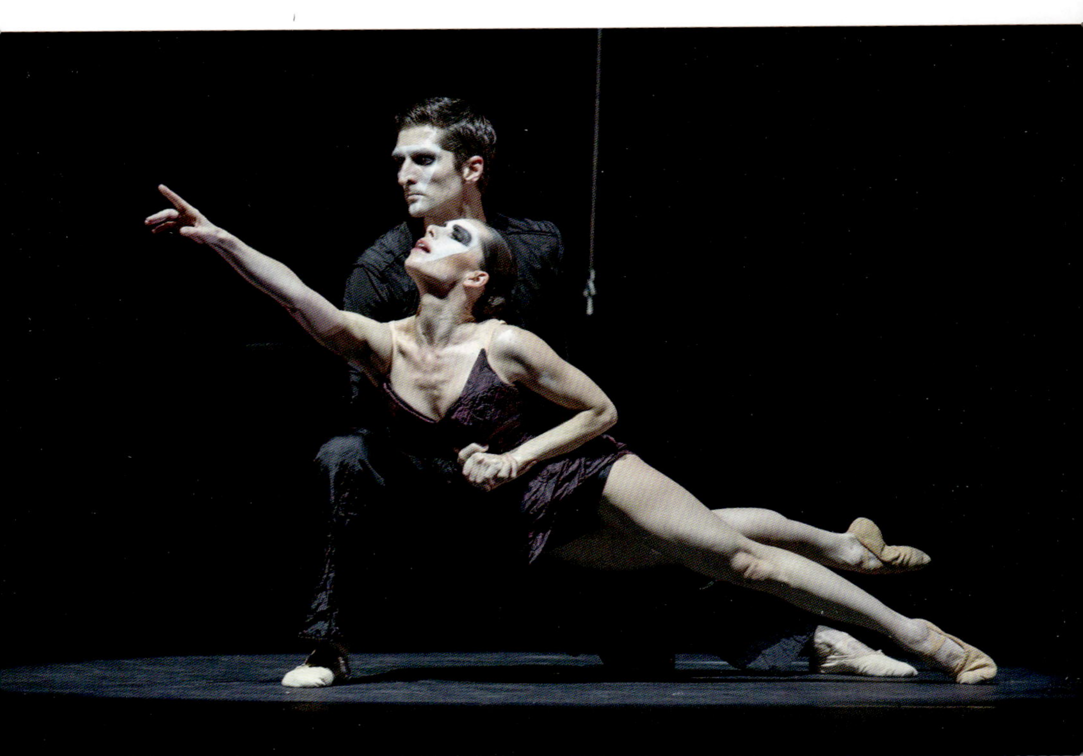

7

8

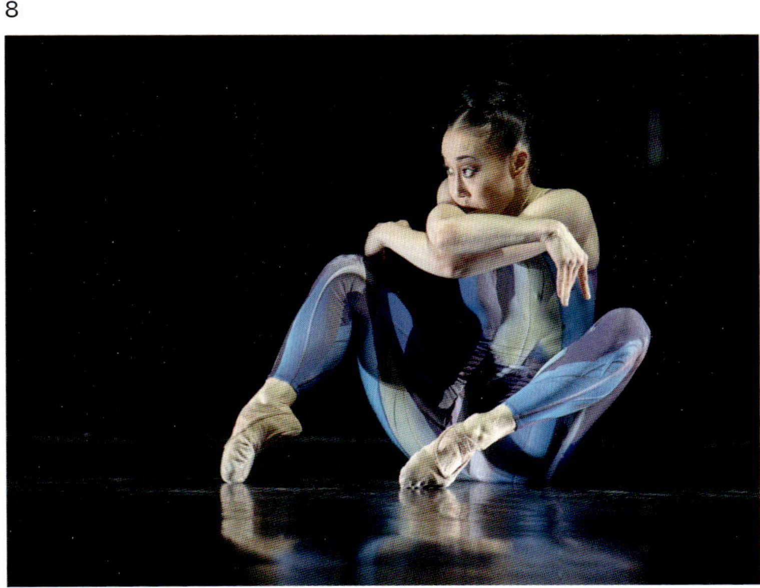

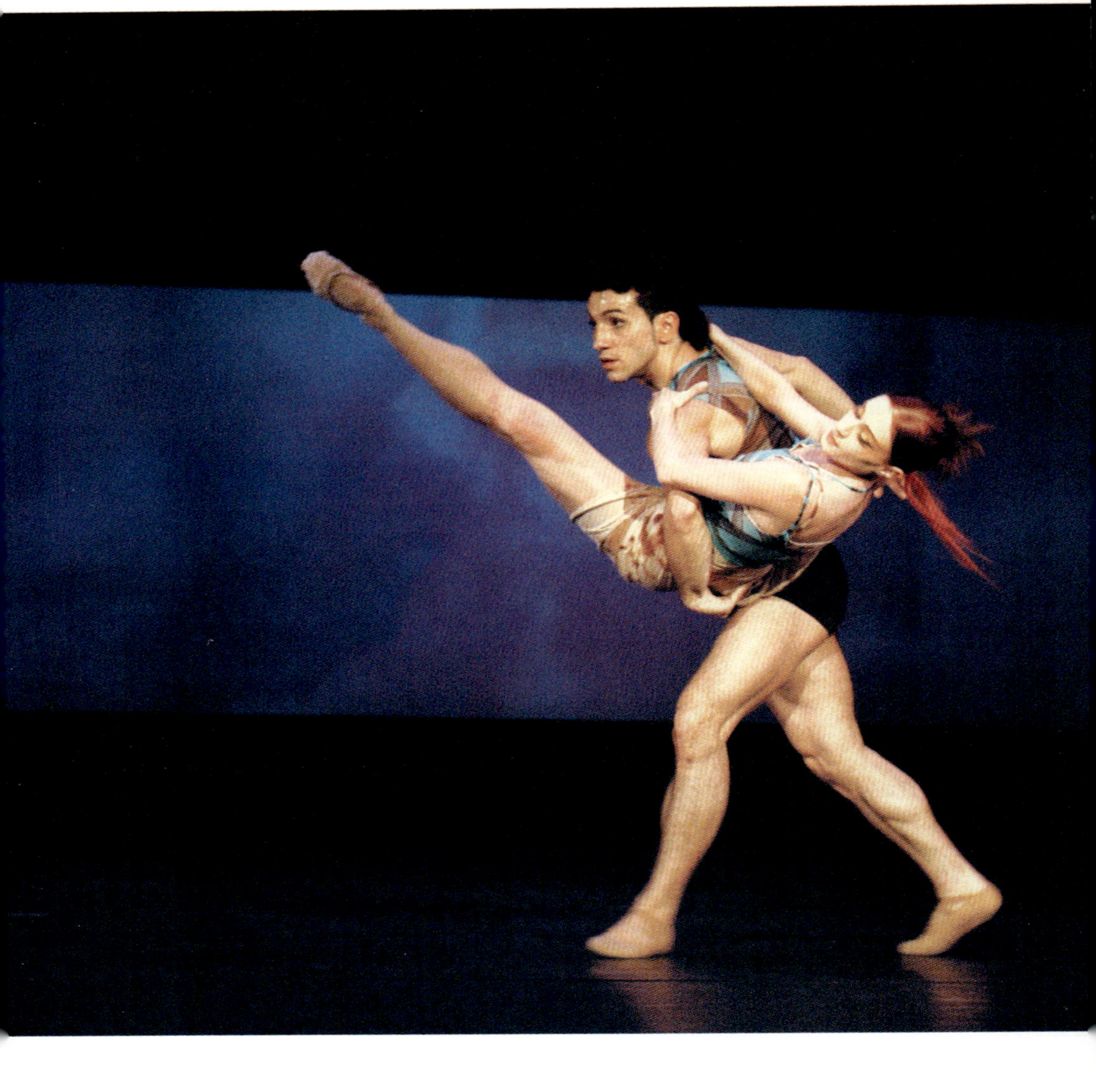

9

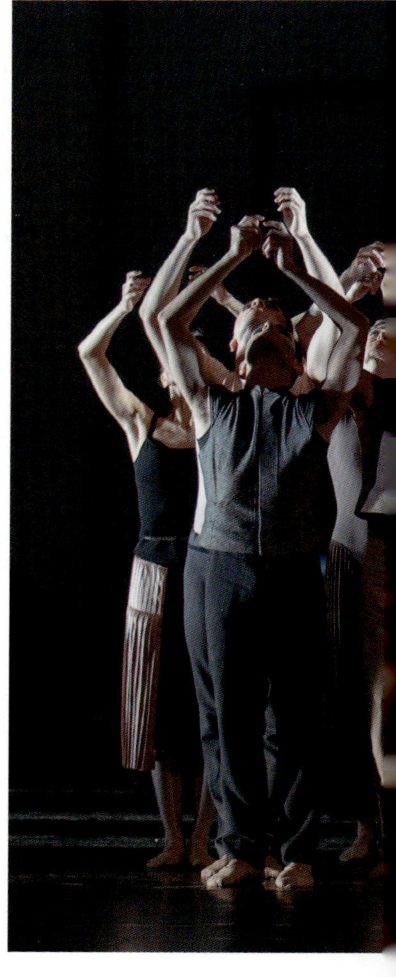

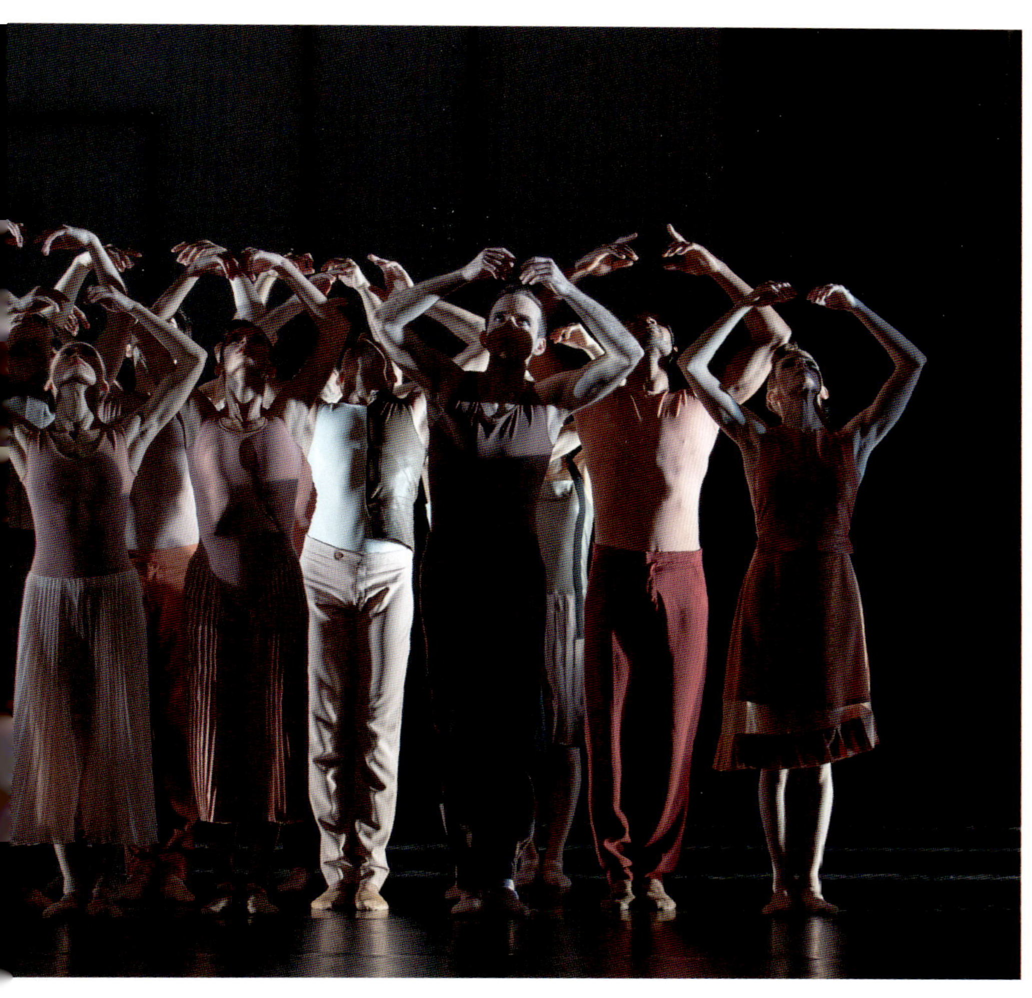

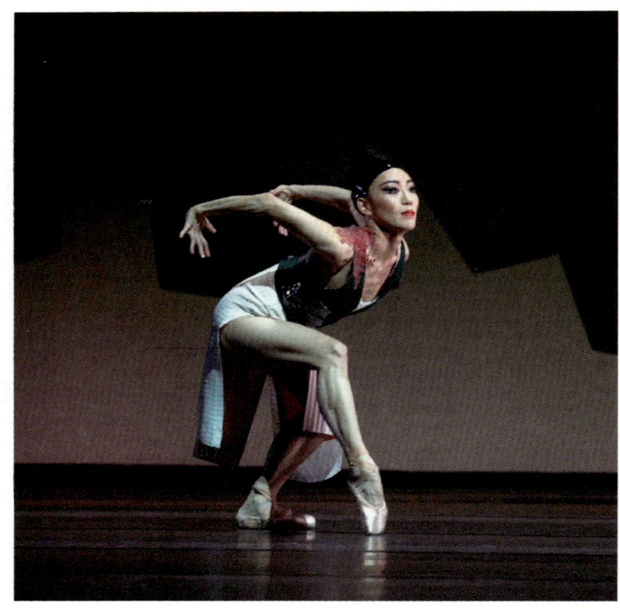

11

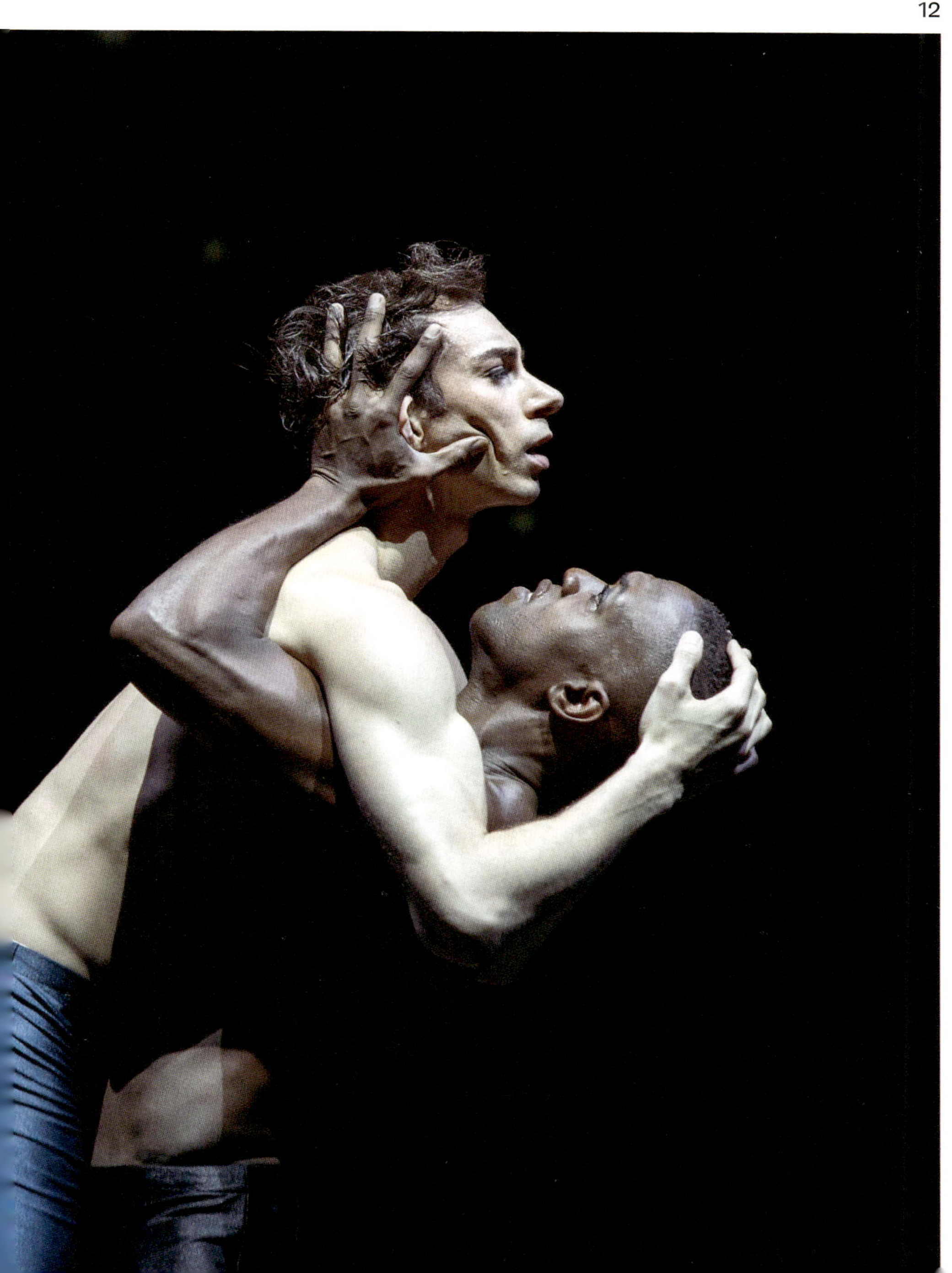

1 und 2
Rhizomatiks Research / Elevenplay: »discrete figures 2019« im tanzhaus nrw, Düsseldorf 2019

3
Callum Hastie, Julie Thirault und Pontus Sundset in »3«, Düsseldorf 2010

4
Ann-Kathrin Adam in »Nacht umstellt«, Düsseldorf 2013

5
Yuko Kato, Camille Andriot, Andriy Boyetskyy sowie Julie Thirault (hinten) in »7«, Düsseldorf 2013

6
Boris Randzio und Anne Marchand in »Ungarische Tänze«, Düsseldorf 2012

7
Julie Thirault und Andriy Boyetskyy in »ein Wald, ein See«, Duisburg 2015

8
Yuko Kato in »Ulenspiegeltänze«, Duisburg 2019

9
Bogdan Nicula und Kirsty Ross in »Diabelli Variationen«, Mainz 2004

10
Ensembleszene aus »Cellokonzert«, Düsseldorf 2019

11
So-Yeon Kim in »44 Duos«, Düsseldorf 2019

12
Marcos Menha und Chidozie Nzerem in »verwundert seyn – zu sehn«, Duisburg 2015

Die Blogger verdrängen den Kritiker und den Feuilletonisten. Dabei verwässern die Kommentare jede Substanz, denn jeder meint, sich Millionen von Usern mitteilen zu müssen. Ich glaube, dass wir irgendwann wieder zum Wesentlichen zurückkommen müssen, zu einer Ehrlichkeit, zu einer Ethik. —— Ich finde es spannend herauszufinden, wie lange die menschliche Psyche diesen Entwurf von einem Leben mit Robotern und Künstlicher Intelligenz durchhalten wird. Als Idee, als Spiel, als Utopie finde ich es in Ordnung. Aber wenn es darum geht, immer mehr zu rationalisieren, finde ich es inakzeptabel: Wenn menschliche Arbeitskraft weiter durch Roboter ersetzt werden soll, gibt es irgendwann einen sozialen Kollaps. Das kann gesellschaftlich keine Perspektive sein. Ich habe da größte Bedenken. —— Es tut mir weh zu sehen, dass wir hier so große existenzielle Probleme zu lösen haben. Es gibt viele, die glauben, dass die Technik das Ökologische lösen kann. Ich sehe das nicht – aber das mag auch dogmatisch sein. Fakt ist, dass der Mensch und die Natur ein Geheimnis sind und wir viele Zusammenhänge gar nicht wirklich kennen, zum Beispiel, warum eine Art plötzlich ausstirbt. Insofern plädiere ich für mehr Vorsicht und Demut. Der Mensch kann nicht Gott spielen.

Es ist ja auch umstritten, ob Algorithmen in der Kunst tatsächlich Neues schaffen können, ob sie wirklich kreativ sind, weil ihnen eben die emotionale und soziale Ebene fehlt. —— Da stellt sich die Frage nach der Definition von Kunst. Bestimmt können solche Computer etwas hervorbringen, was noch nie ein Mensch in dieser Form geschaffen hat. Es fragt sich nur, ob es überhaupt eine Kunst geben kann, die entmenschlicht produziert worden ist. Sehr wahrscheinlich kann das Resultat berühren, wenn man nicht weiß, wie die Kunst entstanden ist. Aber ich glaube nicht, dass man hier trennen kann. Natürlich ist es möglich, Richard Wagner zum Beispiel als Künstler und Antisemiten getrennt zu betrachten. Ich persönlich aber kann das nicht. Ich finde schon, dass man den Antisemiten immer mitdenken muss – was sein Werk aber nicht schmälern muss. Ich kann mir schon vorstellen, dass etwas entsteht, was der Mensch nicht schaffen kann – aber nur strukturell. —— Mich interessiert in der Kunst nicht, was eine Maschine macht, mich interessiert auch das Nicht-Perfekte. Die Magie eines Rembrandt besteht ja nicht in der Perfektion seiner Technik. Man sagt, der Pianist Artur Rubinstein habe viele Fehler gespielt. Aber darum geht es nicht. Es bleibt letztlich ein Geheimnis, warum der eine Künstler einen mehr umhaut als ein anderer. Der Mensch ist vielleicht das größte Geheimnis auf diesem Planeten: Die Maschinerie Gehirn wäre wahrscheinlich gigantisch, wenn wir sie vollständig nutzen würden. —— Ist Kunst der Versuch, möglichst perfekt zu sein, oder der Versuch, etwas Essenzielles anzutippen, was uns als menschliches Kollektiv umtreibt?

Haben Sie Angst vor dem nächsten Schritt bei der KI: lernfähige Roboter, die ein Bewusstsein entwickeln und auch Ärger, Freude, Neid und Hass empfinden? Maschinen also, die Macht ausüben können und wollen? —— Es kann durchaus sein, dass wir irgendwann die Kontrolle verlieren – wie es heute schon ab und an im Internet der Fall ist. Ich habe da meine persönliche Methode entwickelt, um mich dem so weit wie möglich zu entziehen: Ich habe privat keinen Computer, weil ich es sehr bedenklich finde, dass es öffentlich ist, was man beispielsweise bestellt. Das ist das eine. Andererseits versuche ich im Haushalt weitestgehend auf Maschinen zu verzichten. Irgendwann wurde es mir zu viel mit den Ladegeräten und den Zusatzteilen. —— Angst habe ich keine. Denn ich bin in einem Alter, in dem ich meine, dem Allen noch entfliehen zu können. Aber ich glaube schon, dass die Künstliche Intelligenz irgendwann nicht mehr zu kontrollieren ist.

Ich finde die Präsenz von Kernreaktoren überall in der Welt schon bedrohlich genug ... —— Das Nukleare ist keine Lösung, Kernenergie ist lange nicht so effizient, wie es uns versucht wird weiszumachen. Und die Endlagerung bleibt ein die Menschheit bedrohendes Problem. Atomkraftwerke sind vor allem für eines da: die Atombombe. Das muss man ganz klar sehen. Es sind gewisse Länder, die die Kernreaktoren brauchen, um ihre Atomindustrie aufrechtzuerhalten und sie beliefern zu können. Das ist ein Fakt.

Bleiben wir bei Künstlicher Intelligenz im Alltag. Per Sprachsteuerung lassen sich heute Haushaltsgeräte bedienen, die das Leben leichter machen sollen – das Handy als Kommandozentrale. Aber ich vermute sicher richtig, dass sie gar keinen Spaß daran hätten, per Kühlschrank-Kamera im Handy zu entscheiden, was Sie einkaufen müssen? —— Nein, an so etwas habe ich überhaupt keinen Spaß. Wenn das alltägliche Realität würde, bedeutete es eine totale Entleerung für mich. Aber ich glaube nicht daran, dass das die Zukunft ist. Die Ökologie wird so zuschlagen, dass wir diese Entwürfe verlassen. Das kann schon übermorgen so sein. Ich glaube nicht, dass wir noch weit in diese Richtung kommen, weil andere lebensbedrohliche Dinge wichtiger werden. Wie ernähren wir uns? Gibt es noch Wasser? Das ist der wirklich tiefe Grund, warum mich das alles nicht so interessiert. Hätten wir alles andere im Griff, wäre es eine Spielerei. So ist es für mich beinahe eine Verdrängung der Realität. Ich bin mir dessen bewusst, dass wir beide, die wir hier im Wohlstand leben, das Glück haben, Kunst, Literatur, und all das Grandiose, was der Mensch erreicht hat, uns leisten zu können. Aber jemand, der Hunger hat, kann das nicht. —— Interessant wäre zu wissen, ob die menschliche Psyche sich so verändern kann, dass sie all das integriert und ein solches Leben aushält. Vielleicht kann die neue Generation das. Ich sehe es eigentlich anders: Ich sehe, dass die meisten süchtig sind, auch meine Tänzer. Sie können keine fünf Minuten ohne dieses Ding auskommen. Ich glaube nicht, dass ein Handy nur bereichert, ich sehe es auch als Sucht. Wenn man es entziehen würde, hätten alle eine Mega-Krise. Nur wenn wir mit den realen Themen arbeiten, können wir etwas tun, um eine Zukunft zu haben. —— Irgendwo bin ich auch ein Banause. Aber ich kann mir solche computergenerierten Tanzprojekte nicht ansehen. Vielleicht ist das auch ein Grund, warum man meine Kunst irgendwann abknallen kann. Ich bin immer auf der Suche, in einer Zwischenwelt, meine Arbeit ist immer auch parfümiert. Sie ist nie einfach nur Struktur. Aber wenn jemand an Patterns interessiert ist – was man durchaus auch als Choreografie bezeichnen kann – dann kann man auch eine andere Sicht auf Tanzkunst entwickeln. —— Ich dagegen würde nie eine meiner Proben filmen, wie das heute viele Choreografen tun, um anschließend die Raumverteilung in den Stücken zu analysieren. Für mich gibt es wichtigere Themen als Raumverteilung. I need spirit ..., Hoffnung, auch Liebe – dieses große Wort. Wir krepieren doch ohne Wärme und all das. Wir werden psychische Leichen. —— Ich frage mich einfach, was mit uns passiert. Wenn wir uns immer nur im Netz bewegen, in einer Utopie oder in einem menschgemachten Konstrukt wie der Künstlichen Intelligenz, entfernen wir uns vom Urgeheimnis Leben, das wir ja nicht ergründen können, und gehen früher oder später zugrunde.

Sieben

Bildende und darstellende Kunst:

Was ist eigentlich Kunst?

»Ein echtes Kunstwerk hat ein solches Gewicht, dass es etwas auslöst«

Es ist Vorweihnachtszeit. Ein malerischer Schokoladen-Adventskalender steht auf einem Tischchen an der Wand in Martin Schläpfers Büro. Wir plündern ihn und schieben die Sprüngli-Pralinen in den Mund. Der Tanzschöpfer ist gut aufgelegt – nach sechs Wochen ist er endlich einen schweren Infekt los. Auch ist er froh, wieder in Düsseldorf zu sein. Nach seiner letzten Uraufführung am Rhein flog er gleich in seinen Heimatort St. Gallen, um dort den Großen Kulturpreis der St. Gallischen Kulturstiftung entgegenzunehmen. Im Anschluss ging es nach Wien zur Bauprobe für »Ein Deutsches Requiem«. Von dort kam auch der gewaltige Strauß Amaryllis auf dem Schreibtisch, mit dem der Ballettclub des Wiener Staatsballetts zur Ehrung gratulierte.

Heute kreisen wir um die Definition und die Bedeutung von Kunst. Offenbar ein schwieriges Feld, denn zum ersten Mal erlebe ich Martin Schläpfer verlegen um Antworten – was wiederholt auch Anlass zur Heiterkeit ist.

Bisher sprachen wir ausführlich über Ballett und Musik. Nun interessiert mich, welche Rolle die anderen Disziplinen wie Literatur, bildende Kunst, Architektur, Schauspiel oder Film neben diesen beiden Kunstformen für Sie einnehmen. —— Sie nehmen natürlich schon eine wichtige Rolle ein. Ehrlicherweise muss ich aber gestehen, dass ich mich eigentlich nur mit der Literatur intensiv beschäftige. Es gibt auch Filme und Werke der bildenden Kunst, die mich Dinge für mein Leben und meine Arbeit lehren, mich beeinflussen – und im besten Falle verwandeln. Die Kunst von Katharina Fritsch hat mich tief bewegt, auch der Film »Kirschblüten und rote Bohnen« von Naomi Kawase. Aber das passiert mir bei Literatur und Musik öfter. Helmut Lachenmanns Musik hat mich als Mensch verändert. —— Ich mag auch das Schauspiel, weil ich die Macht des Wortes bewundere und den Umgang damit. Sobald die Sprache da ist, entsteht ein vollkommen anderes Verhalten unter den Protagonisten – auch in den Köpfen der Zuschauer geschieht etwas anderes als beim Tanz. Aber ich kenne mich eigentlich nur noch in der Literatur aus – und nicht einmal das wirklich. Dennoch, die anderen Kunstformen sind durchaus prägend. Ich kenne Choreografen, die gehen fast zu jeder Ausstellungseröffnung. Dazu fehlt mir die innere Lust. Aber Literatur ist für mich ein tägliches Thema.

Gibt es konkrete Werke jenseits der Tanzkunst und der Musik, die Sie bewundern? —— Ja, natürlich, und nicht wenige. Aber sie sind nicht prägend. Ich müsste über sie nachdenken. Also, wir reden ja jetzt nicht von der Musik ... Da gäbe es viele. Dabei ist es meistens das Philosophische, was mich so anzieht. Wenn man nicht Musik studiert hat und nicht weiß, wie die Partitur sich strukturiert, kannst du nur über sie reden und sie umkreisen. Dabei macht dasselbe Stück mit jedem etwas anderes. Ich glaube, das Philosophieren ist ohnehin sehr nah am Künstlerischen. Ich weiß nicht, was zuerst da ist: das Philosophieren in sich selbst oder der aktive Arbeitsprozess. —— Was die bildende Kunst angeht, könnte ich jetzt natürlich Henri Matisse oder Pablo Picasso und andere Namen nennen. Aber ich muss, wenn ich ehrlich bin, sagen, dass ich solche Werke zwar mitnehme und auch Balletten zuordne wie zum Beispiel Balanchines Ballett »Agon«. Es hat auch mit Matisse oder Picasso zu tun, denn es spiegelt eine gewisse Zeit in der bildenden Kunst wider, die dann später auch den Tanz prägte. Und wenn man sagt, dass Hans van Manen der Mondrian des Tanzes ist, weiß ich natürlich, was gemeint ist. —— Ich bin nicht wie mein Bruder, der Kunst sammelt, aber ich schätze sie durchaus. Nur hänge ich sie mir nicht an die Wand und ich gehe auch nicht oft ins Museum. Das, was mich antreibt, Ballette zu machen, entsteht nicht aus den anderen Künsten. Aber ich lerne von ihnen sehr wohl dazu. Es sind eher die Literatur, das Politisch-Wissenschaftliche, philosophische Themen – und dazu gehört das Naturerlebnis – oder das Beobachten von Menschen, was mich antreibt. Ich glaube nicht, dass es die Oper oder die bildende Kunst sind, auch nicht das Konzert, sonst würde ich ja hingehen. —— Es sind andere Fragen, warum ich tanze oder Tänze mache und Künstler geworden bin, was auch immer das ist: Kunst. —— Mir geht es um die Sinnfragen des Lebens: Warum sind wir? Warum sind wir so, *wie* wir sind? Warum fallen wir immer in die gleichen Muster zurück? Gibt es einen Gott? Warum sehnen wir uns so sehr nach Einheit in einer Beziehung oder in der Liebe? Ist das angeboren oder konditioniert? Ist es wirklich gegeben, dass der Mensch immer diese Einheit sucht? Ich finde, diese Themen können im Tanz wunderbar aufgearbeitet werden. Und das in einer Art und Weise, die nicht etwas punktiert und real beantwortet, sondern ein Geheimnis umrundet wie auf einer Umlaufbahn.

Es gibt einige Ballette, bei denen Literatur Sie inspiriert hat. Bei »verwundert seyn – zu sehn« lieferte ein Zitat von Arthur Schopenhauer nicht nur den Titel. In den »Schumann Tänzen« vertieften Sie sich in die Biografie der

Schumanns, in den »Diabelli-Variationen« lasen Sie intensiv über Beethovens Leben und flochten eine Episode mit seinem Neffen Karl ein. Zuletzt entdeckten Sie Daniel Kehlmanns »Tyll« in Prokofjews 7. Sinfonie und nannten das Bühnenwerk »Ulenspiegeltänze«. Welches Buch ist für Sie ein großes Kunstwerk? —— Endlos viele gibt es da: Thomas Manns »Der Zauberberg«, Philip Roths »Nemesis«, die Gedichtkunst von Juan Ramón Jiménez, Kazuo Ishiguros »Der begrabene Riese«, Fjodor Dostojewskis »Der Idiot« und »Die Brüder Karamasow«, Jane Austens »Stolz und Vorurteil«, Leo Tolstois »Anna Karenina«, Stefan Zweigs »Die Welt von gestern« oder Gabriel García Marquez' »Hundert Jahre Einsamkeit«.

Haben Sie schon mal eine Reise unternommen, nur um ein bestimmtes Bühnenstück zu erleben? —— Nicht jenseits des Tanzes. Ich habe solche Reisen gemacht, zum Beispiel, wenn ich nach Stockholm geflogen bin, um Mats Eks »Julia und Romeo« zu sehen. Aber auch, um ihn zu treffen – es war eine Mischform. Ich habe Reisen gemacht, um zu trainieren, vier Monate New York. Es ging immer um Tanz, leider ... Ich reise, um in der Natur zu sein oder um jemanden zu besuchen. Oder ich reise, um mich zu erholen.

Haben Sie für sich persönlich eine Definition von Kunst? Dient sie wie für Johann Wolfgang von Goethe oder Johann Gottfried Herder vor allem der Erbauung? Oder ist sie doch eher Provokation und Anstoß zum Diskurs? Ist sie zwingend das Ergebnis einer intellektuellen Durchdringung oder nach Joseph Beuys etwas, was jeder Mensch schaffen kann? —— Kunsthandwerk kann im besten Falle jeder Mensch schaffen, wenn er genug Passion hat und genug übt ... —— Kunst ausschließlich zur Erbauung – das geht meiner Ansicht nach in der heutigen Zeit nicht. Sehr wahrscheinlich ging das zu keiner Zeit. Goethe selbst hat auch nicht nur erbaut – auch, wenn er es so gesagt hat. Und Hans van Manen macht auch nicht einfach schöne Ballette. Das stimmt nicht. Es sind immer Psychogramme, auch wenn er es selbst nicht so formuliert. Deshalb sind seine Stücke auch so spannend. Es ist nicht einfach nur die Struktur, das Apollinische. Und intellektuelle Durchdringung – natürlich!

Wenn Sie einem Werk gegenüberstehen oder ein Ballett sehen, worin meinen Sie, Kunst zu erkennen? Wann haben Sie das Gefühl, dass etwas Sie fasziniert? —— Also, ein wirkliches Kunstwerk hält stand und wird sich nicht ganz offenbaren, auch nicht nach mehreren Jahren. Es wird immer ein Geheimnis, etwas Unerklärliches behalten. Deshalb ist es wirklich sehr schwer zu sagen, ob etwas sofort als Kunst erkannt werden kann oder ob es nicht eher etwas ist, was lebendig bleibt. Etwas, von dem man nicht sagen kann, warum ... —— Das ist ganz schwierig. Ich hänge natürlich an den darstellenden Künsten. Bei einem Gemälde ist es etwas ganz anderes. Bei einem Mark Rothko oder einem Künstler, der zehnmal ein Blau übermalt, ist es im Kontext ein Riesenakt, auch emotional und intellektuell. —— Man macht ja keine Kunst, sondern möchte ein möglichst gutes Ballett machen, was eine riesige Aufgabe ist. Kunst wird es eventuell später ... oder sagen wir, als solche erkannt.

Ich könnte »Kunst« auch nicht definieren. Es ist etwas, was man erspürt, aber nicht wirklich in Worte fassen kann. —— Wenn das Kunstwerk etwas Unbeschreibbares, etwas Unbenennbares in sich birgt, hat es eine Chance, Kunst zu sein. Kunst wird dich nicht verlassen, sie bleibt. Bachs Musik wurde zu seinen Lebzeiten gar nicht so sehr anerkannt und häufig gespielt wie nach seiner Wiederentdeckung durch Mendelssohn Bartholdy. Schlussendlich ist der musikalische Genius – Genius ist wieder so ein Wort, von dem ich nicht weiß, was es heißt – so stark, dass er immer wieder durchbricht. Viel später erkannte man, dass Bachs Werk einfach zu groß ist. —— Ich kann es leider nicht sagen ... ich weiß auch nicht, ob eine Blume Kunst ist ...

... Sind Kunst und Natur nicht eher das Gegenteil voneinander? —— Ja, aber große Kunst wird etwas Ähnliches auslösen wie die Natur es kann. Beides entsteht nur völlig anders, das ist richtig. Ich glaube aber nicht, dass Kunst etwas Individuelles ist – etwas, von dem man sagen kann, dass es einem gefällt, dass es einen berührt und es deswegen Kunst ist. Das wäre mir zu einfach. Du kannst von einem Kunstwerk berührt sein und es kann dich beschäftigen, ohne dass du darüber etwas weißt. Aber um Kunst einordnen zu dürfen, musst du über großes Wissen verfügen. Kunst ist auch sicherlich nicht Kultur.

Das müssen Sie mir erklären. —— Kunst kann in das Kulturgut eingehen, sagen wir wie Vincent van Gogh irgendwann. Der Weihnachtsmarkt in Nürnberg ist ein Kulturgut. Kultur bezeichnet die Art und Weise, wie Menschen miteinander umgehen. Trachten oder ein Dialekt sind ein Kulturgut. Es geht auch um Dinge wie Brauchtum, die man pflegt, damit sie nicht untergehen. Aber Kunst ist etwas, was ein Mensch aus welcher Intention heraus auch immer glaubt gebären zu müssen. Rembrandt ist Kunst, Picasso ist Kunst. Kunst ist etwas solitär Entstehendes.

Der Bühnentanz ist ja eigentlich immer eine Nischenkunst geblieben. Schon am Hofe diente er nur dem Amüsement. Er ist nie so richtig ernst genommen worden, über Jahrhunderte ist er ein Anhängsel der Oper gewesen. Heute ist die Tanzkunst zwar emanzipierter als je zuvor, sie wird aber immer noch von vielen belächelt. —— Historisch betrachtet, stimmt das natürlich, vor allem für das Ballett. Dass der Tanz diskriminiert wird und nie den Stellenwert von Oper und Schauspiel hatte, ist ganz klar. Und dass es mit dem Verhältnis zum Körper zu tun hat, auch. Der Körper wird im Gegensatz zum Wort oder Intellekt vom Christentum und sämtlichen anderen Religionen abgewertet: Der Körper ist einfach nur der Körper. Es gibt etwas Höheres, oder zumindest ist die Sehnsucht nach etwas Höherem da. Bei den Buddhisten ist es die Reinkarnation. Der Entwurf, dass der Mensch mit dem Körper stirbt, ist ja ein Sakrileg – auch wenn sehr viele nicht mehr religiös sind und nicht mehr in die Kirche gehen. Viele sagen, dass sie nicht an Gott glauben. Aber wenn du sagst, dass der Körper gleichwertig mit dem Geist und der Seele ist – Seele ist wieder so ein Wort, von dem ich nicht weiß, was es bedeutet – kommt gleich große Empörung.

Warum hat es der Bühnentanz über die Jahrhunderte noch immer nicht geschafft, sich aus einer Nische der Kunstgattungen zu befreien? Wenn jemand sich nicht für Musik interessiert, weiß er doch, wer Mozart war. Aber wer kennt außerhalb der Tanzwelt schon George Balanchine? —— Es gibt auch nur ganz wenige Intendanten, die den Tanz lieben und ihn fördern. Und es gibt noch weniger, die ihn auch kennen und studieren. Vielleicht liegt es daran, dass der Tanz intellektuell sehr fein ist und man ihn nicht so leicht zuordnen kann wie beispielsweise das gesprochene Wort. Es gibt zu wenige Menschen, die das energetische Feld und die Emotionen der Tanzkunst, dieses ganze undeutliche Terrain, als gleichgewichtig empfinden mit der Sprache. Ein Wort hat natürlich auch einen Rucksack und kann drei Bedeutungen haben. Aber man kann ihm nachgehen, es leichter verarbeiten, Worte gehen direkt ins Hirn. Das Sprechtheater-Erlebnis ist insofern viel deutlicher, womit ich dem Schauspiel nicht das Geheimnis absprechen will. Es tangiert dich einfach sehr direkt. Das tut die bildende Kunst übrigens auch nicht. Da ist sie dem Tanz ähnlich. Auch die bildende Kunst löst etwas Subjektives aus, und nicht unbedingt das, was der Maler wollte. Wobei es das bei der Bühnenkunst auch geben kann … —— Die Musik, auch die Hausmusik, ist eigenartigerweise durch die Partitur, durch das Musizieren immer Teil des Abendlandes gewesen. Und zwar in allen Kulturen. Und ich glaube, der Tanz in seinem primitiven Ritus auch. Man tanzt erst, wenn man loslässt.

»Es ist dann Kunst, wenn man sich in der Kontrolle verliert«, sagten Sie in unserem zweiten Gespräch für dieses Buch ... —— Ja, dann kann man ein Künstler werden oder sein. Künstlertum ist für mich leichter zu umkreisen als Kunst: Was könnte ein Künstler sein, wie verhält er sich dem Leben und der Gesellschaft gegenüber? Aber Kunst ... Ein echtes Kunstwerk hat ein solches Gewicht, dass es etwas auslöst, was unabhängig ist von Trends oder Moden.

Kunst kann auch einfach nur subjektiv schön sein ... —— Ja, das ist absolut so! Schönheit ist ja etwas so Komplexes ...

Große Kunst erschließt sich auch nicht so leicht. Nehmen wir das Ölgemälde schlechthin, die »Mona Lisa« von Leonardo da Vinci. Viele pilgern in den Louvre nach Paris, um es zu sehen und sind dann enttäuscht. Mir ging es auch so. Ich sah den Anflug eines Lächelns, das mich aber nicht gefangen nahm. Kein Geheimnis. —— Auch ich habe es so erlebt, aber ich weiß nicht, wie das Bild auf mich wirken würde, wenn es bei mir zuhause hinge und ich es lange betrachten könnte. Im Museum ist es erst einmal eingerahmt und dann steht eine Traube von Menschen davor, was mich schon nervt. Ich persönlich bin auch mehr für Jackson Pollock. Aber das ist etwas ganz Subjektives. So wie mir Schubert näher ist als Mozart – was nicht bedeutet, dass ich seine Kunst höher bewerten würde. Aber vom Wesen her ist mir Schubert einfach näher als Mozart.

Acht

»Gute« Länder, »schlechte« Länder: Kulturaustausch als Politikum

»Ich mache Kunst für die Menschen, nicht für ein Regime«

Das spektakulärste Ende eines Gastspiels in der Tanzgeschichte ereignet sich am 16. Juni 1961: Der Sowjetstar Rudolf Nurejew springt über die Schranke der Grenzkontrolle auf dem Flughafen Le Bourget in Paris. So rettet er sich ins politische Asyl. Eine unschätzbare Bereicherung für die westliche Ballettwelt.

Tanzensembles tragen als Kulturexporte Kunst und Werte in die Welt. Der Nutzen liegt auf beiden Seiten, wie Pina Bausch und ihr Tanztheater Wuppertal vor Augen führen: Eine wesentliche Anzahl ihrer Werke ist inspiriert von Reisen.

Jenseits der Tanztheater-Ikone Bausch stellt sich die Frage, wer vom Kulturaustausch eigentlich grundsätzlich profitiert. Mich interessiert, was Martin Schläpfer, ebenfalls weit gereist als Tänzer wie als Ballettchef, erlebt hat und welche moralischen oder politischen Grenzen er sieht.

Der umtriebige Tanzschöpfer hat soeben mit einer Choreografie für das Stuttgarter Ballett in der baden-württembergischen Staatsoper einen großen Erfolg gefeiert. Er strahlt Zufriedenheit aus. Dieses Engagement, das er schon vor seiner Berufung nach Wien eingegangen war, stellte für ihn einen zusätzlichen »Berg« dar, den es zu überwinden galt – vor den letzten beiden Premieren für Düsseldorf-Duisburg, der Galawoche zum Abschied sowie den Vorbereitungen für Wien. Doch die Auszeit vom Direktoren-Alltag und die Konzentration auf die künstlerische Arbeit beflügeln ihn offenbar.

Sie haben gerade für das Stuttgarter Ballett ein neues Werk unter dem Titel »Taiyō to Tsuki« kreiert, unter dem Eindruck der Japantournee mit dem Ballett am Rhein. Was hat Ihnen diese Reise gegeben und was davon ist in das neue Werk eingeflossen? —— Die Tournee hat mir viel gegeben. Einmal, weil das Ballett am Rhein noch nicht in Japan war; zudem, weil ich weiß, dass die wichtigen Tanzensembles mittlerweile dort gastieren – sei es das Hamburg Ballett, die Pariser Oper oder das Nederlands Dans Theater. Von daher eine wichtige Etappe. Schön war es schließlich, dass Japan meine Neuinterpretation von »Schwanensee«, die nichts mit dem Original zu tun hat, so begeistert aufgenommen hat. —— Ich habe immer eine große Affinität zu japanischen Künstlern gehabt. Meine Tänzerin Yuko Kato, die jetzt auch als Senior Artist mit nach Wien wechselt, wäre ein Beispiel. Es ist nicht so, dass ich nur wegen des Japan-Gastspiels für die Stuttgarter Choreografie zeitgenössische Musik von Toshio Hosokawa verwendet hätte. Ich weiß schon lange um diesen Komponisten und liebe seine Musik. Aber wenn es so ist, dass Erlebnisse prägen, dann hätte ich sicher ohne diese Tournee ein anderes Stück gemacht. Und ich hätte wahrscheinlich nicht diesen japanischen Titel gewählt, der Zwischenbereiche entstehen lässt. Denn auf Deutsch löst »Sonne und Mond« eine zu konkrete Assoziation aus. Der Titel ist als Bild gemeint für die beiden Kompositionen in diesem Ballett, die helle Jugendsinfonie Franz Schuberts und das tiefgründige »Seascapes of Fukuyama« von Hosokawa.

Wenn prominente Ballettensembles auf Tour gehen, sieht man in den Medien Bilder, wie die Tänzer fröhlich in die Kameras winken. Sind Gastspiele vor allem eine willkommene Abwechslung oder eher eine zusätzliche Belastung, wenn man den gewaltigen organisatorischen und finanziellen Aufwand bedenkt? —— Sie sind für mich persönlich ganz sicher eine zusätzliche Belastung. Schon weil man nicht weiß, ob die Kunst, die zuhause wirkt, anderswo auch funktioniert und eine Kommunikation zustande kommt. Hieraus entsteht für mich als Künstler der größte Druck. Gleichzeitig ist dieser Aspekt auch derjenige, der ein Gastspiel interessant macht. Es ist enorm wichtig für eine Company, dass sie das Gefühl hat, international gefragt zu sein und dass ihr Chef eine Größe in der Ballettwelt ist. Das gibt dem Ensemble eine Hebung. Die Organisation ist eher etwas, das Spaß macht. Finanziell ist es immer ein Spagat, in der Regel kommt nicht allzu viel dabei heraus, manchmal ist eine Tour sogar ein Minusgeschäft.

Nazareth Panadero, Pina Bausch-Protagonistin der frühen Generation, sah 1979 in Paris eine Vorstellung von »Blaubart« und war so gerührt, dass sich die klassische spanische Ballerina spontan entschloss vorzutanzen – obwohl sie sich die Kunstform Tanztheater stilistisch gar nicht zutraute. Haben Sie schon einmal erlebt, dass sich ein Tänzer, ausgelöst durch ein Gastspiel, einem Ensemble angeschlossen hat? —— Ja, das habe ich schon ziemlich häufig erlebt. Yoav Bosidan beispielsweise ist in Tel Aviv nach einer Vorstellung von »Ein Deutsches Requiem« regelrecht auf mich eingestürmt. Bei Anne Marchand in Bern war es ähnlich.

Erlebt der Ballettdirektor und Chefchoreograf Tourneen anders als der Tänzer Martin Schläpfer vor vielen Jahren? —— Einerseits völlig anders, weil die Aufgabenbereiche andere sind. Andererseits hat sich mein Verhalten auf Gastspielreisen nicht verändert. Ich sehe mir nichts an, nehme an keinen Ausflügen teil, gehe nicht auf Sightseeingtour. Nach wie vor bleibe ich für mich und fiebere dem bevorstehenden Abend entgegen. —— Als Tänzer war ich ganz selbstbezogen in Erwartung meines Auftritts. Es hat immer nur mich und die Vorstellung gegeben. Als Direktor und Choreograf kontrolliere ich das Orchester und richte gemeinsam mit dem Beleuchter das Licht ein. Von einem Gastspielort nehme ich immer nur die Atmosphäre wahr. Alles andere würde mich irritieren und überfordern. Offizielle Einladungen wie zu einem Essen nehme ich natürlich an, aber sonst bin ich lieber ruhig im Hotel und sammle mich. —— Und dann muss ich das Ensemble zusammenhalten. Ich kenne meine Tänzerinnen und Tänzer gut genug, um zu wissen, bei wem ich schauen muss, dass sie oder er auch rechtzeitig zurück in die Konzentration kommt – in den ›performance mode‹. Für das Ensemble ist es ja sehr schön, einmal rauszukommen.

Heißt das, Sie geben eine bestimmte Uhrzeit vor, wann das Ensemble wieder im Hotel sein muss? —— Nein, das würde ich nie tun! Ich diszipliniere niemanden. Es ist ein energetischer Akt! Es ist eher ein Horten …

Wer gibt eigentlich den Anstoß zu einer Reise und was sind die Kriterien bei der Auswahl der Ziele? —— Der Anstoß kann von beiden Seiten kommen. Manchmal gebe ich eine Anregung, weil ich eine Verbindung habe. Aber in der Regel kommen die Einladungen von selbst, wenn die Arbeit genügend Qualität hat. Das Problem beim Ballett am Rhein – und das wird beim Wiener Staatsballett nicht anders sein – besteht darin, die Touren im Spielplan unterzubringen. Es sind in beiden Fällen zwei Häuser innerhalb eines Opernbetriebes zu bespielen, dazu die Einstudierungen von Gastchoreografen – da kann man ja nicht weg. Und wenn man doch auf Reisen geht, kann es nur kurz sein. Da einen freien Zeitslot zu finden, der auch dem Anbieter passt, ist sehr schwierig. Achtzig Prozent der Anfragen müssen wir ablehnen, weil sie terminlich nicht zu koordinieren sind.

Gibt es politische oder moralische Grenzen bei der Auswahl eines Gastspielortes? —— Sehr wahrscheinlich gibt es sie. Aber ich bereise ein Land wegen der Menschen dort. Es geht mir nicht darum, eine Regierung zu boykottieren oder zu kritisieren. Denn dann, seien wir ehrlich, kann man fast nirgendwohin fahren. Auch nicht innerhalb von Europa, denn ich behaupte, Europa müsste weiter sein – demnach dürfte man auch nicht nach Budapest. Da plädiere ich für eine größere Ehrlichkeit. Aber es gibt natürlich Grenzen. Wenn etwas aktuell hochbrisant wäre, würde ich es mir schon überlegen. —— Aber korrupt – auch wenn es da von Fall zu Fall große Unterschiede gibt – ist fast jedes Land bis zu einem gewissen Grad. Kein System ohne Blut, kein System, das niemanden ausnutzen würde, kein System, das unseren Planeten nicht belasten würde. Ich bin da vorsichtig, mit dem Finger auf jemanden zu zeigen.

Mit dem Ballett am Rhein waren Sie 2014 auch im Oman. Ein Staat, der laut Amnesty International die Menschenrechte systematisch verletzt. Dort wird inhaftiert ohne Gerichtsverfahren, es gibt keine Meinungsfreiheit, Homosexuelle kommen ins Gefängnis. Werden die politisch-moralischen Grenzen für eine Tournee hier nicht überschritten? —— Das kann man natürlich kritisch sehen. Es gibt da sicherlich andere Tanzschaffende, die da deutlich rigoroser handeln als ich und solche Einladungen ablehnen würden. Das gilt insbesondere für zeitgenössische Ensembles, die nicht in einen Opernbetrieb eingebunden sind. Beim Oman-Gastspiel war ich in der Tat kurz davor abzusagen. Die ersten Ballette, die wir vorschlugen, wurden abgelehnt, weil sie zu viel Haut zeigten und nicht genug Harmonie verströmten. Es ging mehrfach hin und her, schließlich einigten wir uns auf Franz Schuberts »Forellenquintett« und »Johannes Brahms – Symphonie Nr. 2«. Da habe ich gesagt: »Bis dahin und nicht weiter.« —— Im Schubert-Stück mussten wir außerdem in der Rotwein-Szene den Wein durch Wasser ersetzen. Aus diesen Gründen wäre das Gastspiel fast geplatzt. Diese Vorschriften gingen mir schon sehr gegen den Strich. —— Aber das sind ja Peanuts gegenüber den Dingen, die Sie benennen. Trotzdem – ich mache Kunst für die Menschen, nicht für die Regimes, die sie vertreten oder eben drangsalieren. Und die Systeme sind sich überall ähnlicher als behauptet wird.

Oder besuchen kulturelle Institutionen gerade autoritäre Staaten, um sie mit anderen Werten zu konfrontieren? Kulturaustausch also als politisches Instrument? —— Das meine ich damit, wenn ich sage, dass ich wegen der Menschen reise. Denn ich glaube nicht, dass ich die Welt verändern kann. Ich glaube höchstens daran, dass gute Kunst es kann – zumindest toleranter machen, bereichern oder berühren. Auf diese Weise kann durchaus mit dem einzelnen Individuum etwas passieren und seine Veränderung in die Gesellschaft hineinwirken. —— Die Welt wäre schon eine bessere, wenn jeder den Mut hätte, sich selbst kritisch anzuschauen und mit Verbesserungen im Kleinen anzufangen. Das wäre hilfreicher, als anderen die Schuld zuzuweisen und auf die nächste Partei oder Revolution zu hoffen. Die nächste Revolution ist in der Regel nur der Anfang einer neuen Ideologie.

Können Menschen aus einer anderen Kultur und mit einer anderen Mentalität unsere westliche Kunst, gerade die wortlose Sprache des Tanzes, überhaupt lesen und verstehen? —— Im Oman hatte ich schon das Gefühl, dass es für die Zuschauer schwieriger war, zumal dort ja sonst vor allem die großen internationalen Companies mit Handlungsballetten gastieren. Abstrakter Tanz, wie wir ihn gezeigt haben, gab es dort bislang selten. Ich glaube nicht, dass Menschen aus einem anderen Kulturkreis unsere Ballette genauso lesen wie Menschen aus dem Abendland. Trotzdem muss es irgendwo – gerade in der Tanzkunst – archetypische Wahrheiten geben, die alle tangieren und die alle zu lesen imstande sind. Sei es im Unterbewusstsein oder rein energetisch. Es funktioniert nicht über den Kopf. Wir sind zwar anders konditioniert, erzogen und kulturell bestimmt: Ob jemand mit dem Konfuzianismus groß geworden ist oder mit dem Christentum oder mit einem atheistischen Vater, macht schon einen Unterschied. Aber grundsätzlich muss uns etwas verbinden, denn die Menschen reagieren auf allen Erdteilen emotional ähnlich. Das Morden, die Verrohung oder überhaupt der fragwürdige Umgang von

Menschen miteinander findet nicht nur in New York statt, sondern genauso in Südamerika oder anderswo.

Je nach Kultur, Mentalität und Herrschaftsform dürfte das Interesse am Besuch von Ballettaufführungen in den Ländern unterschiedlich groß sein. Welche Erfahrungen haben Sie mit dem Publikum gemacht? Erreicht man in vielen Staaten nur eine Elite? —— Im Oman war es tatsächlich ein ausgewähltes Opernpublikum, das auch viel Geld hat. Aber grundsätzlich hatte ich das Gefühl, dass gerade beim Ballett am Rhein und beim ballettmainz, die nicht so berühmt sind wie das New York City Ballet, die Pariser Oper oder das Hamburg Ballett, primär keine Elite im Publikum saß. Es waren einfach Interessierte, die gehört hatten, dass die Vorstellung sehenswert sein könnte. Vielleicht war es eine Elite in dem Sinne, dass dieses Publikum in ein Brahms-Requiem hineinging und nicht in einen »Nussknacker«. Ich musste mit meiner Kunst immer erst einen Ort erobern. Deshalb ist es schön wiederzukommen: Man baut etwas auf und das Publikum lernt einen kennen. —— Die Reaktionen sind völlig unterschiedlich. In Barcelona zum Beispiel war »Die Kunst der Fuge« ein Flop. Es war zu intellektuell, zu sehr Kammerballett, nicht sinnlich genug für Spanien. In Lyon dagegen war die Vorstellung sechsmal ausverkauft – ein bombastischer Erfolg. Man kann sich auch täuschen: Der »Schwanensee« war ein Riesenerfolg in Japan, obwohl ich dachte, dass man dort lieber etwas rein Klassisches sehen will. Und in Taiwan hätte ich nicht geglaubt, dass »7« nach Gustav Mahlers 7. Sinfonie so begeistert aufgenommen werden würde. —— Es ist spannend, manche Gesellschaften zu beobachten. Im Oman habe ich es als starke Diskrepanz empfunden, dass eine Gesellschaft einerseits hochmodern, digital und technikgläubig ist, andererseits aber derart religiös, dass sie fast an einen strafenden Gott glaubt und fünfmal am Tag betet. Das war für mich hoch befremdlich und faszinierend zugleich.

In der Oasenstadt Al 'Ula, der archäologischen Schatzkammer Saudi-Arabiens, entsteht innerhalb der nächsten zehn Jahre ein kulturelles Megaprojekt für achtzig Milliarden Euro. Es geht um Archäologie, Film, Musik und Theater. Partner des Königreichs ist Frankreich. Es gibt ein Abkommen mit der Pariser Oper über den Aufbau eines Orchesters und einer Oper im Wüstenstaat – nachdem bereits 2017 ein arabischer Louvre mit französischen Leihgaben in Abu Dhabi eröffnet hat. Ich frage mich, ob es um Kunst nur für die Touristen und die herrschende Klasse oder auch für die Bevölkerung geht. Würden Sie eine Einladung zu einem solchen Gastspiel annehmen? —— Nein. Ich hatte tatsächlich die Anfrage, ob ich mich bei einem Bauprojekt in Saudi-Arabien als beratender europäischer Choreograf engagieren wolle. Das habe ich sofort abgelehnt. —— Ich sehe Parallelen zu unserer Debatte über digital erzeugte Kunst – ich kann damit nichts anfangen. Dieser Gigantismus wird einfach irgendwohin gepflanzt. Was eine kurz gedachte Antwort sein mag. Denn häufig wird etwas irgendwohin gepflanzt und hundert Jahre später ist es integriert. Ich denke jetzt an Länder, deren Grenzen nach einem Krieg verschoben und aus denen Menschen verjagt wurden – aber heute fühlen sich die Nachkommen in der neuen Heimat zuhause. Damit will ich sagen, dass es möglich ist, dass in diesem Kulturzentrum irgendwann eine eigene Kunst mit Identität entstehen kann. Vielleicht wird hier etwas gesät. Aber mir persönlich ist ein solches Projekt zu groß und zu kommerziell. Niemand macht mir weis, dass man dort ein Ballett kreieren kann, dass man als Choreograf auch will. Für ein solches Zentrum muss man eine Arbeit speziell konzipieren – auf den Massengeschmack ausgerichtet. Dieses Projekt steht nicht für die Tanzkunst, wie ich sie verstehe.

Neun

Blick zurück und Blick nach vorn: Von Düsseldorf-Duisburg nach Wien

»Ich muss immer hinterfragen ohne auszuruhen«

Es wird Zeit für einen Blick zurück auf elf Jahre mit dem Ballett am Rhein. Das vorerst letzte Gespräch für dieses Buch. Natürlich interessiert mich Schläpfers Wahrnehmung dieser Ära mit all ihren Höhenflügen und vereinzelten Tiefpunkten. Am Ende zählen aber nicht nur die beeindruckenden Auslastungszahlen, das neue Balletthaus und die Kritiken, sondern das Gefühl, mit dem er den Ort verlässt, den er wieder »groß« gemacht hat. Gleichzeitig rückt Wien immer näher. Eine gewaltige Aufgabe wartet an der Donau.

Als wir uns erneut zum Gespräch treffen, schreiben wir den 1. April 2020. Seit sich das Corona-Virus mit dem Jahresbeginn von China aus zu einer Pandemie entwickelt hat, ist nichts mehr wie es war. Martin Schläpfer sitzt auf gepackten Kisten – er kann weder nach Wien, um seine erste Spielzeit vorzubereiten, noch mit dem Ballett am Rhein seine Abschiedswoche im Juni proben. Die Grenzen sind geschlossen, und je nach Land gelten Ausgangssperren, Kontaktverbot oder Mundschutzpflicht. In Düsseldorf treffe ich einen bedrückten, nachdenklichen Menschen.

Stellen Sie sich vor, das Düsseldorfer Balletthaus stünde in Flammen. Ihnen bliebe gerade noch Zeit, um drei Dinge zu retten. Wofür entscheiden Sie sich? —— Wie immer bei solchen Fragen ist man christlich konditioniert und sagt, dass man die Menschen retten will …

So einfach ist es nicht, es geht in diesem Fall um Dinge … —— Ich hänge ja nicht an Dingen … Das Gute an diesem Balletthaus ist, dass es aus Beton ist und gar nicht brennen kann … okay … Der alte Holzstuhl hier neben dem Schreibtisch ist mir sehr lieb. Er ist ein Requisit aus den »Appenzeller Tänzen«. In der Uraufführung in Mainz 2000 stand er schon auf der Bühne. Inzwischen ist er mit Stahl unterstützt. Ansonsten wäre es für mich am schlimmsten, wenn die Ballettsäle brennen würden. Sie sind das Heilige in einem Balletthaus, sein Herz. Aber, wie gesagt, die Menschen und ihre Sicherheit wären mir wichtiger.

Die Säle sind auch das Zentrum Ihres Schaffens gewesen. Hier haben Sie allein zweiundzwanzig Uraufführungen choreografiert. Wagen wir einen Blick zurück: Die Schläpfer-Ära war eine große Zeit für die Deutsche Oper am Rhein. Nach langer Unterbrechung tanzt das Ensemble wieder an der europäischen Spitze mit. Gleichzeitig haben Sie sich hier vom Schöpfer des Mainzer Ballettwunders zu einem Starchoreografen entwickelt: Viermal wurde das Ballett am Rhein in der Kritikerumfrage der Zeitschrift »tanz« zur »Kompanie des Jahres« gekürt. Die internationale mediale Aufmerksamkeit spricht für sich. Die beiden Opernhäuser am Rhein sind wieder ›the place to be‹. Was verbindet Sie persönlich mit Düsseldorf-Duisburg? —— Meine Arbeit und das, was ich damit ausdrücken möchte, ist ja von mir als Mensch nicht mehr zu trennen. Insofern verbindet mich mein Werk auch persönlich mit diesen beiden Städten – also das, was ich mit vielen anderen zusammen hier erschaffen durfte. Es ist ein ganzes Amalgam an Personen, die da zusammengewirkt haben. Dazu gehört auch die Medienlandschaft. Anders bekommt man so etwas nicht hin. Ich würde nie behaupten, dass ich das alles alleine auf die Beine gestellt hätte. Im Gegenteil. Diese Schaffensphase ist das Persönlichste, was ich diesen beiden Städten geben konnte und sie ist auch das Persönlichste an Verbindung. Auch die Atmosphäre dieser Städte, die Grenze zwischen Rheinland und Ruhrgebiet, hat meine Arbeit mitgeneriert. Was ich aber nicht überbewerten möchte, denn letztlich braucht es immer eine Persönlichkeit, die mit ihrer Intensität etwas anstößt. Es gibt einige Orte, die ich manchmal aufsuche oder die ich auf dem Weg zur Arbeit durchquere, die mich mit Düsseldorf verbinden. Und an persönlichen Begegnungen gibt es hier über die Jahre etwa sechs Freunde. Letztlich bleibt das Werk, das man nicht von Düsseldorf-Duisburg trennen kann. Meine Arbeit in Mainz war eine andere und in Wien wird es wieder etwas Neues geben.

Wie sieht es mit den Rechten an dem Repertoire aus, das am Rhein entstanden ist? —— Sie liegen bei mir. Es ist kein Werk ohne meine Zustimmung aufführbar. Wenn die Düsseldorfer Oper ein Stück von mir zeigen möchte, will ich jedes Ballett selbst proben und neu einstudieren. Aber alle Kostüme, Requisiten und Bühnenbilder liegen hier im Fundus. Es liegt am Haus, ob es meine Arbeit erhalten möchte. Wenn ich jetzt in Wien ein Ballett aus meiner Zeit in Düsseldorf-Duisburg aufführen möchte, kann ich das tun und es neu produzieren. Als erstes Repertoire-Stück aus meiner Ära am Rhein habe ich »Ein Deutsches Requiem« in der Volksoper auf den Wiener Spielplan gesetzt. —— Mit dem Älterwerden überlege ich mir, wer meine Ballette später einmal einstudieren soll. Ich muss ehrlich zugeben [lacht leise], dass ich immer dachte, irgendwann würde ich alles hinschmeißen und etwas anderes machen. Aber mittlerweile muss ich akzeptieren, dass mir diese Arbeit existenziell wichtig ist. Und nun bin ich in einem Alter, in dem ein Berufswechsel wohl nicht mehr real ist. So ich gesund bleibe, choreografiere ich vielleicht noch zehn Jahre. Mir schwebt vor, dass ich die Einstudierung meiner

Stücke auf mehrere Personen, Ballettmeister oder Tänzer, verteilen werde.

Welche neuen künstlerischen Erfahrungen haben Sie am Rhein gemacht und welche Bedeutung nehmen sie innerhalb Ihrer choreografischen Arbeit ein? —— Am Rhein habe ich begonnen, groß besetzte Ballette zu kreieren, die das gesamte Ensemble integrieren: »7«, »Ein Deutsches Requiem«, »DEEP FIELD«, »Neither«, »Ungarische Tänze«, »Petite Messe solennelle«, »Schwanensee«, um nur einige zu nennen. Beim ballettmainz dagegen habe ich vor allem auf die zwanzig extremen Tänzersolisten reagiert. Dort ist meine Vorgehensweise entstanden, Fragmente zu kreieren und diese dann zu einem Stück ineinanderzuschieben. Denn wir haben mit sehr vielen Gästen und Choreografen gearbeitet. Es hat viele Uraufführungen gegeben – nur so konnte ich die Presse auf uns aufmerksam machen. Als Direktor habe ich den Gastchoreografen immer den Vortritt gegeben und meine Stücke mit den Tänzern erarbeitet, die noch frei waren.

Es gab auch Tiefpunkte, die sich in schwierigen Vertragsverlängerungen spiegelten. Sie kritisierten die Unfähigkeit der Städte, das Ballett am Rhein als Marke und Werbeträger zu etablieren. —— Ich hätte mir von den beiden Städten und dem Land mehr Unterstützung und Kreativität gewünscht, um uns zu einer Marke zu machen und als NRW-Kulturexport herauszustellen. Wenn ich so etwas öffentlich kundtat und versuchte zu begründen, gab es einen Aufschrei, man hätte mir doch das Balletthaus gebaut. Aber man hat es doch gar nicht mir persönlich gegeben, obwohl ich es mit großer Unterstützung des Oberbürgermeisters Dirk Elbers erkämpft habe, sondern der Kunstform Tanz. Damit haben sich die Städte zu einer Zukunft dieser Sparte bekannt. Es ist aus internationaler Sicht völlig legitim, dass man sich auf das Tanztheater Wuppertal und Pina Bausch konzentriert. Aber auch nachdem wir viermal zur Company des Jahres in Europa bestimmt worden waren, hat sich bei der Vermarktung des Balletts am Rhein nichts geändert. Es hat mich natürlich darin bestärkt, mich neu zu orientieren. Genauso wie das Faktum, dass man es nie geschafft hat, einen Sponsor für uns zu finden. Dabei wird man die Qualität von Tanzarbeit, wie wir sie geleistet haben – und das ist unstrittig – in dieser stringenten Dramaturgie und mit einem derart umfangreichen Repertoire im deutschsprachigen Raum kaum anderswo finden. —— Natürlich hieß es immer, dass ich unbequem sei und viel wolle. Aber das ist meine Aufgabe als Ballettchef: Ich muss immer hinterfragen ohne auszuruhen. Zufriedenheit habe ich als privater Mensch zu suchen und zu finden, aber nicht als Künstler. Heute ist das alles kein Thema mehr für mich. Nach mehr als zehn Jahren war es Zeit für mich zu gehen. Das war auch in Mainz so. Ich muss einen weiteren Schritt tun.

Die Wiener Staatsoper bewies einen langen Atem und hat zweimal angefragt. Zwischendurch rief immer wieder mal Berlin. Nun ziehen Sie doch weiter und modernisieren das Wiener Staatsballett. Welche neuen Chancen bietet die österreichische Metropole Ihnen damit als Choreograf und welche als Ballettchef? —— Mich zieht es sehr an, dass ich mit dem Ensemble auch das klassische Repertoire zeigen, pflegen und als Teil meiner Konzeption anschauen kann. Das ist ganz neu für mich, auch wenn ich als Tänzer mit dem klassischen Repertoire groß geworden bin. Ich kann mit dem Wiener Ensemble, das einhundertundeins Tänzer umfasst, etwa George Balanchines »Symphony in C« und seine »Symphony in Three Movements«, ein Stück mit einem riesigen Frauen-Corps de Ballet, besetzen. Und das ist reizvoll! Am Rhein ging das mit den fünfundvierzig Tänzerinnen und Tänzern von dieser Individualität unterschiedlicher Körper und Fähigkeiten nicht. Mit der Größe des Staatsballetts, das hierarchisch abgestuft ist, werde ich andererseits einiges an Freiheiten einbüßen. Das Terrain in Wien für die Ballettkunst an Volks- und Staatsoper gilt als sehr schwierig. Es wird interessant für mich sein

»Ich glaube, als Künstler kommst du nie an.«

1

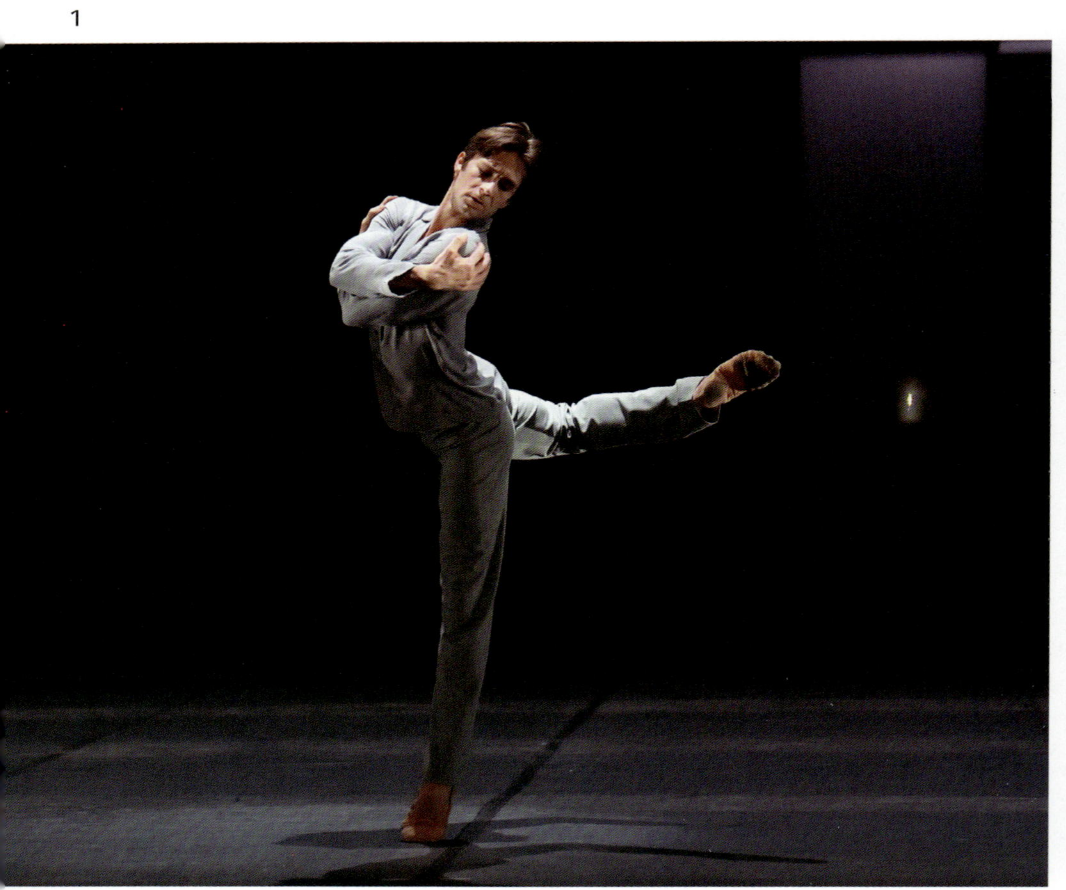

2

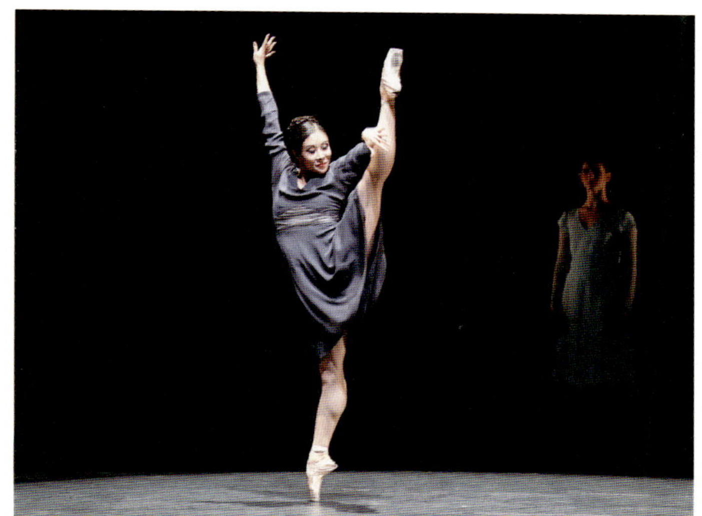

3

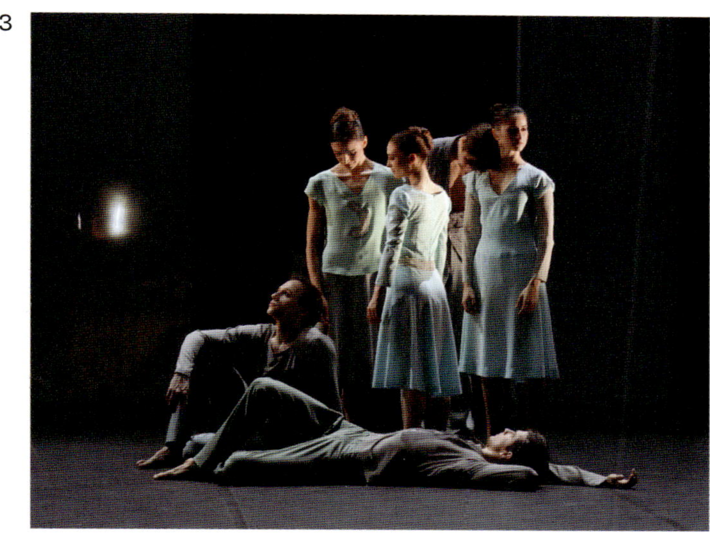

4

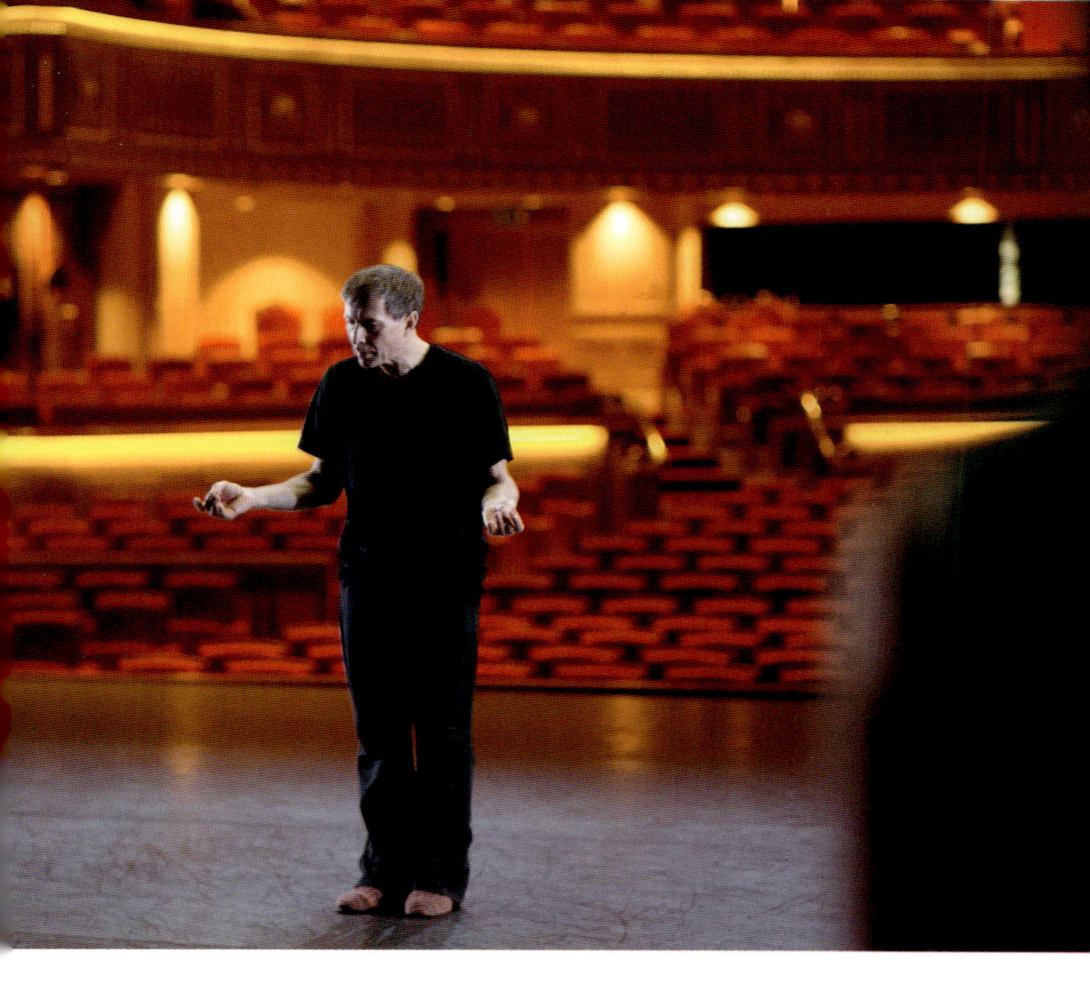

5

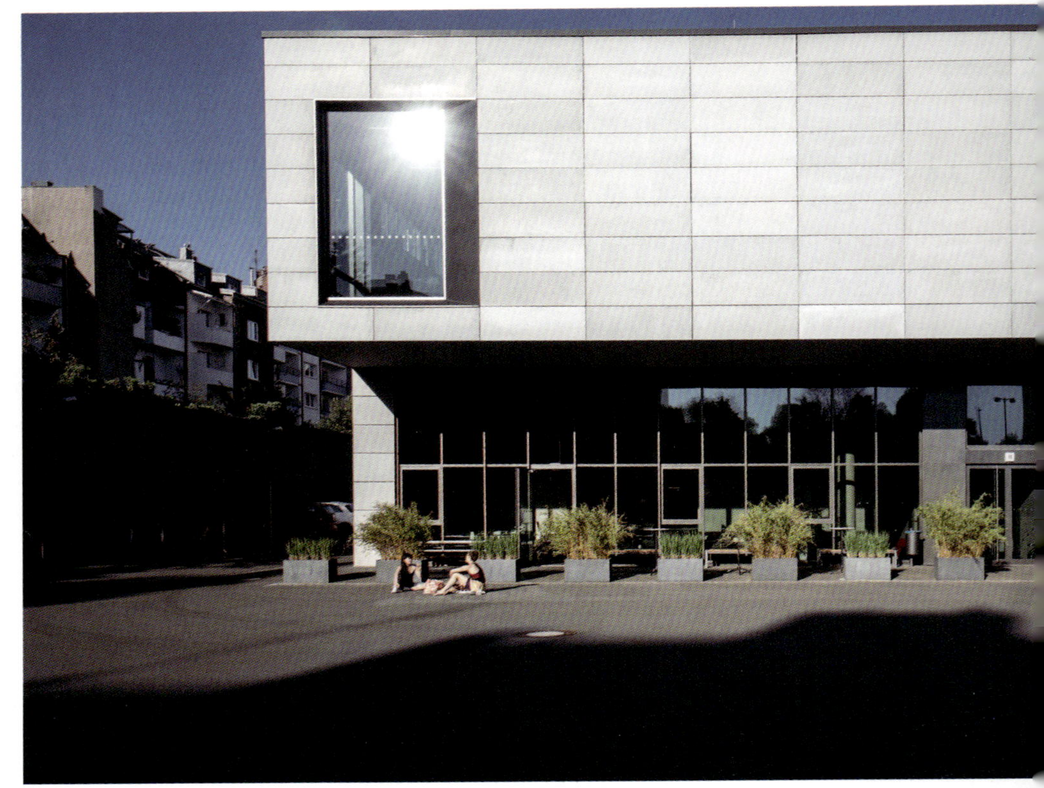

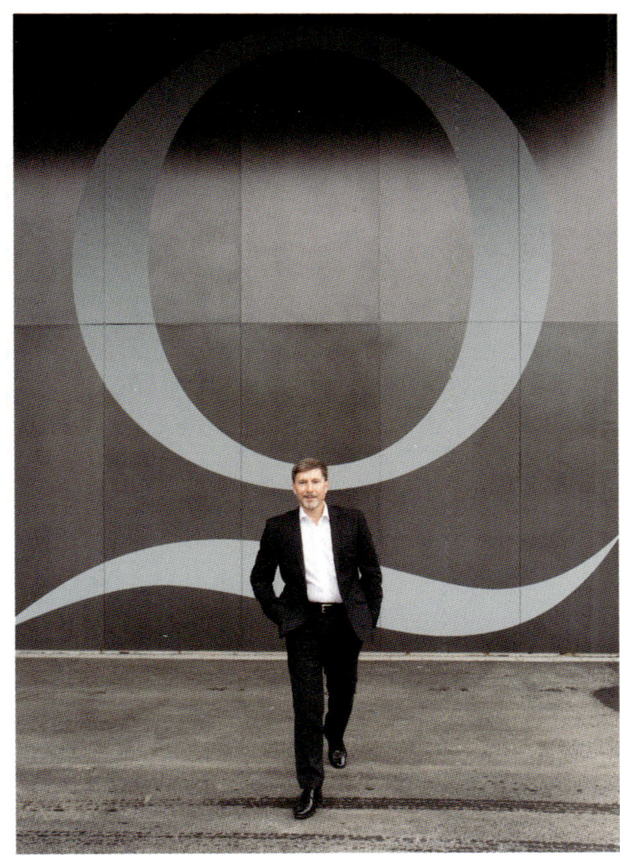

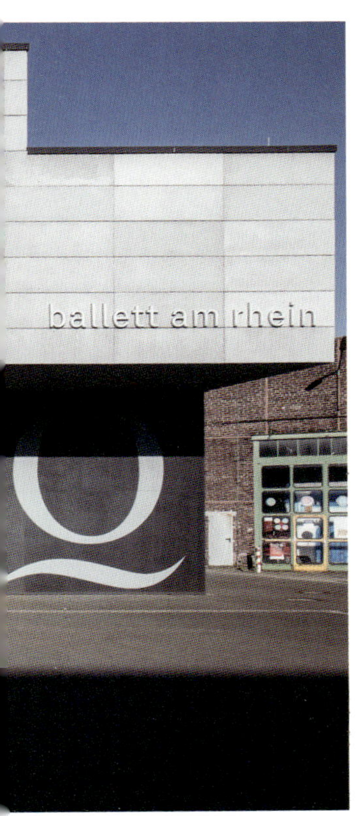
ballett am rhein

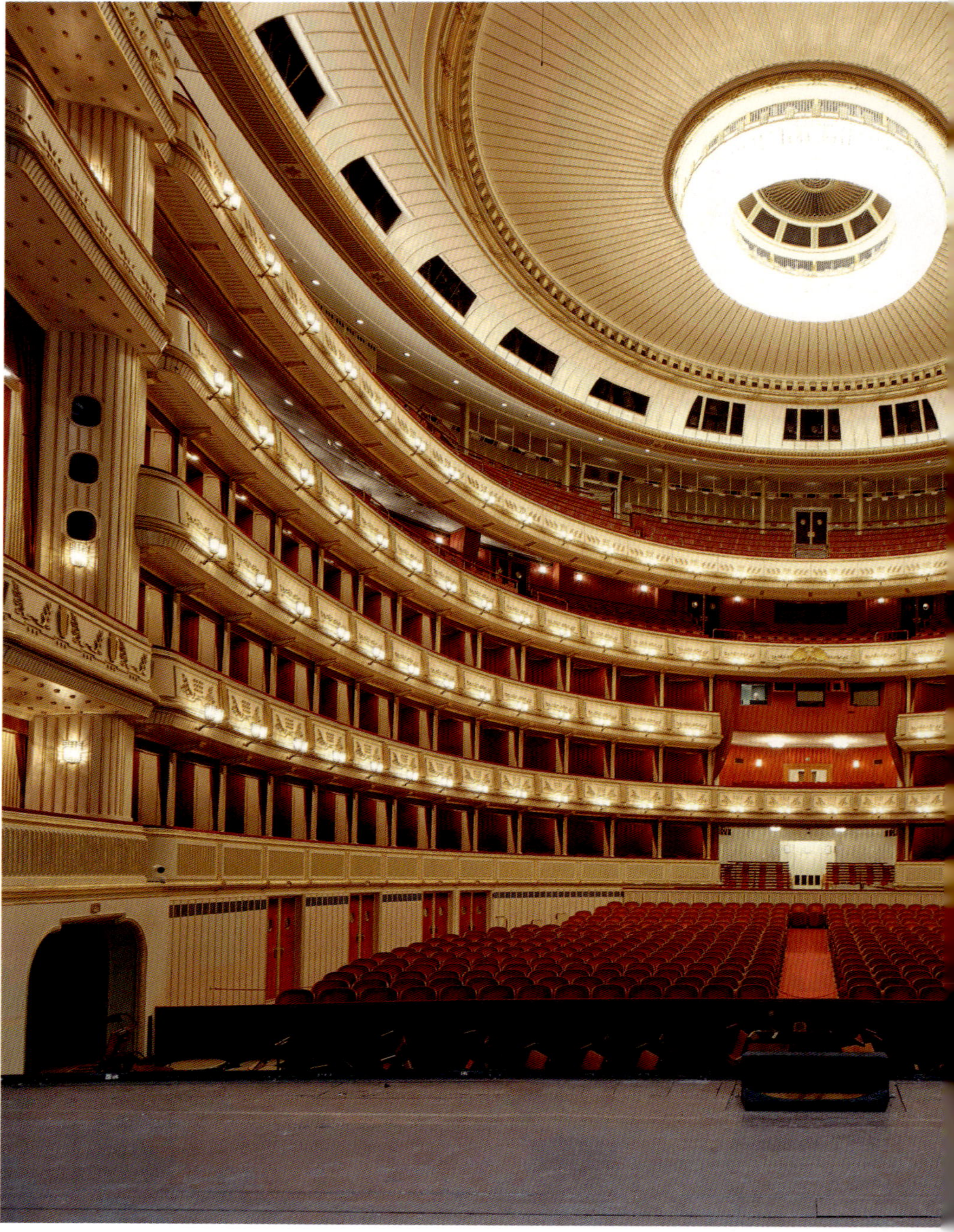

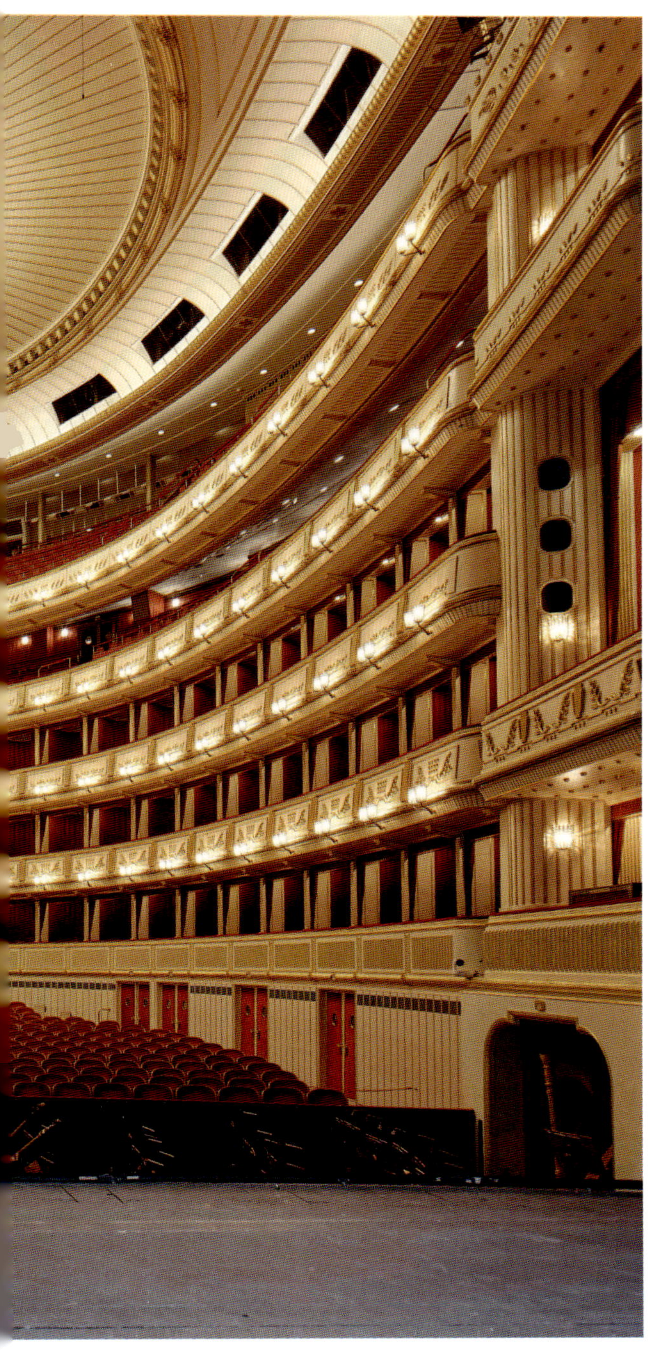

7

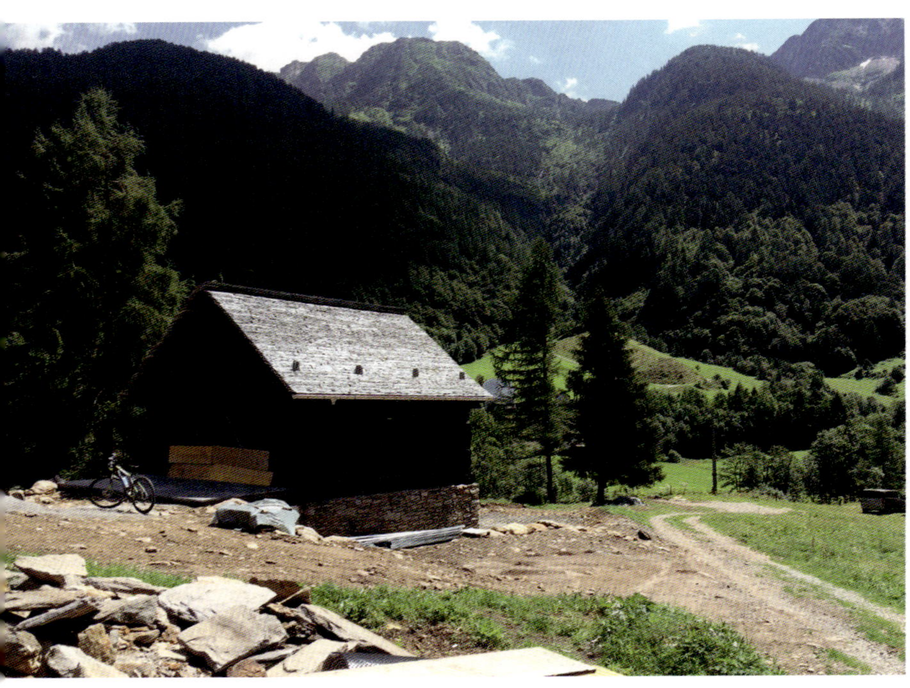

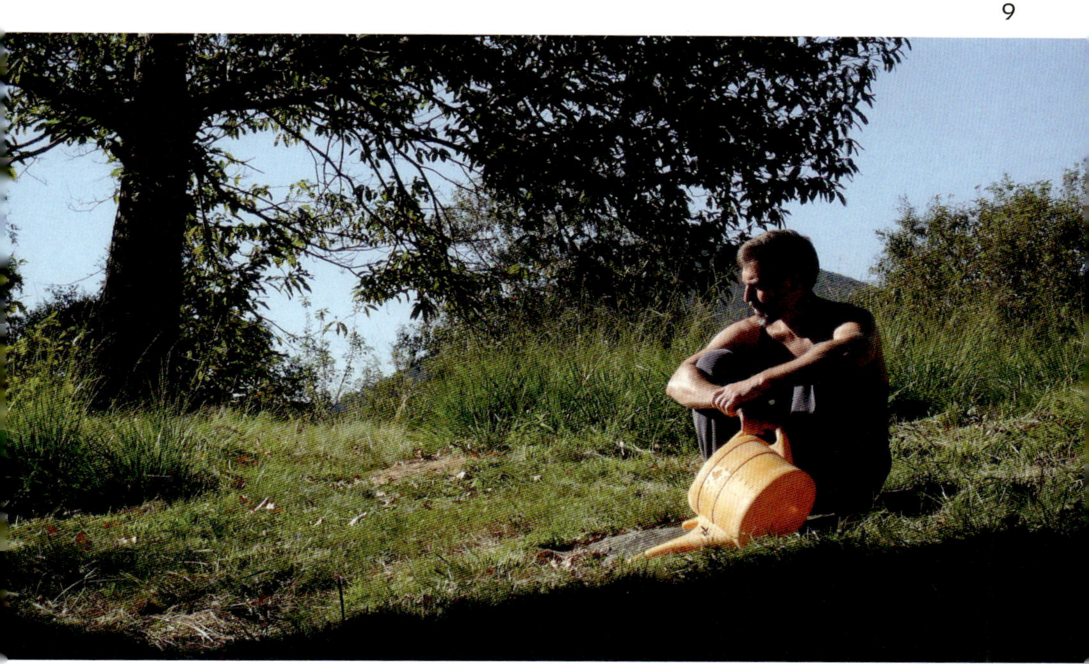

1
Friedemann Vogel, Stuttgarter Ballett, in »Taiyō to Tsuki«, Stuttgart 2020

2
Hyo-Jung Kang, Stuttgarter Ballett, in »Taiyō to Tsuki«, Stuttgart 2020

3
Roman Novitzky, Rocio Aleman, David Moore, Jessica Fyfe, Friedemann Vogel, Vittoria Girelli, Stuttgarter Ballett, in »Taiyō to Tsuki«, Stuttgart 2020

4
Training mit dem Ballett am Rhein im Royal Opera House Muscat, Oman 2014

5
Das Balletthaus in Düsseldorf

6
Vor dem Balletthaus, 2015

7
Blick in den Zuschauersaal der Wiener Staatsoper

8
Martin Schläpfers Refugium im Tessin, 2019

9
Auf einer Alp im Tessin, 2008

herauszufinden, ob ich da nach so vielen Jahren Erfahrung etwas bewirken kann. —— Wien ist eine der wenigen Metropolen für die Künste auf dieser Welt – wie auch immer man sich zu ihr und ihren Menschen verhält. Das ist inspirierend. Die Staatsoper ist ein grandioses Haus. Aber auch die Volksoper, die das Staatsballett ebenfalls bespielt, ist ein wunderbares, ganz anderes Haus. Und es gibt die Wiener Philharmoniker, das Klangforum, mit dem ich mir früher oder später eine Zusammenarbeit erträume! Auch der Opernball und das Neujahrskonzert sind unvergleichliche Ereignisse.

Dem Wiener Publikum eilt ein sehr konservativer Ruf voraus. —— Man kann es so sehen, dass es durch die Programmierung des bisherigen Ballettchefs Manuel Legris etwas konservativer geworden ist. Aber er hat das Ensemble tanztechnisch an die internationale Spitze zurückgeführt. Ich habe großen Respekt vor seiner Leistung. Und es gab auch andere Zeiten: Gerhard Brunner hat die ganze damalige Tanz-Avantgarde in Wien gezeigt – den jungen William Forsythe und den jungen Hans van Manen, auch Balanchines »Liebeslieder Walzer« als Abendfüller. —— Es gibt ja nicht *das* Publikum, wie es auch nicht *die* Gesellschaft gibt. Mich interessieren solche Schablonen und Ängste sehr wenig. —— Auch Renato Zanella hat ganz modern programmiert. —— Es kommt immer auf das Angebot an – Wien ist eine Millionenstadt! Das ImPulsTanz Festival ist mit 36000 Tickets immer ausverkauft. —— Es wäre schön, wenn die Debatte enden würde, ob ein Werk ein Klassiker ist, Traditionspflege, Rekonstruktion oder eine zeitgenössische Arbeit, und das Publikum sich einfach nur noch für die Tanzkunst per se interessierte. Wenn so etwas an einem Ort wie Wien gelänge, kann das grandios werden. Dann bestünde die Möglichkeit, die

Manuel Legris, geboren 1964 in Paris, war von 1980 bis 2009 an der Pariser Oper engagiert. Der damalige Ballettdirektor Rudolf Nurejew ernannte ihn 1986 zum Danseur Étoile. Von 2010 bis 2020 leitete er das Wiener Staatsballett.

Gerhard Brunner, geboren 1939 in Kärnten, arbeitete als Journalist, bevor er zum Theater wechselte. Er leitete von 1976 bis 1990 das Ballett der Wiener Staatsoper, von 1990 bis 2001 war er Intendant in Graz.

Renato Zanella, geboren 1961 in Verona, ist ein italienischer Tänzer, Choreograf, Ballettdirektor und Opernregisseur. Als junger Tänzer war Zanella in Basel bei Heinz Spoerli engagiert, anschließend am Stuttgarter Ballett. Von 1995 bis 2005 war er Ballettdirektor und Chefchoreograf in Wien, seit 2016 ist er Ballettchef an der Staatsoper in Bukarest.

nächste große Company zu einem kreativen Hotspot zu entwickeln, wo es wirklich rockt. Was mich daran besonders interessiert, ist die Verbindung mit einer Akademie. Wien ist auch eine Musikstadt. Und Musik ist ganz wichtig für meine Arbeit. —— Vielleicht ist es all das, was ich brauche – und nicht ein Wechsel innerhalb desselben Systems, das nur größer wäre. Wien ist mit nichts zu vergleichen. Ein Teil des Ensembles tanzt noch Operetten, Musicals oder Operneinlagen – etwas, was ich längst verlassen habe. Trotzdem, wenn ich mich in dieser Stadt bewege, muss ich sagen, sie ist hochkreativ und lebendig – also insgesamt sehr widersprüchlich.

Auch die Ballettakademie der Staatsoper, für die Sie als Ballettchef verantwortlich sind, zog sie nach Wien. Was wird nach der Neustrukturierung, ausgelöst durch den Missbrauchskandal, das Wesen der Schule in der Ära Schläpfer prägen? —— Der Missbrauch wurde offiziell nie von dem betroffenen Schüler bestätigt. Aber nachdem die Staatsanwaltschaft ihren Bericht vorgelegt hatte, war sehr schnell klar, dass großer Reformbedarf besteht. Jetzt geht es darum, die Akademie in die heutige Zeit zu überführen. Wir müssen das klare Bekenntnis von Stadt, Kulturministerium und Staatsoper haben zum Erhalt und Ausbau der Schule als tragender und in Österreich solitärer Ausbildungsstätte. Und wir müssen sie in allen Bereichen an die pädagogischen und strukturellen internationalen Standards von heute angleichen. Das wird natürlich kosten – das ist allen klar.

Was reizt Sie pädagogisch und künstlerisch an der Aufgabe, eine Ballettakademie zu leiten? Sie sagten an anderer Stelle, dass Sie gerne Erwachsene unterrichten. Wie verhält es sich bei Zehn- bis Siebzehnjährigen? —— Ich trage die Verantwortung für das Wohlergehen der Akademie und ihrer Schüler zusammen mit dem Intendanten Bogdan Roščić. Leiten wird sie jemand anders – das könnte ich gar nicht leisten. Natürlich habe ich schon öfter Tanzstudenten ab acht Jahren unterrichtet, auch in Düsseldorf in unserer Schule. In Basel hatte ich sogar meine eigene Ballettschule, Dance Place. Ich war ja lange, bevor ich Ballettdirektor wurde und zu choreografieren begann, schon Pädagoge. Aber ich denke, dass meine Stärke darin liegt, professionelle Tänzer zu unterrichten.

Ballettchef und Chefchoreograf von mehr als einhundert Tänzern, zwei Ensembles, zwei Häusern, dazu Leiter der Akademie. Wie wollen Sie diese Funktionen gleichzeitig meistern? —— Ich brauche ein sehr gutes Team und einen ehrlichen, sehr, sehr gut gepflegten Dialog. Genauso könnte man fragen, wie man es schafft, eine Company nach oben zu bringen. Es ist sicher eine Herausforderung und ein Neuanfang für mich. Aber mir ist die Verbindung mehrerer Funktionen nicht fremd. Ich glaube nicht, dass der Erfolg des Balletts am Rhein sonst so groß gewesen wäre. Von Mainz nach Düsseldorf hat sich die Zahl der Tänzer auch verdoppelt. Letztlich macht das keinen großen Unterschied, es sind nur mehr Gespräche. Die Arbeit bleibt in der Grundessenz die gleiche. Es muss gelingen, im Ensemble wie auch an der Akademie einen Spirit zu kreieren, der da wie dort ähnlich schwingt. —— Aber ich habe schon Respekt. Es mag passieren, dass ich in Wien nicht ankomme und dass das Publikum mich oder meine Kunst nicht mag. Aber mit dem, was ich weiß, will und gewillt bin zu investieren, kann ich mir ein völliges Scheitern kaum vorstellen.

Wann werden Sie in Ihr Haus im Tessin ziehen? Eigentlich war das ja schon für die Zeit nach Düsseldorf-Duisburg geplant. —— Das hängt davon ab, wie lange ich diese körperlichen Belastungen aushalte. In dieser Hinsicht bin ich überhaupt nicht romantisch. Es kann jederzeit sein, dass sich das ›too much‹ von so vielen Dekaden irgendwann bemerkbar macht. Mental habe ich mehr Kraft denn je. Aber der Körper, die Gelenke machen vielleicht eines Tages nicht mehr mit.

Hängt es nicht auch davon, ob Sie in Wien glücklich werden? —— Ich muss in Wien nicht glücklich werden. Ich bin auch in Bern und Mainz nicht glücklich gewesen und in Düsseldorf auch nicht. Ich bin glücklich im Beruf und brauche keinen bestimmten Ort, um erfüllt zu sein. Ich bin auch dankbar für alles. Ich glaube, als Künstler kommst du nie an. Du bist immer im Feld der nächsten Aufgabe und Fragestellung. —— Jetzt habe ich erst einmal meinen Vertrag möglichst gut zu erfüllen. Wien als ein wirklich wichtiger Ort für den Tanz – das wäre mein Traum. Darunter setze ich nicht an.

Jetzt, einige Wochen nach unserem letzten Gespräch, scheint die Welt aus den Fugen. Was macht die Corona-Krise mit Ihnen – und was macht Sie mit uns, mit der Gesellschaft? —— Das Virus ist ein großer, unsichtbarer Feind – Angst einflößend, bestimmend, limitierend –, der im Hinterhalt lauert und nicht greifbar ist. Die Situation ist auch nicht einfach zu fassen. Dieses Virus ist ja noch nicht mal ein richtiges Lebewesen, sondern braucht etwas Lebendiges, um existieren zu können. Mich persönlich erstaunt jedoch eine solche Pandemie nicht, es gab genug Warnungen. —— Für mich als Künstler aber ist es unglaublich belastend. Ich empfinde eine permanente Beklemmung, wie eine Vergiftung oder als wäre eine Liebesbeziehung zu Ende gegangen. Mir wird noch bewusster, wie viel Herzblut ich in meinen Beruf stecke ... gerade jetzt, wo ich Tänzer vom gesamten Erdball für das Wiener Staatsballett engagiere und ihnen gar nicht sagen kann, wie es weitergeht. —— Niemand weiß, wie es wird, nur, dass es nicht mehr so sein wird wie vorher. Davon bin ich überzeugt. Es kann aber wieder wachsen! Vielleicht wird es sogar besser als vorher ...

Die Gesellschaft scheint enger zusammengerückt zu sein – trotz Kontaktsperre. Empfinden Sie das auch so? —— Auf den ersten Blick sieht es so aus. Ich spüre schon, dass eine gewisse Wärme da ist. Wie viel davon langfristig bleiben wird, werden wir sehen. —— Ich habe aber die Hoffnung, dass es uns demütiger macht und wir danach gewisse Dinge korrigieren und integrieren. Denn es geht wirklich um unser Überleben. Es ist ein Faktum, dass wir Raubbau betreiben: größere Städte, mehr Abfall, mehr Gift, weniger Natur. Das Positive ist im Moment, dass der angesägte Ast, auf dem wir sitzen, entlastet wird.

Die Luft ist spürbar besser, die Natur kann durchatmen und wir erleben eine Art klimatischen Wohlstand. Selbst eine Krise wie Corona entwickelt eine schöpferische Kraft ... —— Immer, immer. Katharsis – Reinigung, Reflexion, Umkehr. Trotzdem ist unsere Menschenwelt auf der Wirtschaft aufgebaut. Und Wirtschaft will immer wachsen. Wenn die Krise sich weiter verschärft und wir die Wirtschaft dem Menschenleben gegenüberstellen müssen – das ist jetzt ein bisschen ketzerisch –, wird sich zeigen, wie sich das Ethisch-Moralische verhält, das zurzeit erstaunlich und wunderbar ist. —— Es gibt auch Momente, in denen ich positiv denke. Vielleicht flaut die Pandemie ja auch bald ab? Ich verfolge das sehr genau. Weniger als Privatmensch, mehr als der Ballettdirektor, der Verantwortung trägt.

Bleibt im Moment noch Raum für Kultur? —— Wir müssen uns nichts vormachen, wenn es eine schwere Rezession mit einer Geldentwertung gibt und es um die schiere Existenz geht, wird die subventionierte Hochkultur kollabieren. Und das ist bitter. —— Aber es wird immer Kunst und Kultur geben. Das Kreative im Menschen wird etwas ankurbeln – Künstler oder nicht –, um das Leben zu reflektieren und zu hinterfragen. Das ist es, was uns Menschen ausmacht: trotzdem weiterzumachen und an eine Zukunft zu glauben.

Lebenslauf

26. Dezember 1959	Geburt in Altstätten/Schweiz
1965	Umzug nach St. Gallen
1973–1975	Mitglied im Eisclub St. Gallen
1975–1977	Erster Ballettunterricht bei Marianne Fuchs in St. Gallen
1977	Stipendium an der Royal Ballett School in London, ermöglicht durch den Prix de Lausanne in der Kategorie »Bester Schweizer«
1978–1983	Erster Solist am Stadttheater Basel bei Heinz Spoerli
1983–1984	Principal Dancer beim Royal Winnipeg Ballet in Toronto/Kanada
1985–1989	Solist am Stadttheater Basel bei Heinz Spoerli
1990–1994	Gründung und Leitung der Ballettschule Dance Place in Basel, gleichzeitig tanzpädagogische Studien bei Anne Wooliams und Musikunterricht bei Harriet Cavalli
1991	Erster Solist des Berner Balletts
1994–1999	Ballettdirektor und Chefchoreograf am Stadttheater Bern
1999–2009	Ballettdirektor des ballettmainz am Staatstheater Mainz
2009–2020	Künstlerischer Leiter und Chefchoreograf des Ballett am Rhein Düsseldorf/Duisburg
ab 1. September 2020	Direktor und Chefchoreograf des Wiener Staatsballetts und Leiter der Wiener Ballettakademie

Rollenverzeichnis (Auswahl)

Basler Ballett
1978–1983 / 1985–1989

Für Martin Schläpfer von Heinz Spoerli kreierte Ballette
(in chronologischer Reihenfolge)

1980 übernommen — Lead und Alphornsolo, *Chäs*
6. Oktober 1979 — Undine, *Undine*
3. März 1979 — *Wendung* UA
3. März 1979 — *Catulli Carmina* UA
26. Oktober 1979 — Fritz, *Der Nussknacker* UA
5. Januar 1980 — *Le mal du pays* UA
5. Januar 1980 — *Thundermove* UA
6. September 1980 — *Elegie für Tänzer* UA, Schlosstheater Ludwigsburg
20. April 1980 — Liebhaber, *Der rote Mantel* UA
10. Oktober 1980 — Till Eulenspiegel, *Till Eulenspiegel* UA
10. Oktober 1980 — *Pulcinella*
13. Oktober 1981 — Alain, *La Fille mal Gardée*
UA für Patrick Dupont, Pariser Oper, kreiert
17. Februar 1981 — *Backstage* UA
10. Februar 1982 — *Préludes* UA
16. April 1982 — *L'estro armonico* UA
14. Oktober 1982 — *Dead End* UA
15. April 1983 — Amor, *Orpheus und Eurydike* UA
15. September 1984 — Pierrot Lunaire, *Pierrot Lunaire* UA
21. Oktober 1984 — Fenton, *John Falstaff* UA
22. Dezember 1985 — Puck, *Ein Sommernachtstraum* UA
12. September 1986 — Törless, *Der junge Törless* UA
25. Oktober 1986 — Benno, *Schwanensee* UA
17. Dezember 1988 — *Einhundertdreiundzwanzig + 2* UA

Weitere Rollen

Fünf Tangos Hans van Manen
Große Fuge Hans van Manen
Melancholic, *The Four Temperaments* George Balanchine
Before Nightfall Nils Christe
Jeu de Cartes John Cranko
Lieder eines fahrenden Gesellen Maurice Béjart

Royal Winnipeg Ballet / Kanada
1983/1984

Bluebird Pas de Deux, *Sleeping Beauty* Marius Petipa
Le corsaire Pas de deux Marius Petipa
Fritz / Waltz of the Flowers / Russian Dance, *Nutcracker* John Neumeier
Blue Boy, *Les Patineurs* Frederick Ashton
Count Florimund, *Pas d'Action* Brian Macdonald
Five Tangos Hans van Manen
Four Last Songs Rudi van Dantzig
Still Point Todd Bolender
Translucent Tones Nils Christe
Peasant Pas de deux, *Giselle* Peter Wright
Allegro brillante George Balanchine
L'estro armonico John Cranko

Berner Ballett
1991–1999

1991 —— Geist der Rose, *Le Spectre de la Rose* Mikhail Fokin
Leon/Leporel, *Juans Traum* François Klaus
1992 —— Andersen / Der Poet, *La Petite Sirène* François Klaus
1994/1995 —— Schieber, *Der Grüne Tisch* Kurt Jooss

Ballett am Rhein Düsseldorf-Duisburg
2009–2020

2012 —— *The Old Man and Me* Hans van Manen
17.10.2014 —— *Alltag* UA, Hans van Manen

Werkverzeichnis

Berner Ballett – Stadttheater Bern

1995 —— **Haydn-Variationen** Brahms
Rückert-Lieder Mahler
Strange Fruit Simone
1996 —— **Divertimento** Bartók
Der Feuervogel Strawinsky
Piedra y cielo Beethoven/Jiménez
1997 —— **Stabat mater** Pergolesi
Empty games Schnyder
1998 —— **Sinfonie Nr. 3** Martinů
Vespers Rachmaninow
Streichquartett Mendelssohn Bartholdy
1999 —— **Die vier Jahreszeiten** Vivaldi
Last Sleep Tavener

ballettmainz – Staatstheater Mainz

1999 —— **Orgelkonzert** J.S.Bach
2000 —— **Appenzellertänze** traditionelle Musik aus dem Appenzell
3. Klavierkonzert Schnittke
Vom Winde beweint Kantscheli
2001 —— **Adagio für Glasharmonika** Mozart
Concerto grosso Schnittke
2002 —— **Violakonzert** Schnittke
Kunst der Fuge J.S.Bach
2003 —— **Der Feuervogel** Strawinsky
Musica ricercata Ligeti
SONATA Haydn
Partita Nr. 6 J.S.Bach
2004 —— **Frogs and Crows** Telemann
Ritirata notturna Boccherini/Berio
in my day and night Pavey
Diabelli-Variationen Beethoven
2005 —— **Ramifications** Ligeti
Rendering Schubert/Berio
Tanzsuite Lachenmann
Tänze C.Ph.E.Bach / Beethoven / Schumann / Rihm
Streichquartett Lutosławski
2006 —— **Marsch, Walzer, Polka** Johann Strauß Vater und Sohn / Josef Strauß
Gota de Luz Beethoven
ein Wald, ein See Pavey
Pathétique Tschaikowsky
2007 —— **Obelisco** Jones/Sciarrino/Schubert/Scarlatti/Mozart/Scelsi/Heuberger
3 Pavey

2008 —— **Reformationssymphonie** Mendelssohn Bartholdy
Quartz Jones / albanische Volksmusik / Faithfull
Pezzi und Tänze Scelsi / Schubert
24 Préludes Chopin
2009 —— **Sinfonien** Killmayer
5 Pavey

Nationaltheater München

2008 —— **Violakonzert II** Gubaidulina

Het Nationale Ballet Amsterdam, Het Muziektheater Amsterdam

2009 —— **Lontano** Ligeti

Ballett am Rhein Düsseldorf Duisburg – Opernhaus/Theater Duisburg

2009 —— **Sinfonie Nr. 3** Lutosławski
2010 —— **Neither** Feldman
Forellenquintett Schubert
2011 —— **Robert Schumann Tänze** Schumann
Unleashing the Wolf Pavey
Ein Deutsches Requiem Brahms
2012 —— **Castor et Pollux** Rameau
Ungarische Tänze Brahms
2013 —— **Johannes Brahms – Symphonie Nr. 2** Brahms
Nacht umstellt Schubert / Sciarrino
7 Mahler
2014 —— **DEEP FIELD** Hölszky, Uraufführung
De Claudine z'lieb (Em Sepp Walser z'-lieb) Zürich
2015 —— **verwundert seyn – zu sehn** Skrjabin / Liszt
Sinfonie g-Moll Mozart
2016 —— **Variationen und Partiten** Beethoven / Bach
Mönche und Nonne Bach / Avidan Osnabrück, Theater
Konzert für Orchester Lutosławski
2017 —— **Petite Messe solennelle** Rossini
Roses of Shadow Hölszky, Uraufführung
2018 —— **Schwanensee** Tschaikowsky
2019 —— **Ulenspiegeltänze** Prokofjew
44 Duos Bartók
Cellokonzert Schostakowitsch

Stuttgarter Ballett – Stuttgarter Staatsoper

2020 —— **Taiyō to Tsuki** Schubert / Hosokawa

Auszeichnungen

1977 —— Prix de Lausanne in der Kategorie »Bester Schweizer Tänzer«
2002 —— Kunstpreis des Landes Rheinland-Pfalz
2003 —— Tanzpreis der Spoerli Foundation
2006 —— Prix Benois de la Danse für »Streichquartett«
2009 —— Gutenbergmedaille der Stadt Mainz
2009, 2012 —— Theaterpreis Der Faust für »Sinfonien« (2009) und »Ein Deutsches Requiem« (2012)
2010 —— »Choreograf des Jahres« in der internationalen Kritikerumfrage des Magazins »tanz«
2012 —— Theaterpreis der Düsseldorfer Volksbühne
2013 —— Schweizer Tanzpreis
2013, 2014, 2015, 2017 —— »Kompanie des Jahres« (Ballett am Rhein) in der internationalen Kritikerumfrage des Magazins »tanz«
2014 —— »Düsseldorfer des Jahres« in der Kategorie Kultur
Taglioni – European Ballet Award in der Kategorie »Best Director«
2015 —— Nominierung Prix Benois de la Danse für »DEEP FIELD«
Musikpreis der Stadt Duisburg
seit 2017 —— Mitglied der Nordrhein-Westfälischen Akademie der Wissenschaften und Künste
2018, 2019 —— »Choreograf des Jahres« in der Zeitschrift »Die Deutsche Bühne«
Verdienstorden der Bundesrepublik Deutschland
2019 —— Großer Kulturpreis der St. Gallischen Kulturstiftung

Personenregister

do Amaral, Marlúcia 15 41 48 49 56 101
Anderson, Reid 30
Angehrn, Imelda 24
Appel, Peter 31 46 50
Armatrading, Joan 95
Arts, Rashaen 102
Ashton, Frederick 11 104
Austen, Jane 123

Bach, Johann Sebastian 90 92 96 124
Balanchine, George 10 11 35 43 51 58 92 103 106 122 126 144 145
Bartók, Béla 35 95
Baryschnikow, Michail 30 31
Bässler-Ventura, Ursula 95
Bausch, Pina 47 83 84 85 105 130 132 143
Beckett, Samuel 14 68 69
Beethoven, Ludwig van 26 51 123
Béjart, Maurice 29
Bennett, Amanda 30
Beuys, Joseph 123
Black, Maggie 45
Boatwright, Christopher 30
Bosidan, Yoav 132
Bournonville, August 103
Brahms, Johannes 78 83 90 91 94 96 134 136
Britten, Benjamin 95
Brunner, Gerhard 145

Cage, John 68
Callas, Maria 43
Cavalli, Harriett 95
Chopin, Frédéric 94
Clifford, John 103
Coltrane, Chi 95
Cragun, Richard 43
Cranko, John 43 48
Creste, Isabelle 50
Cunningham, Merce 111

Delnon, Georges 35
Dostojewski, Fjodor 22 123

Ek, Mats 104 105 123
Elbers, Dirk 143
Etti, Florian 100

Farrell, Suzanne 43
Feldman, Morton 14 68 69 90
Fontane, Theodor 78 80
Forsythe, William 11 83 92 145
Franklin, Aretha 95
Fritsch, Katharina 121
Fuchs, Marianne 26 33 46

Geiger, Arno 78
Goethe, Johann Wolfgang von 123
Gogh, Vincent van 125
Guillem, Sylvie 52

Händel, Friedrich Georg 90
Haydée, Marcia 43
Haydn, Joseph 13
Herder, Johann Gottfried 123
Hesse, Hermann 15
Hoffmann, Reinhild 84
Hölderlin, Friedrich 15
Hölszky, Adriana 14 68 69 79 90
Holzer, Theodor 94
Hosokawa, Toshio 13 131
Howard, David 29 30 45 46 70

Ishiguro, Kazuo 123

Jensen, Chris 34
Jiménez, Juan Ramón 123
Jones, Rickie Lee 95
Jooss, Kurt 35 103
Joyce, James 96

Kato, Yuko 55 131
Kaufmann, Margrit 19 20
Kawase, Naomi 121
Kehlmann, Daniel 123
Keil, Birgit 56
Kirkland, Gelsey 30 45
Kistler, Darci 30 43 106
Klaus, François 31 34
Kleist, Heinrich von 42
Kresnik, Johann 77 83 84
Kylián, Jirí 34 83

Lachenmann, Helmut 121
Legris, Manuel 145
Ligeti, György 90 92
Linke, Susanne 84
Locsin, Sonny 101
Lutosławski, Witold 14 79 91

Mahler, Gustav 78 90 96 136
Makarowa, Natalia 30
Manen, Hans van 10 11 41 46 50 51 66 104 105 122 123 124 145
Mann, Thomas 91 123
Marchand, Anne 132
Markard, Anna 103
Marquez, Gabriel García 123
Martinů, Bohuslav 95
Matisse, Henri 122
McRae, Carmen 95
Mendelssohn Bartholdy, Felix 90
Menha, Marcos 48 88 101
Mondrian, Piet 122
Mozart, Wolfgang Amadeus 68 126 127

Neary, Patricia 50 51
Neumeier, John 28 105
Nichols, Kyra 106
Nietzsche, Friedrich 15
Nijinsky, Waslaw 13 101
Nurejew, Rudolf 45 130 145

Panadero, Nazareth 132
Phillips, Esther 95
Picasso, Pablo 122 125
Pite, Chrystal 104
Pollock, Jackson 68 127
Prokofjew, Sergej 76 78 123

Rauschenberg, Robert 68
Rembrandt van Rijn 110 114 125
Robbins, Jerome 11
Rodoreda, Mercé 78
Roščić, Bogdan 146
Rossini, Gioachino 13 21 97
Roth, Philip 123
Rothko, Mark 124
Rubinstein, Artur 114

Schläpfer, Reinhard 25
Schläpfer, Rudolf 23 25 26
Schmidt, Jochen 34
Schopenhauer, Arthur 122
Schubert, Franz 127 131 134
Schumann, Robert 122 123
Schostakowitsch, Dmitri 78 98 100
Schwarzkopf, Elisabeth 94
Simone, Nina 94
Solstad, Dag 78
Spoerli, Heinz 27 28 29 31 33 36 46 49 50 99 145
Stalin, Josef 76
Stenner, Susanne 67
Strauss, Richard 97
Sutter, Esther 51

Taylor, Paul 103
Tolstoi, Leo 22 80 123
Tudor, Antony 104
Tschaikowsky, Peter Iljitsch 90

da Vinci, Leonardo 127

Wagner, Richard 97 113
Wangenheim, Annette von 26
Watters, Jack 70
Weinöhl, Jörg 48 103
Westmoreland, Terry 33 46
Woolliams, Anne 46

Zanella, Renato 145
Zweig, Stefan 123

Editorische Notiz

Die Gespräche fanden zwischen dem 10. Juli 2019 und dem 1. April 2020 in Düsseldorf statt.

Bildnachweis

Cover © Gert Weigelt

Bildteil A — 1 © Hugo Kaufmann — 2–9 © Peter Schnetz — 10 David Cooper, © Canada's Royal Winnipeg Ballet Archives — 11–13 Jack Mitchell, © Jack Mitchell Archives — 14–15 © Jürg Müller — 16–24 © Bettina Müller — 25 © Hans-Jörg Michel

Bildteil B — 1–19 © Gert Weigelt

Bildteil C — 1 © Susanne Diesner — 2 Katja Illner, © tanzhaus nrw — 3 © ullstein bild / Sven Simon — 4–12 © Gert Weigelt

Bildteil D — 1 © Ingo Schäfer — 2 © Jackielou Perez — 3–6 © Gert Weigelt — 7 © Markus Feger — 8 © Sascha Kreklau — 9 © Gert Weigelt

Bildteil E — 1 © Suguru Saito — 2 © Tomoya Takeshita — 3–8 © Gert Weigelt — 9 © Bettina Müller — 10–12 © Gert Weigelt

Bildteil F — 1–3 Bernd Weissbrod, © Stuttgarter Ballett — 4 © Susanne Diesner — 5 © Markus Feger — 6 © Gert Weigelt — 7 © Wiener Staatsoper / Michael Pöhn — 8–9 © Martin Schläpfer

Bibliografische Information der Deutschen Nationalbibliothek: Die Deutsche Nationalbibliothek verzeichnet diese Publikation in der Deutschen Nationalbibliografie; detaillierte bibliografische Daten sind im Internet über http://dnb.dnb.de abrufbar.

Die Verwertung der Texte und Bilder, auch auszugsweise, ist ohne Zustimmung der Rechteinhaber urheberrechtswidrig und strafbar. Dies gilt auch für Vervielfältigungen, Übersetzungen, Mikroverfilmungen und für die Verarbeitung in elektronischen Systemen.

Das Erscheinen dieser Publikation wurde gefördert von der Deutschen Oper am Rhein / Ballett am Rhein Düsseldorf Duisburg. Wir danken für die Unterstützung.

Wir danken auch der Stadtsparkasse Düsseldorf sowie den Ballettfreunden der Deutschen Oper am Rhein e. V.

ISBN 978-3-89487-813-9

© 2020 by Henschel Verlag in der
E. A. Seemann Henschel GmbH & Co. KG,
Leipzig

Layout und Satz:
Markwald Neusitzer Identity
Frankfurt am Main / Düsseldorf
Victor Balko, Nina Neusitzer,
Nicolas Markwald
Lithographie:
Druckerei Preuß GmbH, Ratingen
Lektorat: Sabine Melchert
Herstellung, Druck und Bindung:
Michael Luthe, feingedruckt
Printed in the EU

www.henschel-verlag.de